高等职业教育经济管理类“十二五”规划教材

现代物流管理

主　编　窦坤芳
副主编　孙少辉　王晓歌
参　编　郭美娜　段雅丽
　　　　黄　晶　陈芸芸

国防工業出版社
·北京·

内容简介

本书从物流的基本知识入手，围绕物流的功能要素展开。从宏观层面的社会物流、国际物流到微观层面的企业物流；从自营物流到第三方物流，从正向物流到逆向物流等层层分解。本书共十一章，第一章物流概述；第二章物流系统管理；第三章物流运输管理；第四章物流储存管理；第五章物流装卸搬运管理；第六章物流包装与流通加工管理；第七章物流配送管理；第八章物流信息技术及运用；第九章第三方物流与企业核心竞争力；第十章逆向物流与绿色物流；第十一章物流标准化管理。

本教材特别注重通俗性、实践性，可作为高职高专经济管理类各专业的基础教材，也可作为相关专业、社会培训的参考用书。

图书在版编目(CIP)数据

现代物流管理/窦坤芳主编．—北京：国防工业出版社，2011.8

高等职业教育经济管理类“十二五”规划教材

ISBN 978-7-118-07592-2

Ⅰ．①现…　Ⅱ．①窦…　Ⅲ．①物流－物资管理－高等职业教育－教材　Ⅳ．①F252

中国版本图书馆 CIP 数据核字(2011)第 157854 号

※

国防工业出版社出版发行

(北京市海淀区紫竹院南路 23 号　邮政编码 100048)

腾飞印务有限公司印刷

新华书店经售

*

开本 787×1092　1/16　印张 14½　字数 373 千字

2011 年 8 月第 1 版第 1 次印刷　印数 1—4000 册　定价 30.00 元

国防书店：(010)68428422　　发行邮购：(010)68414474

发行传真：(010)68411535　　发行业务：(010)68472764

前　言

现代物流管理课作为物流管理专业的主干课程，旨在适应现代化物流发展的需要，为培养高素质物流技术应用型人才提供指导。通过该课程的学习，使学生掌握物流的基础理论、基本技能和管理要求，具备本专业高等应用性人才所必需的认知和评价能力；对物流领域有一个全方位的感性认识并对物流行业的发展有一个综合性的了解；为更好地从事物流管理工作奠定理论基础并获得术业专攻的基本素养。

本书以学习者应用能力培养为主线，依照物流活动的基本过程和规律，围绕物流业务所涉及的程序，以及职业教育现代物流管理专业的教学需求，全面结合实际应用讲解知识内容，力争做到理论讲授够用、情景模拟逼真、职业素质培养到位，既有利于教师教学，又可以增强学生的阅读兴趣。本书体系完整，结构合理，理论联系实际，在表现形式上也有一定的特色和较大的创新。内容上体现三条主线：一是基本知识点鲜明；二是基本技能训练到位；三是信息传递前沿。

本书由大连职业技术学院教授窦坤芳担任主编，负责全书统稿。大连职业技术学院孙少辉、山东外贸职业学院王晓歌担任副主编。参加编写的还有大连职业技术学院郭美娜、武汉软件工程职业学院黄晶、大连软件职业学院段亚丽、陈芸芸等。

本书在编写中参考了大量的国内外文献，吸取了其中的思想精华和一些习题、案例等，在此对这些文献的作者表示真挚的感谢。

由于物流专业是一个新兴的领域，其理论知识尚需探索和不断更新。同时随着高科技的不断发展，其操作流程也在不断提升和变化，加之作者的水平有限，书中难免有疏漏之处，敬请各位读者批评指正。

编　者

2011 年 5 月

目　录

第一章 物流概述

知识目标

- 知晓并熟悉物流的基本概念；
- 能够熟练掌握物流的基本功能；
- 能够认知物流产业及分类；
- 能够了解国际物流的发展趋势。

能力目标

- 通过本章学习和基础素质训练，具备本专业高等应用性人才所必需的认知能力和评价能力，对物流领域及发展有一个全方位的认识和综合性的了解；
- 通过模拟职业岗位能力训练，提高对物流管理相关角色的认知水平；
- 通过有关案例分析，进入学习情景，增强实践体验并培养团队精神和提高语言表达能力。

引导案例

超市货架上的商品怎么来的?

妈妈领着小东逛沃尔玛超市，当走到玩具柜台时，小东要买一个小兔玩具，当小东从货架上取下小白兔时，突然问妈妈一连串的问题，接下来的母子对话说明了什么问题呢?

小东问："妈妈，小白兔是怎么来到这货架上的?"

妈妈说："是超市里叔叔阿姨把它放上的。"

小东问："叔叔阿姨从哪里拿来的?"

妈妈说："从做小白兔玩具的人那里拿的。"

小东问："那人在哪呀? 怎么来的?"

"……"

妈妈不耐烦了，说了句："你还有没有完?"小东噘起小嘴无奈地和妈妈走了。

案例点评：我们每天都能看到熙熙攘攘的人群到超市、商店购物，我们自己每天也都需要购买需要的物品。但我们是否也想过小东提出的问题，或者说，我们需要的货物怎样到我们手中的? 问题的圆满回答，就是物流的整个过程。

➤ 基本知识点

第一节　物流的含义与功能要素

一、物流的产生

物流活动从人类从事产品交换时就已经存在。物流作为经济活动，是商品经济的产物。一般而言，物流是与商流相伴而生的，商品生产是物流产生的客观基础。人类社会开始商品生产之后，生产和消费逐渐分离，这就诞生了连接生产和消费的中间环节——流通。马克思在描述流通的这种地位时说："流通和生产本身一样重要。"恩格斯也说过："这两种职能在每一瞬间都互相制约，并且互相影响。"随着工业文明的崛起，社会生产和消费水平及规模的扩大和发展，大生产和专业化分工方式的采用，使现代的生产和消费在空间、时间以及人这三个要素上都表现为分离的形式。将生产和消费在空间上连接必须进行物资输送，在时间上连接就需要进行物资储存，将生产和消费者进行连接，就需要进行商品的买卖与交换。商品的运输、储存以及与此相关的包装、装卸等物资实物流动即形成物流。20 世纪初，人们开始重视降低物资采购及产品的销售成本。技术的发展也为大批量配送提供了条件，物流就脱离了原有的"仓储和运输就是物流"或"配送就是物流"的传统层面，作为一个产业孕育而生，并逐步向组织化、系统化方向发展。

物流（Physical Distribution ）一词最早出现在流通领域的营销活动中，由"管理学之父"P·F·德鲁克提出，意指实体分配即为狭义的物流。1901 年约翰·克罗威尔在美国政府工作报告中第一次论述了对农产品配送成本产生影响的各种因素，揭开了人们对物流认识的序幕。第二次世界大战期间，形成了军事后勤（Logistics）的观念，即为广义的物流。军事后勤最初是为了军需物资供应的加快和合理。战争中叉车技术的大量采用，装卸、搬运、运输、保管等独立的功能要素对物流的形成起到了巨大的推动作用。第二次世界大战后，物流开始在企业组织机构中应用，涉及运输、仓储、包装和物资搬运等。因此，"物流"是从第二次世界大战期间军事后勤工程的概念演变而来，作为"供"、"需"间有机衔接的桥梁，逐渐发展为一门学科。现代物流是指包含运输、仓储、包装、装卸搬运、流通加工和配送等诸多功能要素的综合服务系统 。现代物流技术是一个包括机械学、计算机科学、管理工程学和自动控制技术等在内的综合科学。20 世纪 60 年代，现代物流技术传到日本应用，80 年代引进到中国。

二、物流的含义

国家质量技术监督局发布，2001 年 8 月 1 日正式实施的《中华人民共和国国家标准物流术语》中关于物流的定义是：物品从供应地到接收地的实体流动过程，根据实际需要，将运输、储存、装卸、搬运、包装、流通加工、配送、信息处理等基本功能实施有机结合。

日本给物流的定义是：物流是指为了满足客户的需要，以最低的成本，通过运输、保管、配送等方式，实现原材料、半成品、成品及相关信息由商品的产地到商品的消费地所进行的计划、实施和管理的全过程。

美国关于物流的定义是：物流是为满足客户需要，对商品、服务及相关信息在源头与消费点之间的高效（高效率、高效益）正向及反向流动与储存进行的计划、实施与控制的过程。

物流中的“物”是物质资料世界中同时具备物质实体特点和可以进行物理性位移的那一部分物质资料。“流”是物理性运动，这种运动有其限定的含义，就是以地球为参照系，相对于地球而发生的物理性运动，称为“位移”。流的范围可以是地理性的大范围，也可以是在同一地域、同一环境中的微观运动，小范围位移。“物”和“流”的组合，是一种建立在自然运动基础上的高级的运动形式。其互相联系是在经济目的和实物之间，在军事目的和实物之间，甚至在某种社会目的和实物之间，寻找运动的规律。因此，物流不仅是上述限定条件下的“物”和“流”的组合，而更重要在于，限定于军事、经济、社会条件下的组合，是从军事、经济、社会角度来观察物的运输，达到某种军事、经济、社会的要求。

三、物流分类

由于物流对象不同，物流目的的不同，物流范围、范畴不同，形成了不同类型的物流。物流是社会经济活动的重要组成部分，它贯穿于社会再生产的全过程，存在于国民经济的各个领域。

（一）从不同的视觉看物流可分为宏观物流和微观物流

1. 宏观物流

宏观物流是指社会再生产总体的物流活动，从社会再生产总体角度认识和研究的物流活动。宏观物流还可以从空间范畴来理解，在很大空间范畴的物流活动，往往带有宏观性，在很小空间范畴的物流活动则往往带有微观性。宏观物流研究的主要特点是综观性和全局性。宏观物流主要研究内容是：物流总体构成，物流与社会之关系在社会中之地位，物流与经济发展的关系，社会物流系统和国际物流系统的建立和运作等。

2. 微观物流

消费者、生产者企业所从事的实际的、具体的物流活动属于微观物流。在整个物流活动中的一个局部、一个环节的具体物流活动也属于微观物流。微观物流是企业生产过程各个阶段物资资料的流转。具体包括供应物流、生产物流、销售物流、回收物流和废弃物流。

（二）从不同的范畴看物流可分为社会物流和企业物流

1. 社会物流

社会物流指超越一家一户的以一个社会为范畴面向社会为目的的物流。社会物流属于宏观范畴，包括设备制造、运输、仓储、装饰包装、配送、信息服务等，公共物流和第三方物流贯穿其中。

2. 企业物流

企业物流指从企业角度上研究与之有关的物流活动，是具体的、微观的物流活动的典型领域。企业物流属于微观物流的范畴，包括生产物流、供应物流、销售物流、回收物流和废弃物流等。

（三）从不同的范围看物流可分为国际物流和区域物流

1. 国际物流

国际物流指涉及国与国之间进出口贸易的物流活动。国际物流是伴随和支撑国际间经济交往、贸易活动和其他国际交流所发生的物流活动，是国家之间经济交往、贸易活动中的物资资料流转。国际物流是伴随着国际贸易的发展而发展的，第二次世界大战以后，科学技术进步与社会化大生产的发展，使国际分工日益深化，世界经济联系日趋密切，生产国际化已成为世界经济发展的基本趋势。发达国家之间的经济联系全面强化，跨国公司内部的交换成为国际贸易的重要组成部分,国际分工从不同产业部门深入到同一行业不同产品之间,出现了若干国家协作生产的“国际产品”。世界经济的发展变化使国际贸易迅速增长,各国之间经济发展对国际贸易的依赖性大幅度提高。国际贸易的发展对国际物流的要求也越来越高,60年代开始形成了国际数量巨大的物流,出现了超大型的运输工具。70年代国际集装箱以及集装箱船的普及使散杂货的物流水平迅速提高。80年代以后,国际物流也开始向“小批量、高频度、多品种”的方向发展。同时,伴随国际联运物流的发展而建立的国际化物流信息系统,进一步促进了国际物流向更高的水平发展。

2. 区域物流

相对于国际物流而言,一个国家范围内的物流,一个城市的物流,一个经济区域的物流都处于同一法律、规章、制度之下,都受相同文化及社会因素的影响,都处于基本相同的科技水平和装备水平之中,包括一定区域范围内的物流和不同区域之间的物流。任何生产都是在一定的区域内进行的。由于自然、技术、经济、社会等因素的制约,客观上形成了一定的生产和经济协作区域,这些区域又构成国民经济产业结构的地区和空间布局。经济区域是以城市为中心的,一般来讲,一个城市就是一个经济中心。城市的经济活动以物流为依托,其发展对物流有很强的依赖性,区域内的发展规划,如工厂、仓库、住宅、商业以及道路、桥梁、车站、机场等都要以物流为约束条件。城市具有经济活动高度集中的特点,对周边地区有强大的吸引力、辐射力和广阔的吸引辐射范围,从而形成以它为中心的联系紧密的经济区域。大城市特别是中心城市的经济联系范围更加广泛,他作为工业中心、贸易中心、交通运输中心等,既是物资资料的集散地,又是各个地区经济交流的枢纽。各个大的经济中心之间的经济活动相互连接、相互依存,共同组成了国民经济的有机整体。我国地区之间经济发展严重不平衡,是现实的客观存在。沿海中心城市一般具有资金、技术和管理上的优势,却缺乏原材料和自然资源;而内地在资金、技术、人才和管理等方面处于劣势,但却有着丰富的自然资源。资源从内地流向沿海,制成品从沿海流往内地,是我国区域之间物资资料流动的显著特点。因此,沿海和内地之间的经济联合和协作,各个地区之间的经济往来和平衡发展程度依赖顺畅的物流。

(四)从不同属性看物流可分为一般物流和特殊物流

1. 一般物流

一般物流是指物流活动的共同点和一般性,指具有一般性质以企业盈利为目的的物流活动。

2. 特殊物流

专门范围、专门领域、特殊行业在遵循一般物流规律基础上,带有特殊制约因素、特殊应用领域、特殊管理方式、特殊劳动对象和特殊机械装备特点的物流,皆属于特殊物流范围。例如军队、环保、赈灾等。

(五)从制造者的角度看物流可分供应物流、生产物流、销售物流、回收物流和废弃物流

1. 供应物流

供应物流,又称采购物流,是指生产企业生产所需原材料、零部件、燃料和辅助材料需供应商提供,从生产者的角度看属采购活动故又称采购物流。具体包括采购、运箱、装卸、检验、入库等环节。供应物流对企业生产有着直接的影响,生产所需物资资料供应的时间、数量和质量,在很大程度上决定着企业的生产节奏和生产成本,从而影响企业的经济效益。供应物流因市场条件不同而有很大的不同。在物资资料供不应求的市场条件下,采购人员要想尽一切办法去搞到所需的物资资料,时间、数量、质量往往得不到保证,企业生产经常因此而陷入困境。

现在市场条件已经发生了根本性的变化，供大于求成为常态，供应数量的保证已经相当容易。在这种条件下，如何选择最优，降低成本，减少库存，以适当的品质、适当的数量、适当的时间、适当的场所、适当的价格供应生产所需物资资料，配合企业总体战略目标的实现，就成为供应物流追求的目标。在这一方面物资供应者的配合和努力是不可缺少的。

2. 生产物流

生产物流指伴随着企业生产工艺的物流活动。生产物流一般从企业物资供应仓库开始，按照生产进度和要求，对物资进行分类、装卸搬运，向各个生产环节和作业场所配送。在供应商服务水平较高的情况下，往往是在指定的时间内，把指定的数量直接送到指定的作业场所，形成生产物流的起点。经过加工制成的半成品进入半成品仓库，或者继续按照生产工艺和流程不断流转，直至成品产出，然后经过检验、分类、包装、装卸搬运等作业环节，最后进入成品仓库。生产物流主要取决于生产工艺流程，配合生产计划的物流计划是否科学对于生产工艺各个环节的衔接和缩短生产周期，有着直接影响。而工厂相关车间、仓库的配置，以及车间内流水线、作业点的布置，都会影响生产物流的路线距离和装卸搬运的作业次数，从而影响生产物流的效率。

3. 销售物流

销售物流指伴随企业销售活动，将产品转送给客户的物流活动。具体包括仓储、分类、包装、装卸、运输和售后服务。产品在销售之前，都需要存储起来，存储货物可以在工厂或者附近，也可以在各个销售地点分散存储。按照客户订单或供货合同，对存储的货物进行分类、包装、运达客户指定的地点，并进行必要的服务，是销售物流的全过程。销售物流是企业营销活动的重要组成部分，企业拿到客户定单开始物流过程，产品送达客户并经过售后服务，伴随商流的物流过程才算结束。如前所述，现代市场经济的特征是买方市场，企业销售已经从推销发展到以客户为中心的市场营销。因此，销售物流不仅仅是以最低的成本单纯地送货上门，而是成为为客户提供更佳服务，赢得客户信赖，提高企业竞争力的有力手段。

4. 回收物流

回收物流指企业在供应、生产、销售过程中产生的可再利用物资的回收活动。具体包括供应物流过程和销售物流过程产生的可再利用的包装物、衬垫物等的回收；生产过程产生的可再利用的边角余料的回收；各种报废的生产工具、设备以及失去部分使用价值的辅助材料和低值易耗品的收集、分类、加工，使之转化为新的生产要素。可再利用物资的回收物流，不仅有利于降低成本，而且关系到企业生产环境和生产效率。

5. 废弃物流

废弃物流指企业供应、生产、销售过程中产生的废弃物品的收集、处理和再生的物流活动。在生产过程中不可避免地会产生废水、废气、废油以及各种废弃物，随着工业化的发展，废弃物严重污染环境，危及人类的生活环境和人身健康，在世界各国都成为不可忽视的社会问题。在我国，废弃物对环境的污染已经引起政府及社会的广泛关注，但环境污染的趋势并没有明显的改善。因此，企业树立环境观念，从长远利益和社会利益出发，建立废弃物流系统，已成为刻不容缓的重大课题。

（六）从物流活动方式看物流有自营物流和第三方物流

1. 自营物流

自营物流通俗上讲就是生产或销售企业自己组建、自己“经营”物流配送公司，为企业自身服务，也可以称之为自有物流。

2. 第三方物流

第三方物流是指由物流劳务的供方、需方之外的第三方去完成物流服务的物流运作方式。随着物流社会化，商流与物流实行社会分工，物流业务逐步地由供需双方之外的第三方来承接办理，这种运作方式不但有助于服务对象降低库存、减少成本，而且供需双方可以将全部资金、精力投入到各自的核心业务上，大大提高了物流的运作效率。这种方式便是第三方物流(Third Party Logistics,3PL)，也可以称为“合同物流”(Contract Logistics)。

四、物流的功能要素

物流功能要素指的是物流系统所具有的基本能力，这些基本能力有效地组合、联结在一起，便成了物流的总功能，便能合理、有效地实现物流系统的总目的。物流系统的功能要素一般认为有运输、储存(保管)、包装、装卸、搬运、流通加工、配送、物流信息等，如果从物流活动的实际工作环节来考查，物流由上述七项具体工作构成。换句话说，物流能实现以上七项功能，实现三大效用：时间效用(储存)，空间效用(运输、装卸搬运、配送)、形态效用(包装、流通加工)，一个中枢，即信息处理。

(一) 储存实现物品的时间效用

产品从生产到消费的整个过程是一个延续的过程，物流通过调整这个过程中的时间结构所创造的价值称为物流的“时间效用”，即“物”从供给者到需要者之间有一段时间差，由改变这一时间差所创造的效用，称作“时间效用”。由于需要和供给的不对称性和不均衡性的存在，经济社会中普遍地存在着需要和供给时间差。物流通过储存等手段能够以科学系统的方法弥补乃至改变时间差，以保持和充分实现物品的效用。例如，粮食、水果等农作物的生产、收获有严格的季节性和周期性，这就决定了农作物的集中产出，但是人们的消费是天天有需求的，因而供给和需求不可避免地会出现时间差。这种时间差表现为商品生产与消费的时间矛盾。商品流通过程如储存、保管等投入的劳动恰好可以解决这种矛盾，表现为商品时间效用的增加。正是有了这个时间差，商品才能取得自身最高价值，才能获得十分理想的效益。但是，这个时间差而产生的效用本身不会自动实现，如果不采取有效的方法，集中生产出的粮食除了当时的少量消费外，就会损坏、腐烂，而在非生产时间，人们就会找不到粮食、水果吃，所以必须进行储存、保管以保证经常性的需要，供人们食用以实现其使用价值。这种使用价值是通过物流活动克服了季节性生产和经常性消费的时间差才得以实现的，这就是物流的时间效用。这种时间效用通过仓储功能实现。仓储包括了对进入物流系统的货物进行堆存、管理、保管、保养、维护等一系列活动，其作用主要表现在两个方面：一是完好地保证货物的使用价值和价值；二是为将货物配送给用户，在物流中心进行必要的加工活动而进行的保存。随着经济的发展，物流由少品种、大批量物流进入到多品种、小批量或多批次、小批量物流时代，仓储功能从重视保管效率逐渐变为重视如何才能顺利地进行发货和配送作业。所以新的仓储理念认为仓库不是蓄水池，而是流转站。

(二) 运输、配送及装卸搬运实现物品的空间效用

空间效用是指有效地克服产品生产和消费在空间上的差异而创造价值。空间效用表现为通过商品流通过程中的劳动克服商品生产和消费在地理空间上的分离。不同的地区具有不同的生产优势和生产结构，而产品的消费却可能遍布在另外的地区甚至是全国、全世界。所以正

是商品流通所耗劳动创造的空间效用使我们可以享受瑞士生产的咖啡，购买法国的时装等。这种空间效用通过运输、配送、装卸搬运功来实现。

运输是物流的核心业务之一，也是物流系统的一个重要功能。选择何种运输手段对于物流效率具有十分重要的意义，在决定运输手段时，必须权衡运输系统要求的运输服务和运输成本。运输包括供应及销售物流中的车、船、飞机等方式的运输，生产物流中的管道、传送带等方式的运输。对运输活动的管理，要求选择技术经济效果最好的运输方式及联运方式，合理确定运输路线，以实现安全、迅速、准时、价廉的要求。运输是实现物品点到点的位移。

配送是物流进入最终阶段，以配送、送货形式最终完成社会物流并最终实现资源配置的活动。配送不是一般性的企业之间的供货和向用户的送货，它处于“末端输送”的地位。与运输相比在支线实行多品种、小批量的“门到门”的服务。装卸搬运是指在一地域范围内(车站、工厂、仓库内等)。改变“物”的存放支撑状态的活动称为装卸，改变“物”的空间位置的活动称为搬运，两者合称装卸搬运。装卸搬运是随运输和保管而产生的必要的物流活动，是对运输、保管、包装、流通加工等物流活动进行衔接的中间环节，在物流活动的全过程中，装卸搬运活动是频繁发生的。因而是产品损坏的重要原因之一。因此要尽可能减少装卸搬运次数，以节约物流费用。

(三) 包装、流通加工实现物品的形态效用

形态效用是指通过生产、制造或组装过程对商品的增值。物流也可以创造形态价值。它通过包装、流通加工功能实现。

在创造产品或服务的过程中，通过加工、包装等手段使产品或服务以其适当的形式提供给用户，这便产生了形态效用。如将各种电子元部件组装成整机出售、将现在产品进行外形的包装后再行出售等，都产生了产品的形态效用。

包装包括产品的出厂包装、生产过程中对制品、半成品的包装以及在物流过程中换装、分装、再包装等活动，对包装活动的管理，根据物流方式和销售要求来确定，分为工业包装和商业包装两种。工业包装的作用是按单位分开产品便于运输，并保护在途货物。商业包装的目的是便于最后的销售。因此，包装的功能体现在保护商品、单位化、便利化和商品广告等几个方面。前三项属物流功能，最后一项属营销功能。

流通加工是物流领域常用的手段，现代物流的一个重要特点就是根据自己的优势从事一定的补充性的加工活动。这种加工活动不是创造商品主要实体，形成商品主要功能和使用价值，而是带有完善、补充，又称流通过程的辅助加工活动。这种加工活动不仅存在于社会流通过程，也存在于企业内部的流通过程中。所以，流通加工实际上是在物流过程中进行的辅助加工活动。企业、物资部门、商业部门为了弥补生产过程中加工程度的不足，更有效地满足用户或本企业的需求，更好地衔接产需，往往需要进行这种加工活动。

(四) 信息技术的物流中枢作用

现代物流是需要依靠信息技术来保证物流体系正常运作的。物流系统的信息服务功能包括进行与上述各项功能有关的计划、预测、动态(运量、收、发、存数)的情报及有关的费用情报、生产情报、市场情报活动。物流系统的信息服务功能必须建立在计算机网络技术和国际通用的 EDI 信息技术基础之上，才能高效地实现物流活动一系列环节的准确对接，真正创造“场所效用”及“时间效用”。信息服务功能的主要作用表现为：缩短从接受订货到发货的时间；库存适量化;提高搬运作业效率;提高运输效率;使接受订货和发出订货更为省力;提高订单处理的精度;防止发货,配送出现差错;调整需求和供给;提供信息咨询等。

现代物流管理的基本任务就是对以上几项本来是独立的分属不同部门管理的活动,根据它们之间客观存在的有机联系,进行综合、系统的管理,以取得全面的经济效益。但必须清楚地看到物流七大功能中运输与储存是最基本的功能要素。这不仅是因为运输与储存是实现物的时空效用的主要手段,更取决于运输与储存成本占据了物流成本的绝大部分。如表1-1所列。

表1-1　美国、加拿大公司物流成本构成一览

成本内容	美国公司(%)	加拿大公司(%)
客户服务	8	8
运输	37	36
仓储	25	25
管理	9	8
库存搬运	21	23

五、物流产业及性质

(一)物流产业的含义及性质

物流产业是指以物流活动为基本共同点的行业群体,是以物流活动或各种物流支援活动为经营内容的营利性事业。

物流产业不等同于物流活动或是物流业务。物流产业是专业化与社会化的物流活动或物流业务,物流产业的事业内容是组织与组织之间的有关物流或者各种物流支援活动的交易活动,而不是组织内部的物流活动或物流业务。例如,不论是生产企业还是流通企业,都存在大量的物流活动或物流业务,但是这些物流活动或物流业务本身不是物流产业,只有将这些物流活动或物流业务独立化、社会化为一种经营业务,才能称其为物流产业。

物流企业是以物流活动或物流支援活动为事业内容的经营个体,也是物流产业的主体,而物流产业是物流企业的集合,即一组物流企业群。物流企业是微观概念,物流产业是宏观概念。

物流活动提供的是一种以运输、储存为主的,多种功能相结合的服务活动。因此,物流产业属于广义的服务业范畴,它的主体是非生产性的,即服务性的。

根据三次产业分类法,可以将物流产业归为第三产业范围。这一划分方式得到了广泛认同。

物流产业主要包括交通运输业、储运业、托运业、配送业等四大行业。

(二)物流产业在国民经济中的地位与作用

1. 现代物流产业具有很强的产业关联度和带动效应

它不仅涉及水路、公路、铁路、航空、管道五大运输方式经营企业,还涉及交通、运输、仓储、包装、通信等设备的制造和经营业;不仅涉及农业、工业、货代、仓储、包装、堆场、电子商务、邮政、通信、银行、保险、消费者等生产经营和物流服务企业以及用户,还涉及政府、税收、海关、检验检疫等管理部门。因此,现代物流产业几乎涵盖了一产、二产、三产的所有领域和部门,无论

在广度还是深度上都具有很好的发展前景，是国民经济的综合性和支柱性产业之一，对区域经济发展具有重要的促进作用。

2. 物流产业构成国民经济的支柱产业

经济发达国家或地区的物流产值在国民经济中处于一个十分重要的地位。20世纪90年代中期以来，英国物流搬运中心多次进行的全国性调查表明，物流费用占整个国民经济总支出的39%；在生产和流通领域，物流费用占总支出的63%。1996年英国物流产值占GDP的比重达到10.63%，从1996年《劳氏航运经济学家》这一权威杂志对世界主要地区的物流费用占GDP比重统计数字可以看出，物流支出在各国GDP中的比重占到11%以上，其中欧洲工业化国家，其社会物流总成本虽因国家不同略有出入，但一般相当于国民生产总值的12%左右。1996年美国的物流费用占GDP比重也达到了10.5%，日本占11.3%。

3. 企业物流成本的降低已是企业发展的第三利润源

现代物流可以降低流通费用，随着物流管理的合理化，可以降低物流消耗。比如在20世纪70年代，美国物流成本平均相当于GDP的13.7%，1989年为11.1%，到1996年降到10.5%。根据全球物流费用的市场规模，物流产量占GDP的比重约为11%~15%，全球每天用于物流的费用高达3.43万亿美元，所以一些发达国家把降低流通费用，特别是物流费用作为第三利润开发的源泉，作为提高整个国民经济的重大的措施。

第二节 物流理念

一、物流与商流分离说

商流就是商品所有权的转移。实际上是商品价值的运动，是商品所有权的转让，流动的是“商品所有权证书”，是通过货币实现的。

物流即马克思讲的“实际流通”，是商品实体的流通。本来，商流、物流是紧密地结合在一起的，进行一次交易，商品(所有权)便易手一次，商品实体便发生一次运动，物流和商流是相伴而生并形影相随的，两者共同运动，采取同样过程，只是运动形式不同而已。在现代社会诞生之前，流通大多采取这种形式，甚至今日，这种情况仍不少见。

商物分离理论是物流科学赖以生存的先决条件。所谓商物分离，是指流通中的两个组成部分——商业流通和实物流通各自按照自己的规律和渠道独立运动。社会进步是流通从生产中分离出来之后，并没有结束分化及分工的深入和继续。现代化的分工和专业化是向一切经济领域延伸的。第二次世界大战以后，流通过程中上述两种不同形式出现了更明显的分离，从不同形式逐渐变成了两个有一定独立运动能力的不同运动过程，这就是所称的“商物分离”。

二、物流黑大陆说

著名的管理学权威P·E·德鲁克曾经讲过：“流通是经济领域里的黑暗大陆”。德鲁克泛指的是流通，但是，由于流通领域中物流活动的模糊性尤其突出，是流通领域中人们认识不清的领域，所以，黑大陆说现在转向主要针对物流而言。黑大陆说主要是指尚未认识、尚未了解的领域，在黑大陆中，如果理论研究和实践探索照亮了这块黑大陆，那么摆在人们面前的可能是一片不毛之地，也可能是一片宝藏之地。黑大陆说是对20世纪中在经济界存在的愚昧的一种反对和批判，指出在当时资本主义繁荣和发达的状况下，科学技术也好，经济发展也好都远未有止境。黑大陆说也是对物流本身的正确评价:这个领域未知的东西还很多,理论和实践皆不成熟。

三、物流冰山说

物流冰山说是日本早稻田大学西泽修教授提出来的。他专门研究物流成本时发现,现行的财务会计制度和会计核算方法都不可能掌握物流费用的实际情况,因而人们对物流费用的了解一片空白,甚至有很大的虚假性,他把这种情况比做“物流冰山”。其特点是大部分沉在水面以下的是我们看不到的黑色区域,而我们看到的不过是物流的一部分。

物流冰山的含义是说,人们对物流费用的总体内容并不掌握,提起物流费用大家只看到露出海面的冰山的一角,而潜藏在海水下面的冰山主体却看不见,海水中的冰山才是物流费用的主要部分。一般情况下,企业会计科目中,只把支付给外部运输企业、仓库企业的费用列入成本,实际这些费用在整个物流费用中犹如冰山的一角。因为物流基础设施建设费、企业利用自己的车辆运输、利用自己的库存保管货物、由自己的工人进行包装、装卸等费用都没计入物流费用科目内。一般来说,企业向外部支付的物流费是很小的一部分,大部分是企业内部发生的各种物流费用。基于这个现实,日本物流成本计算的权威早稻田大学教授西泽修先生提出了“物流冰山”说。如图 1-1 所示。

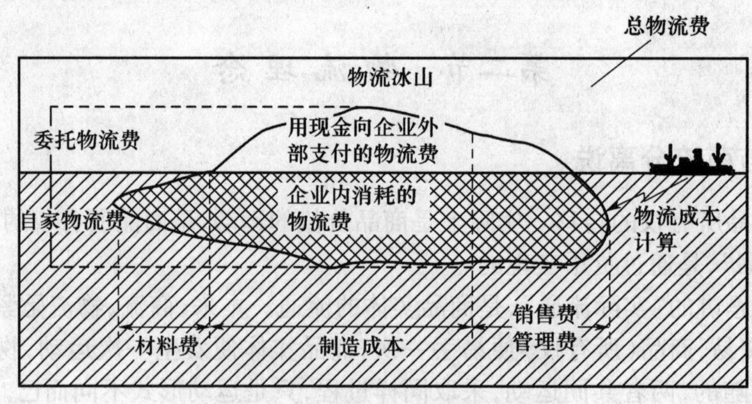

图 1-1 “物流冰山说”示意图

(资料来源:西泽修著《物流会计知识》)

“物流冰山”说之所以成立,有三个方面的原因:

(1) 物流成本的计算范围太大。物流成本包括原材料物流、工厂内物流、从工厂到仓库、配送中心的物流、从配送中心到商店的物流等。这么大的范围,涉及的单位非常多,牵涉的面也特别广,很容易漏掉其中的某一部分。漏掉哪部分,计算哪部分,物流费用的大小相距甚远。

(2) 运输、保管、包装、装卸、流通加工以及信息等各物流环节中,以哪几个环节作为物流成本的计算对象问题。如果只计算运输和保管费用不计算其他费用,与计算运输、保管、装卸、包装、流通加工以及信息等全部费用,两者的费用计算结果差别相当大。

(3) 把哪几种费用列入物流成本中去的问题。比如,向外部支付的运输费、保管费、装卸费等费用一般都容易列入物流成本。可是本企业内部发生的物流费用,如:与物流相关的人工费、物流设施建设费、设备购置费,以及折旧费、维修费、电费、燃料费等,是否也列入物流成本中去等,都与物流费用的大小直接相关。

因而,我们说物流费用确实犹如海里的一座冰山,露出水面的仅是冰山的一角。

四、物流第三利润源说

第三利润源说法主要出自日本。从历史发展来看,人类历史上曾经有过两个大量提供利润的领域。第一个是资源领域,第二个是人力领域。在这两个利润源潜力越来越小,利润开拓越来越困难情况下,物流领域的潜力开始被人重视,按时间序列排为第三个利润源。物流领域随着市场竞争日益激烈。企业能够占有的市场份额也是有一定限度的,当达到一定限度不能再扩大利润的时候,如何寻找新的利润增长点?企业这时候发现如果能有效降低在企业成本中占据相当高比例的物流费用,就等于提高了企业的利润。所以这时候我们就开始把物流管理称为第三利润源泉。第三利润源简单的说,是在制造成本降低空间不大的情况下,降低物流成本成为企业的第三利润源。这三个利润源注重于生产力的不同要素:第一个利润源的挖掘对象是生产力中的劳动对象;第二个利润的挖掘对象是生产力中的劳动者;第三个利润源则主要挖掘生产力要素中劳动工具的潜力,与此同时又挖掘劳动对象和劳动者的潜力,因而更具全面性。

五、物流效益背反说

"效益背反"是指物流的若干功能要素之间,存在着损益的矛盾,即某一功能要素的优化和利润产生的同时,必然会存在另一个或另几个功能要素利益的损失,反之也如此。效益背反说是物流领域中很常见的、很普遍的现象,是这一领域中内部矛盾的反映和表现。例如包装问题,包装方面每少花一分钱,这一分钱就必然转到收益上来,包装越省,利润则越高。但是,一旦商品进入流通之后,如果简省的包装降低了产品的防护效果,造成了大量损失,就会造成储存、装卸、运输等功能要素的工作劣化和效益大减。显然,包装活动的效益是以其他活动的损失为代价的。我国流通领域每年因包装不善会造成上百亿元的商品损失,这就是"效益背反"的实证。在认识"效益背反"的规律之后,物流科学充分认识了物流要素功能,寻求解决和克服各功能要素间的效益背反现象,不是片面追求某个功能要素的优化,而是寻求物流的总体最优化。他们将物流细分为若干功能要素,将包装、运输、储存等功能有机联系起来成为一个整体来认识物流,进而有效地解决"效益背反"问题。追求物流整体效果最佳,这正是物流领域的一个新发展。

六、物流森林说

物流森林说是美国学者提出的。该学说认为物流整体效应如同森林。物流过程包括一系列活动,如运输、储存、包装、配送、流通加工等。在物流过程中不是单纯地追求各项功能要素优化,而更主要的是追求整体效果最优化,将各个分功能有机联系起来,追求总体效果的最优。

美国学者提出"物流是一片森林而非一棵棵树术",用物流森林的结构概念来表述物流的整体观点。指出物流是一种"结构",对物流的认识不能只见功能要素不见结构要素,即不能只见树木不见森林,物流的总体效果是森林的效果。即使是和森林一样多的树木,如果孤立存在,没有连成片,也不是森林,物流追求的是森林的总体效果。如单搞运输、储存不能叫物流,将运输、储存等功能综合经营才能称其为物流。物流森林说强调的是总体观念。

第三节　国际物流基本知识

一、国际物流的含义

国际物流的含义是组织原材料,将制品、半成品和制成品在国与国之间进行流动和转移的活动,是发生在不同国家之间的物流,也称国际大流通和大物流。通常是指在两个或两个以上国家(或地区)之间所进行的物流。例如我国有一家专门经营服装的公司,它有5000家专卖店,分布在60个国家。其总部在上海,所有的工作都是通过80家代理商进行的。若某一专卖店发现某一款式的服装需要补货,就立即通知所指定的某一代理商,该代理商立即将此信息通知上海总部,总部再把这一信息反馈给配送中心,配送中心便根据专卖店的需求在一定的时间内进行打包、组配、送货。整个物流过程可在一周内完成。

二、国际物流的特点

(一)物流环境差异大

国际物流的一个非常重要的特点是各国物流环境的差异,尤其是物流软环境的差异。不同国家的不同物流适用法律使国际物流的复杂性远高于一国的国内物流,甚至会阻断国际物流;不同国家、不同经济和科技发展水平会让国际物流处于不同科技条件的支撑下,甚至有些地区根本无法应用某些技术而迫使国际物流全系统水平下降;不同国家不同标准也造成国际"接轨"的困难,因而使国际物流系统难以建立;不同国家的风俗人文也使国际物流受到很大局限。

物流环境的差异迫使一个国际物流系统需要在几个不同法律、人文、习俗、语言、科技、设施的环境下运行,无疑会大大增加物流的难度和系统的复杂性。

(二)物流系统范围广

物流本身的功能要素、系统与外界的沟通已经很复杂,国际物流在这复杂系统上再增加不同国家的要素,不仅是地域的广阔和空间的广阔,而且所涉及的内外因素更多,所需的时间更长,广阔范围带来的直接后果是难度和复杂性的增加,风险的增大。当然,也正是因为如此,国际物流一旦融入现代化系统技术之后,其效果才比以前更显著。例如,开通某个"大陆桥"之后,国际物流速度会成倍提高,效益显著增加。

(三)际物流信息系统的支持更重要

国际化信息系统是国际物流,尤其是国际联运非常重要的支持手段。国际信息系统建立的难度,一是管理困难,二是投资巨大。由于世界上有些地区物流信息水平较高,有些地区较低,所以会出现信息水平不均衡。因而信息系统的建立更为困难。

当前国际物流信息系统一个较好的建立办法是和各国海关的公共信息系统联机,及时掌握有关港口、机场和联运线路、站场的实际状况,为供应或销售物流决策提供支持。国际物流是最早发展电子数据交换(EDI)的领域,以EDI为基础的国际物流将对物流的国际化产生重大影响。

(四)国际物流的标准化要求较高

要使国际物流畅通起来,统一标准是非常重要的,可以说,如果没有统一的标难,国际物流水平是无法提高的。目前,美国、欧洲基本实现了物流工具、设施的统一标准,如托盘采用1000mm×1200mm,集装箱的几种统一规格及条形码技术等,这样一来,大大降低了物流费用,降低了转运的难度。而不向这一标准靠拢的国家,必然要在转运、换车底等许多方面多耗费时间和费用,从而降低其国际竞争能力。

在物流信息传递技术方面,欧洲各国不仅实现了企业内部的标准化,而且实现了企业之间及欧洲统一市场的标准化,这就使欧洲各国之间的系统比其与亚洲、非洲等国家的交流更简单、更有效。

三、国际物流的基本形式

（一）从国内物流出口方式看国际物流的形式

（1）工厂企业通过出口部门，向进口国出口产品。

（2）商业公司等出口部门，在进口国设置分公司或其他驻外机构，进行销售活动。

（3）工厂企业与进口部门直接交易，组织物资出口。

（4）工厂企业在进口国设置驻外机构，将商品部件出口，在进口国内组装。

（5）工厂企业在进口国设立工厂，其原材料基本在进口国内解决，少部分从出口国输入。

（6）国际物流公司专业运营，即为国际贸易和跨国经营提供专业化服务，使企业得以集中其核心竞争力。

（二）从物资输送方式看国际物流的形式

（1）陆运物流。陆地相邻国家，通常采取陆路运送货物的方式，运输工具主要有火车和卡车等。

（2）海运物流。国际物流大部分的货物是通过海上运送完成的，运输工具主要是各种船舶。国际海上运输是国际物流商品运输最主要的输送方式。

（3）空运物流。贵重和数量少的货物，为了争取时效，往往采用专门的运输机和普通客机搭乘方式完成航空运货任务。

（4）管道物流。这是借助高压气泵的压力将管道内的货物输送到目的地的一种运输方式。管道输送的介质已由常见的石油、天然气延伸到煤炭、铁矿石等。

（5）多式联运物流。即按照多式联运合同，以至少两种不同的运输，由多式联运经营人把货物从一国境内接运货物的地点运至另一国境内指定交付货物的地点。

（6）邮政物流。即以邮购包裹的方式对数量不多的国际货物采用的输送手段。其具体运输方式不定，但主要以航空、陆路运输为主。

此外还有国际商品物流、国际展品物流等形式。

国际商品物流指通过国际贸易实现的交易活动的商品在国际的流动（有去无回）。

国际展品物流指以展览、展示为目的，暂时将商品运到一国境内，待展览结束后再复运出境的物流活动（有去有回）。

四、国际物流的通关手续

通关手续又称为报关手续，是指出口商或进口商向海关申报出口或进口，接受海关的监督与检查，履行海关规定的手续。办完通关手续，经海关同意，货物方可通关放行。通常国际物流通关手续主要要经过三个基本环节：申报、验货、放行。

（一）申报

进出口企业可以采用委托报关单位制发电子数据报关单或自行制发的方式，以 EDI 方式或者通过中国电子口岸平台，向海关办理进出境货物的申报。海关法规定，进口货物的报关期限为运输工具申报进境之日起 14 天内，出口货物的申报期限是在货物运抵海关监管区后、装货前 24 小时这段时间。

（二）查验

（1）海关审单。海关收到电子数据后，首先由计算机对数据进行检查，其完整性、逻辑性符合报关单填制规范要求的，转入审单中心人工审核，如不符合，则退回申报人要求重新填报。

审核主要是申报的正确性、真实性的审核，主要集中于归类、价格、原产地、贸易性质及进出口管理条件，并计算相应税费。审核中如发现存在不符合要求的情况时，海关可以要求申报人重新申报或者作出补充说明。

（2）现场交单。经人工审单合格通过后，海关发出电子通知，申报人持打印出的纸质报关单到口岸现场办理交验报关单、海关要求的随附单证以及进出口的许可证件，并交纳关税、进出口环节增值税或其他费用，方式可以采用银行交付、网上支付等。如海关确定查验的，申报人应按海关要求搬移、开拆货物，查验结束后，双方共同在查验记录上签字，如海关认为有必要，也可径行查验。

（三）放行

海关放行，提取货物。海关收到税、费交纳完毕的证明后，签发货物放行单给申报人，申报人可以到码头或仓库提取货物，安排运输。

➢基本技能训练

◉ 自我测试

（一）填空题

1. 物流所研究的物必须发生（　　）位移。即物流是指物品从（　　）到（　　）的实体流动过程。根据实际需要，将运输、（　　）、装卸搬运、（　　）、（　　）、（　　）和信息处理等基本功能实施有机结合。

2. 第三利润是利用劳动工具潜力、劳动对象和劳动者潜力获得的利润，即（　　）。

3. 从制造业角度划分，物流分为供应物流、（　　）、（　　）回收物流和（　　）。

（二）单向选择题

1. 下列属于商流在前、物流在后的商物分离形式有（　　）。

A 赊销　　B 分期付款　　C 预购　　D 托收承付

2. 物流“冰山”说是由（　　）提出来的。

A 德鲁克　　B 菲利普　　C 西泽修　　D 麦卡锡

3. 当供应商采用款到发货的方式与以其他企业交易商品时，通常会引起（　　）。

A 物流在前、商流在后

B 商流在前、物流在后

C 商流与物流同时发生

D 商流迂回、物流直达

4.（　　）通常不属于国际物流中的通关手续环节。

A 申报　　B 验货　　C 放行　　D 填写报单

◉ 模拟职业岗位能力训练

请进行一次市场调研，了解周围从事物流的亲朋好友等，请教他们：物流人员应具备哪些基本职业素质？以案例说明并进行交流。

◉ 应用案例分析

宝供物流的成长与开拓

宝供物流企业集团有限公司（P. G. LOGISTICS GROUP CO.，LTD），以下简称宝供物流，创建于1994年，总部设在广州，是国内第一家经国家工商总局批准以物流名称注册的企业集团，是中国最早运用现代物流理念为客户提供物流一体化服务的专业公司，也是我国目前最具规模、最具影响力、最领先的第三方物流企业。

宝供物流成立之初才有12名员工、100万元的注册资金，业务也仅限于仓储运输，截至2010年，宝供已经发展成为提供物流供应链的专业物流集团，拥有800余名员工以及10300万元的注册资金。宝供物流初期主要是以物流业务为实体进行各项基础建设，从而达到规范管理的目的。这一阶段，原始资本积累和网络构筑是主要的工作内容。

到1997年宝供物流在某些行业和地区已经取得了一些成绩和知名度，但是客户的发展以及对企业自身发展的要求促使宝供物流不断开拓新市场、拓宽全国实体网络和IT服务网络的建设，加强客户的价值分析，从而提供更加有效的服务。

到2001年左右，物流的概念已经开始在全国普及，作为行业领先者宝供物流充分认识到未来竞争的残酷性，因此从物流业务开始上升到供应链管理的高度，开展客户联盟、人才培养、信息网络等各项工作。

发展到2003年，因为客户基础的不断增加，以及对轻资产型物流企业的认识程度提高，宝供物流开始认识到轻资产型企业的不足。并且在同一时期，国家鼓励对物流园区的开发，促使宝供物流开始加大对物流园区和物流基地的购入和建设。

2006年福田汽车对核心业务的重视程度不断加强，对非核心业务逐渐剥离和外包，对于福田物流也采取了对外剥离的手法，恰巧宝供物流对于汽车物流业务加大开发力度，因此双方达成协议，由宝供物流收购福田物流，从而增加了宝供物流的业务板块，并且使宝供物流的资产迅速得到增加。但是宝供物流的业务还是以物流业务为主，虽然其对外以及部分业务已经开始上升到供应链的高度，但是其实质还是“基于供应链管理基础上的物流一体化管理”。

直至今天，宝供物流依然是中国物流市场中的标志性企业，摩根斯坦利对它的评价得到了业界一致认同，即“中国最成功的第三方物流企业”。

宝供物流未来发展策略：

2010年达到30亿元的业务额度；争取未来将自己打造成为一家重资产型的管理型供应链全面解决方案提供商及实体运营商。

未来的业务发展重点领域将主要围绕日用消费品、家用电器、电子信息、食品与饮料、汽车零配件、医疗及保健品拓展市场，并适时提供冷冻服务，同时也将择机进入零售配送及进出口货代等新业务领域。

问题：

1. 请说明宝供物流的类型。

2. 谈谈宝供物流发展历程给我们的启示。

➤ 信息传递

◉ 相关链接

（一）中国物流成本高在哪里？

目前发达国家平均物流成本占到GDP的10%左右，我国则达20%以上。我国运输成本是欧洲或美国的三倍，全国运输空驶率约为37%（汽车39%）；因包装问题造成的货损每年达150

亿元;从库存情况看,中国企业产品的周转周期为35天~45天,国外一些企业不超过10天。

据调查,一般商品物流成本占商品总成本的40%~50%,水果、食品等商品流通费用占总成本的60%~70%,玻璃、陶瓷的运输破损率高达20%。据专家测算,物流过程占用的时间几乎占整个生产流程的90%,原材料、产品库存量大,时间长已成为企业经营成本和价格居高不下的重要原因之一。

(二)从零售商的收货过程说起

在零售企业的日常管理工作中,收货工作是一个至关重要的工作环节。通常情况下,我们将收货流程定义为以供应商收到零售企业的商品订单为开始,以门店收货入库为结束的标志。在整个的收货流程中涉及的人物包括零售企业的采购买手、采购助理、传单员、配送中心收货人员、门店的收货人员、供应商的销售人员、供应商的送货人员等,这些人物的情况因每一个业态的情况和企业内部经营管理的不同而不同。在整个收货流程中,零售企业往往会产生以下一些相关的单据,其中包括《补货通知单》、《商品订单》、《商品收货验收单》、《商品验收确认单(或者是入库单)》、《收货通知单》、《直送通知单》等单据。在整个收货流程中,我们通过每一个单据来连接收货流程中的每一个步骤。

(三)国家对物流产业主要有以下税收优惠政策

1. 增值税、消费税

国家制定了专门的保税物流中心(B型)税收优惠政策。

首先,物流中心外的企业报关进入物流中心的货物视同出口,由海关办理出口报关手续,签发出口货物报关单,企业可凭出口报关单及其他规定凭证,向主管退税机关申请办理出口退(免)税;物流中心外的企业从物流中心运出货物,海关按照对进口货物的有关规定,办理报关进口手续,并对报关的货物按照现行进口货物的有关规定征收或免征进口环节的增值税、消费税。

对物流中心内的企业在物流中心内加工的货物,凡货物直接出口或销售给物流中心内其他企业的,免征增值税、消费税。对物流中心企业之间或物流中心与出口加工区之间的货物交易、流转,免征流通环节的增值税、消费税。

2. 企业所得税

符合条件的小型微利企业按20%的税率征收企业所得税的税收优惠政策,对于提高物流企业的竞争力具有积极作用。

3. 出口退税

物流中心外的企业销售给物流中心内的企业、并运入物流中心使用的国产设备、原材料、零部件、元器件、包装物料,以及建造基础设施、加工企业和行政管理部门生产、办公用房的基建物资,物流中心外的企业可凭海关签发的出口货物报关单和其他规定的出口退税凭证,向税务机关申报办理退(免)税。

(四)国家劳动部物流师职业资格认证问与答

1. 什么是物流师职业资格

答:职业资格证书制度是劳动就业制度的一项重要内容,也是一种特殊形式的国家考试制度。它是指按照国家制定的职业技能标准或任职资格条件,通过政府认定的考核鉴定机构,对劳动者的技能水平或职业资格进行客观公正、科学规范的评价和鉴定,对合格者授予相应的国家职业资格证书。职业资格证书是表明劳动者具有从事某一职业所必备的学识和技能的证明。它是劳动者求职、任职、开业、评定、晋升的资格凭证,是用人单位招聘、录用劳动者的主要依据,也是境外就业、对外劳务合作人员办理技能水平公证的有效证件。

2. 物流师职业资格认证机构是什么?

答:国家劳动和社会保障部是物流师职业资格认证的发证机构。国家劳动和社会保障部是国务院的组成部门,担负着研究制定与组织实施全国劳动和社会保障工作的总体规划、基本方针政策、法律法规草案以及改革方案的任务。负责全国劳动和社会保障事业的行政管理,主要包括劳动力资源管理、劳动关系调整、各项社会保险管理及劳动和组织拟定职业分类、职业技能国家标准,组织制定和颁布相关的行业标准;建立职业资格证书制度,制定职业技能鉴定政策等方面的职能。

3. 为什么要推广物流师职业资格证书?

答:目前,物流人才培训市场较为混乱,各种名目繁多的物流人才培训机构很多,培训和认证的质量得不到保障,缺乏统一性、权威性的培训认证体系。国家劳动部门的认证体系最为严密、规范,具有最高的权威性。同时,实行"考、培分离"原则,从培训过程到考试认证,都有着严格的规范。所以,该认证的含金量和社会认可度都比较高。

物流人才培训是国家劳动和社会保障部的一项重要的工作,是物流产业发展的战略资源。为了迅速规范物流人才培训市场秩序,发挥其在物流人才培训方面的主渠道作用,根据国家劳动部《物流师国家职业标准》和相关职业资格管理条例,推广物流师职业资格认证工作具有十分重要的意义。

4. 物流师职业资格鉴定分几个等级?

答:四个等级。《物流师职业标准》分为四、三、二、一级,即物流员(国家职业资格初级职称)、助理物流师(国家职业资格中级职称)、物流师(国家职业资格高级职称)、高级物流师(国家职业资格技师级职称)。物流从业人员及有志于从事物流职业的人员经系统培训并经统一鉴定合格后,可获得相应的物流师国家职业资格证书(有中华人民共和国字样、有国徽及全国统考防伪标志,全国通用,出国有效)。

5. 物流师职业资格报考条件怎样?

答:高级物流师(具备以下条件之一):

取得本职业物流师职业资格证书后,连续从事本职业工作 3 年以上。

具有本专业及相关专业本科学历,从事本职业工作 5 年以上。

具有本科学历,取得学士学位,从事本职业工作 3 年以上。

物流师(具备以下条件之一):

取得本职业助理物流师职业资格证书后,连续从事本职业工作 3 年以上。

具有本专业及相关专业大专学历,从事本职业工作 5 年以上。

具有本科学历,连续从事本职业工作 3 年以上。

助理物流师(具备以下条件之一):

取得高级技工学校或经劳动保障行政部门审核认定的、以高级技能为培养目标的高等职业学校本职业(专业)毕业证书。

有本专业或相关专业在校学生。

物流员(具备以下条件之一):

希望或从事物流行业的高、中专学历人员。

证书印有国徽图案,加盖有"中华人民共和国劳动和社会保障部"、"劳动和社会保障部培训就业司"和"劳动和社会保障部职业技能鉴定中心"三枚印章,证书照片右上角加贴镭射防伪标贴。证书属国家证书,全国通用,受法律保护。

关于考试用书:助理物流师考试用书有《物流基础》、《助理物流师培训教程》;物流师考试用书有《物流基础》、《物流师培训教程》。

◉ 前沿理念

回顾20世纪八九十年代，物流活动的唯一目的就是尽可能减少供应链中的库存成本，这通常伴随着库存周转率增加，库存时间减少的结果。尽管只有为数不多的几家企业做到了真正意义上的“即时制”库存，但这确实是所有企业努力的方向。

而今已是时过境迁。随着越来越多的公司走向全球采购，“即时制”变得越来越难以达到，这是因为库存距离越远，就有越来越多的变数影响即时配送。而且，由于当今时代变数过多，没有高水平的安全库存，就无法让人放心。简单而言，许多供应链经理更加担心的是库存商品能否到达所需地点。随着这种担心的增加，库存量也在增加。

因此，拥有“应急库存”并不是什么坏事，尤其是在采购日趋全球化的今天。例如，通过对全球各地的“应急库存”准确定位，你的公司就能有效提高客户服务水平。因为你根本就不需要为了满足客户的迫切要求而去搬动挡在前面的大山。

不过，值得注意的是，应急计划不应仅仅限于应急库存的使用，因为这样不仅花费昂贵，而且过于短见。因此，你可以尝试一下“应急制”供应商的概念。许多公司现在都在尝试把常规的采购运输概念转为对供应商或服务商的支持。这不失为明智之举，因为这样做使这些公司既能要求供应商加快供应步伐，也不会破坏他们业已建立起的关系。

以上仅仅是对当今物流形势的简单描述，并不代表未来的发展趋势。事实上，过去几年的经历告诉我们，物流就像天气一样捉摸不定，变化多端。你尽可以预测未来会发生什么，但也必须想到还有很多意外等着你。

➤归纳提高

◉ 本章简明小结

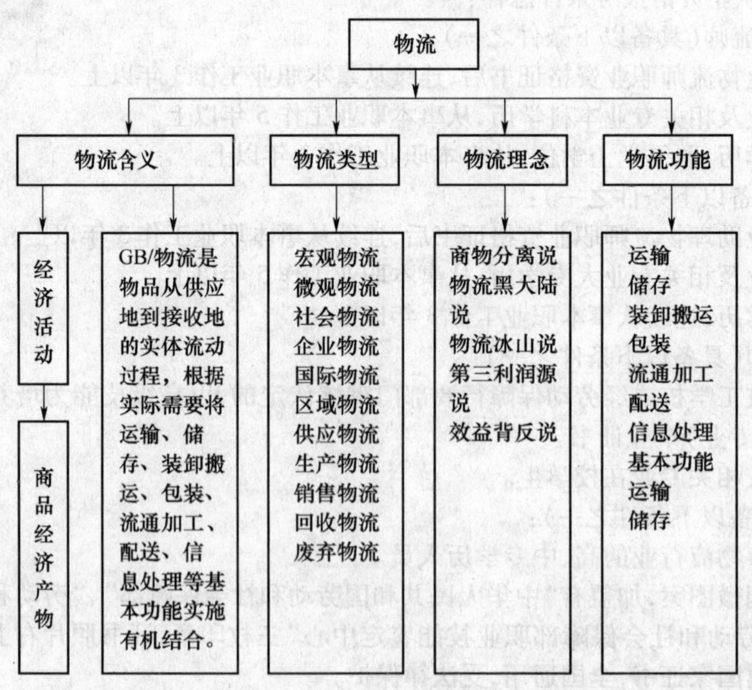

◉ 课后任务

资料阅读:现代物流发展的国际趋势

从美国、欧洲、日本的情况来看,现代物流发展的趋势具有以下特征。

1. 物流技术高速发展,物流管理水平不断提高

国外物流企业的技术装备已达到相当高的水平。目前已经形成以信息技术为核心,以信息技术、运输技术、配送技术、装卸搬运技术、自动化仓储技术、库存控制技术、包装技术等专业技术为支撑的现代化物流装备技术格局。其发展趋势表现为:

(1) 信息化——广泛采用无线互联网技术、卫星定位技术(GPS)、地理信息系统(GIS)和射频标识技术(RF)、条形码技术等。

(2) 自动化——自动引导小车(AGV)技术、搬运机器人(Robot System)技术等。

(3) 智能化——电子识别和电子跟踪技术、智能交通与运输系统(ITS)。

(4) 集成化——信息化、机械化、自动化和智能化于一体。

其中,高新技术在物流运输业的应用与发展表现尤为突出。

当前,世界公路交通科技发展呈现出三大趋势,公路交通技术研究集中于五大热点。三大趋势分别为:

(1) 提高通行能力,加强环境保护,开展智能化运输和环保专项技术的研究;

(2) 以人为本,重点开展交通安全技术的研究;

(3) 确定经济合理的目标,促进新材料的广泛应用和开发。

世界各国公路交通科技研究五大热点主要包括:

(1) 利用全球定位系统(GPS)实现测试自动化;

(2) 利用交通地理信息系统(GIST)促进公路建设管理现代化;

(3) 发展计算机辅助设计技术(CAD)达到智能化;

(4) 利用高科技检测技术促进工程质量监测和道路养护智能化;

(5) 智能化运输系统(ITS)广泛应用。

2. 专业物流形成规模,共同配送成为主导

国外专业物流企业是伴随制造商经营取向的变革应运而生的。由于制造厂商为迎合消费者日益精化、个性化的产品需求,而采取多样、少量的生产方式,因而高频度、小批量的配送需求也随之产生。目前,在美国、日本和欧洲等经济发达国家和地区,专业物流服务已形成规模,它有利于制造商降低流通成本,提高运营效率,并将有限的资源和精力集中于自身的核心业务上。

共同配送是经长期的发展和探索优化出的一种追求合理化配送的配送形式,也是美国、日本等一些发达国家采用较广泛、影响面较大的一种先进的物流方式,它对提高物流动作效率、降低物流成本具有重要意义。从整个社会的角度来讲,实现共同配送主要有以下好处:减少社会车流总量,减少闹市卸货妨碍交通的现象,改善交通运输状况;通过集中化处理,有效提高车辆的装载率,节省物流处理空间和人力资源,提升商业物流环境进而改善整体社会生活品质。总而言之,共同配送可以最大限度地提高人员、物资、金钱、时间等物流资源的使用效率(降低成本),取得最大效益(提高服务),还可以去除多余的交错运输,并取得缓解交通、保护环境等社会效益。

共同配送是物流配送发展的总体趋势。当然,共同配送涉及很多具体的细节问题,在实施

过程中难免会出现一些困难点。首先,各业种经营的商品不同,有日用百货、食品、酒类饮料、药品、服装乃至厨房用品、卫生洁具等,林林总总,不一而足。不同的商品特点不同,对配送的要求也不一样,共同配送存在一定的难度。其次,各企业的规模、商圈、客户、经营意识等方面也存在差距,往往很难协调一致。还有费用的分摊、泄露商业机密的担忧等。

3. 物流企业向集约化、协同化、全球化方向发展

国外物流企业向集约化、协同化方向发展主要表现在两个方面,一是大力建设物流园区;二是物流企业兼并与合作。

物流园区是多种物流设施和不同类型的物流企业在空间上集中布局的场所,是具有一定规模和综合服务功能的物流集结点。日本是最早建立物流园区的国家,至今已建立20个大规模的物流园区,平均占地面积约74万平方米;荷兰统计的14个物流园区,平均占地面积4.5万平方千米;德国不来梅的货运中心占地在100万平方米以上,纽伦堡物流园区占地已达7平方千米。物流园区的建设有利于实现物流企业的专业化和规模化,发挥它们的整体优势和互补优势。

由于世界上各行业大型企业之间的并购浪潮和网上贸易的迅速发展,使国际贸易的货物流动加速向全球化方向前进。为适应这一发展趋势,欧美的一些大型物流企业跨越国境,展开连横合纵式的并购,大力拓展国际物流市场,以争取更大的市场份额。

不久前,德国国营邮政出资11.4亿美元收购了美国大型的陆上运输企业AEI。AEI公司1998年的销售额达15亿美元,是美国国内排列前10位的大型物流运输公司。德国邮政公司这一举动,目的是把自己的航空运输网与AEI在美国的运输物流网合并统一,增强竞争力,以与美国UPS公司和联邦快递公司相抗衡。

美国的UPS则并购了总部设在迈阿密的航空货运公司——挑战航空公司。该公司与南美18个国家签订了领空自由通航协议,它与这18个国家的空运物流量在美国同行中居第一。UPS公司计划将自己在美国的最大物流运输网与挑战航空公司在南美洲的物流网相结合,从而实现南北美洲两个大陆一体化的整体物流网络。

美国联邦快递公司投资2亿美元,在法国的戴高乐机场建设小件货物仓储运输设施,目的是将欧洲38个城市的空中物流和陆地物流连为一体,发展38个城市间的空中和陆地一体化快递服务,使欧洲主要城市间的邮递物流业面貌一新,因为欧洲整个邮政市场将分阶段地逐步实现完全自由化。

据不完全统计,1999年美国物流运输企业间的并购数已达23家,并购总金额达6.25亿美元。德国邮政公司在最近两年间并购欧洲地区物流企业达11家,现在它已发展成为年销售额达290亿美元的欧洲巨型物流企业。UPS在1999年11月份宣布,它要增资发行新股,收购美国和欧洲的物流企业。

1999年欧洲物流企业并购呈现出另外一个特点,就是国营企业并购民营企业。英国国营邮政公司并购了德国大型的民营物流企业PARCE;法国邮政收购了德国的民营敦克豪斯公司。德国、英国和法国的邮政公司为争夺欧洲物流市场,竞相收购民营大型物流运输企业。在欧洲地区展开联合和并购活动,下一步将并购目标和物流市场目标直接指向北美洲等地区。

国际物流市场专家们认为,世界上各行业企业间的国际联合与并购,必然带动国际物流业加速向全球化方向发展,而物流业全球化的发展趋势,又必然推动和促进各国物流企业的联合和并购活动。新组成的物流联合企业、跨国公司将充分发挥互联网的优势,及时准确地掌握全球的物流动态信息,调动自己在世界各地的物流网点,构筑起本公司全球一体化的物流网络,

节省时间和费用,将空载率压缩到最低限度,战胜竞争对手,为货主提供优质物价服务。

除了并购之外,另一种集约化方式是物流企业之间的合作并建立战略联盟。

4. 电子物流需求强劲,快递业"冲锋陷阵"

基于互联网络(如 World Wide Web,WWW)的电子商务的迅速发展,促使了电子物流(ELogistics)的兴起。据统计,通过互联网进行企业间的电子商务交易额,1998 年全球已达到 430 亿美元,据市场调查企业 ForesterResearch 预测,2002 年这一数字将迅速增长到 8400 亿美元。

企业通过互联网加强了企业内部、企业与供应商、企业与消费者、企业与政府部门的联系沟通、相互协调、相互合作。消费者可以直接在网上获取有关产品或服务信息,实现网上购物。这种网上的"直通方式"是企业能迅速、准确、全面地了解需求信息,实现基于客户订货的生产模式(Build to Order,BTO)和物流服务。此外,电子物流可以在线跟踪发出的货物,联机地实现投递路线的规划、物流调度以及货品检查等。可以说电子物流已成为 21 世纪国外物流发展的大趋势。一方面电子物流的兴起,刺激了传统邮政快递业的需求和发展;另一方面,新兴的快递业发展迅猛,触角伸向全球各地。

长期以来,由于世界许多大的经济发达国家的经济萧条,使全球传统邮政业都不景气。而在电子商务快速发展的背景下,有专家预测,短期内邮政业的一些传统功能可能会很快消失,但作为因特网时代的一个必不可少的通信工具,邮政业的功能将以其他的方式很快重现出来。因为通过因特网所进行的电子商务通常都是交易双方的距离比较遥远,比如通过电话销售、电视直销等方式促成的交易,这就为包裹邮寄和快递业务提供了巨大的发展机遇。正如在经过彩页促销、电话营销、直销以及电视直销和互联网展示后,产品最终要以邮寄方式送达用户手中。因此,电子商务刺激了传统邮政业向电子物流方向发展。

除了传统邮政业将自己的业务向电子物流方向拓展外,一些国际著名的快递企业在电子物流中充当着前锋。例如:美国联邦快递公司、UPS 公司等已将自己的触角延伸到世界各国,大有抢占电子物流市场先机之势。一些新兴的物流企业也将视角瞄准电子商务这一新的物流需求市场而迅速崛起。

5. 绿色物流将成为新增长点

物流虽然促进了经济的发展,但是物流的发展同时也会给城市环境带来负面的影响,如运输工具的噪声、污染排放、对交通的阻塞等,以及生产和生活中的废弃物的不当处理所造成的对环境的影响。为此,21 世纪对物流提出了新的要求,即绿色物流。

绿色物流主要包含两个方面,一是对物流系统污染进行控制,即在物流系统和物流活动的规划与决策中尽量采用对环境污染小的方案,如采用排污量小的货车车型,近距离配送,夜间运货(以减少交通阻塞,节省燃料和降低排放)等。发达国家政府倡导绿色物流的对策是在污染发生源、交通量、交通流等三个方面制定了相关政策。绿色物流的另一方面就是建立工业和生活废料处理的物流系统。

6. 物流专业人才需求增长,教育培训体系日趋完善

在物流人才需求的推动下,一些经济发达国家已经形成了较为合理的物流人才教育培训体系。例如,在美国,已建立了多层次的物流专业教育,包括研究生、本科生和职业教育等。许多著名的高等院校中都设置了物流管理专业,并为工商管理及相关专业的学生开设物流课程,像美国的西北大学、密执根州立大学、奥尔良州立大学、威斯康星州立大学等,或设立了独立的物流管理专业,或附属于运输、营销和生产制造等其他专业。乔治亚技术学院广泛开展物流职业教育,培养物流管理专业的专科生。其中部分高等院校设置了物流方向的研究生课程和学

位教育，形成了一定规模的研究生教育系统。美国商船学院的全球物流与运输中心和乔治亚技术学院的物流所开展物流方面的科学研究。除去正规教育外，在美国物流管理委员会(American Council of Logistics Management)的组织和倡导下，美国还建立了美国物流业的职业资格认证制度，例如，仓储工程师、配送工程师等若干职位。所有物流从业人员必须接受职业教育，经过考试获得上述工程师资格后，才能从事有关的物流工作。

(摘引帮考网顾问)

第二章　物流系统管理

知识目标

- 知晓并熟悉物流系统管理的概念；
- 知晓并熟悉供应链及供应链管理的概念；
- 能够理解和掌握物流管理的三个管理层次；
- 能够区分供应链物流管理与传统物流管理。

能力目标

- 通过本章学习和基础素质训练，具备本专业高等应用性人才所必需的理解和分析能力，对物流系统管理有一个全方位的充分认识和综合性的了解；
- 通过有关案例分析，增强实践体验并锻炼对问题的理解和分析能力及语言表达能力。

引导案例

东风汽车有限公司物流系统改造

东风汽车有限公司，原名中国第二汽车制造厂，始建于 1969 年，依靠自己的力量、艰苦创业。公司初建时，从各部件厂的物料搬运系统比较粗糙。在东西长约 30km，南北宽约 8km 的十堰的一山沟里，分布着 27 个部件厂。总装系统试运行时，由于搬运系统原因，曾经出现总装厂前广场上车辆堵塞、人满为患、急需装配的部件进不来、暂时不需要装配的部件挤满车间，影响总装线运行的混乱局面。为改变这种局面，需改造东风汽车有限公司的物料搬运系统。公司组织中外专家进行了一次重大物流系统工程改造工作。这个工作的全过程一共分成七个步骤，如图 2－1 所示。

第一步，提出问题

提出问题就是进行系统调查、汇集资料、整理资料、弄清问题。东风汽车有限公司从原材料到加工成毛坯、半成品、零件，再到装配成整车，生产过程复杂、工序很多，需要进行物料搬运的范围很广。为此先从主要问题着手。为弄清主要问题，公司开了两次调查会，弄清楚了如何减少车次等五个需要解决的问题。在调查的基础上，汇集了资料，例如，产品设计图纸、工厂平面图、工厂组成及产品分工图、汽车生产路线示意图、里程表以及物料搬运方面的资料等，并且进行了资料整理。

第二步，制定目标

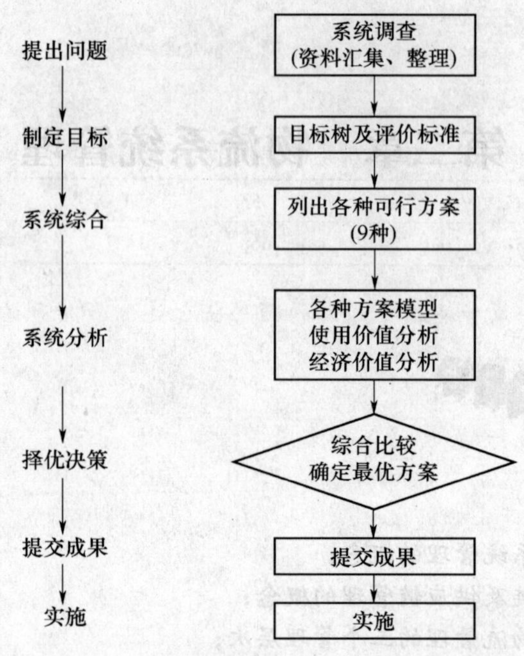

图 2-1 东风汽车有限公司物流系统工程

建立目标树,包括建立目标树,选定子目标,建立评价准则。首先把物料搬运系统目标分成三个子目标:对外运输(N)、专业厂之间的运输(O)和专业厂内部运输(P)。然后选定子目标 O。而子目标 O 又可以按各个专业厂的重要程度分成 J(总装厂)、K(车桥厂)、L(发动机厂)、M(变速箱厂)等,又选定子子目标 J(总装厂)作为重点,而总装厂与其他厂之间的物料搬运问题又可以分为 G(搬运组织)、H(搬运质量)和 I(搬运频次)。这样选定了子目标以后,还要建立起评价方案,看是否达到目标的评价准则,具体选定了 8 个评价准则。

第三步,系统综合

系统综合就是提出设想,制定能够达到目标的各种可行方案。例如,对于车身运送的各种设想方案,是通过专业座谈会的形式提出的。参加会议的有总装厂、车身厂及运输、工厂设计等部门的生产调度、工艺、运输及设计等有关专业人员,一共提出了 14 种可行方案,最后归纳成 10 种方案。

第四步,系统分析

系统分析主要包括建立模型,使用价值分析,经济价值分析。

建立模型。例如,将以上车身运送的 10 个方案建立起 8 个模型。

使用价值分析。首先评定 8 个评价准则的相对重要性,确定各自的比重因子,即权值,然后再用这 8 个准则去评价各个可行方案。

经济价值分析。计算出每种方案的装卸时间、在路行驶时间、车数、每年折旧费用、每年能源费用、维修费用、人员费用以及每年的总费用(表 2-1)。

表 2-1 各个方案的年总费用

A	B	C	D	E	F	G	H	J
83	79	57	108	255	528	611	113	52

第五步,择优决策

综合考虑使用价值分析和经济价值分析的结果,进行综合价值的分析计算,求出单位使用价值的年总费用。计算结果如表2-2所列。

表2-2 各个方案的单位使用价值的年总费用

A	B	C	D	E	F	G	H	J
198	217	57	267	668	1427	1679	247	166

按单位使用价值的年总费用由小到大的顺序将上述方案排列为C、J、A、B、H、D、E、F、G。所以,C方案最好。

第六步,提交成果

提交方案报告和试运行效果,对车身选用半挂车运送。

第七步,实施

经过前六步的分析,将方案付诸实施。

案例点评:物流系统管理工作对改善企业管理的混乱状况,协调各个环节的关系及运作,对实现企业良好运作有着重要的意义。企业要结合自身情况,先弄清问题、查明原因;确定目标,看问题要解决到什么程度;搜索可行方案;然后分析、调试、完善、优化;最后选最优方案实施,制定实施计划、步骤、方针政策。

➢ 基本知识点

第一节 物流系统管理概述

一、物流系统及物流管理

(一) 物流系统的含义

系统是指由若干个相互联系、相互作用的要素所构成,具有一定结构和功能的有机整体,结构决定功能,功能对结构具有反作用。作为一个系统的关键要素是:

(1) 系统所具有的目的;

(2) 系统由多种要素组成;

(3) 这些要素是相互关联的。

物流作为一个经济行为系统,它通过广泛的信息支持,实现了以信息为基础的物流系统化,因而物流系统的功能可以划分为作业子系统和信息子系统。前者包括输送、装卸、保管、流通加工、包装等功能,以力求省力化和效率化;后者包括订货、发货、在库、出货等功能,力求完成商品流动全过程的信息活动。这两个子系统的功能不是相互分割、互不联系的,而是一个有机的整体,通过六大要素的相互结合,利用必要的资源,开展物流服务,促进商流有效、合理地展开。

物流系统的内在特征,在目的上表现为实现物流的效率化和效果化,以较低的成本和优良的顾客服务完成商品实体从供应地到消费地的运动;在原则上具体表现比较好,即适当的质量、适当的数量、适当的时间、适当的地点、优良的印象、适当的价格和适当的商品;在要素及其运作上,通过上述作业子系统和信息子系统的有机联系和相互作用,来实现物流系统的目的。

(二) 物流管理概念

国家标准《物流术语》将物流管理解释为:为了以合适的物流成本达到用户满意的服务水

平,对正向及反向的物流活动过程及相关信息进行的计划、组织、协调与控制。

物流系统管理的高度化,能有力地促进物流活动的合理化和纵深化发展,否则物流管理的滞后,不仅无助于物流系统目的的实现,而且会对生产和营销行为产生负面影响。从当今物流活动的发展来看,担当这种物流系统管理的正是我们研究的现代物流。

我们知道,物流一词是将物流活动从被动、从属的职能活动上升到企业经营战略的一个重要组成部分,因而要求将物流活动作为一个系统整体加以管理和运行。也就是说,物流本身的概念已经从对活动的概述和总结上升到管理学的层次。

物流品质、备货、信息等物流服务质量时,不能从供给的角度来考虑,而应在了解竞争对手的战略基础上,努力提高顾客满意度。

二、物流管理目标

物流管理的基本目标,是实现物流的合理化,以最低的费用支出完成商品实体从供应地向消费地的运动。因此,在进行物流系统总体设计时,应对以下这些问题很好地研究,作出决策。

(一) 规模适当化

对物流系统投资建设时,首先要确定其规模的大小。

对其所处的地理位置,周围环境、服务对象,特别是物流量的多少,包括货物品名、数量、流向等,都要进行详细调查和预测,综合分析研究,以确定物流系统化规模。否则,物流系统规模设计大了,而物流量小了,必然要使一部分物流设施、技术装备闲置起来,不仅白白浪费了投资,而且影响物流的经济效益。反之,物流系统规模设计小了,物流量多了,与其业务活动不相适应,满足不了顾客的需要,同样也是不可取的。

(二) 运送及时性

这是物流系统的主要功能之一。即根据货主的要求,及时运输和配送,按顾客提出的时间和地点,把商品迅速运送到收货地或用户,以赢得信誉。这也是衡量物流企业服务质量的一个重要标志。因此,在进行物流系统管理时,必须很好地考虑运输、配送的功能。例如,运输工具的配备,运输路线的选择,运输环节的安排等。

(三) 库存合理化

保持一定的合理库存,是物流企业的一项重要任务。在物流系统管理中,必须充分予以重视。以生产物流来说,工厂要储存一定数量的原材料,否则,原材料供应不上,生产就中断了。反之,如果原材料储存过多,会造成积压,占用库房,浪费资金,影响企业的经济效益。而从销售物流来看,批发企业或物流中心必须保持一定的合理库存量,不然,商品储存过多,会造成积压,占用资金;而储存过少,又要脱销,并失去销售机会,影响企业的经济效益。因此,物流系统必须强化这一功能,及时反馈,调整库存,多则停止进货,少则补充库存,充分发挥其调节功能纳作用。

(四) 费用合理化

在市场经济日益发展,物流技术不断革新,物流业激烈竞争的情况下,在进行物流系统设计时,无论对系统整体及各个子系统来说,一切物流业务活动,都要求节省费用。一般来说,物流组织的合理,如物流方式、运输路线选择适当,存货数量和分布上都比较合理等,物流费用支出就会少一些。但问题并非如此简单,因为,在物流活动中,在运输、储存、包装、流通加工、装卸搬运、物流信息的搜集、传递和反馈等环节之间都存在着一种相互矛盾,相互制约的关系。正确处理这种关系,进货或送货间隔时间短,运输次数频繁,数量小,则运输费用会增加,但相应的保管费用支出却会减少:反之,则运输费用可以减少,但保管费会增加。包装质量高,要求较多的包装费用支出，但相应地用于日常的维护保养费用则会减少，对储存条件的要求也会降低一些。物流信息搜集得越全面，越完整，对物流过程的了解就越透彻，对物流的协调和控制能力就越强，但用于信息的搜集、加工处理的费用支出就会相应增加。因此，要正确处理上述诸种关系，才能顺利地实现物流管理的预期目标。

三、物流管理层次

物流管理基础与前沿物流管理必备知识物流管理的层次和很多管理活动一样，根据对企业影响的广度和深度不同，物流活动分成三个层次：战略层次（Strategic）、策略层次（Tactical）和操作层次（Operational）。不同层次下物流活动所包含的内容不相同，各自的侧重点也不同。

高层或者战略层次的物流管理活动主要从企业的整体角度出发，物流决策的内容往往将在很长一段时间（如五年）对企业多数部门造成影响，物流活动所需投入的人力、资金也往往较大，决策人多是企业最高层的经理，有的甚至要经董事会同意。

中层或策略层次的物流活动的影响面要稍小，多涉及企业某一部门或相关的几个部门，影响时间也要较前者短，通常为几个月，物流决策多由部门经理根据企业的总体物流战略作出，在本部门内执行。

物流管理的层次基层或者操作层次的物流活动是最低的一个层面，大多是具体工作人员根据本部门物流决策的要求而进行业务操作，影响力局限于当天或者某批次的产品或某几次作业。如图2-2所示。

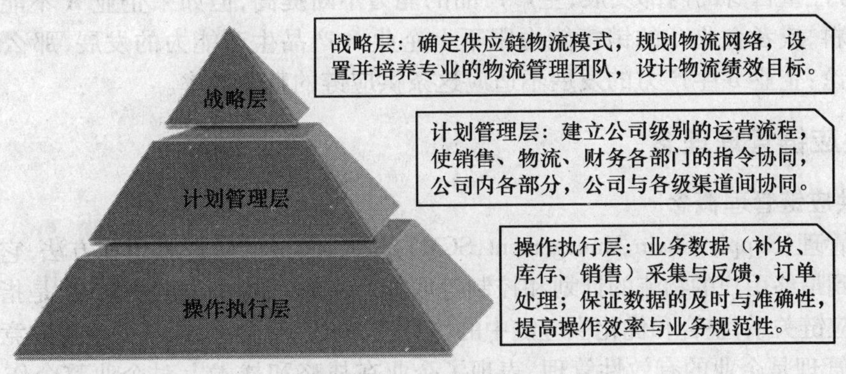

图2-2　物流管理层次图

第二节　供应链物流管理

一、供应链含义

供应链的概念是从扩大生产（Extended Production）的概念发展来的，它将企业的生产活动进行了前伸和后延。譬如，日本丰田公司的精益协作方式中就将供应商的活动视为生产活动的有机组成部分而加以控制和协调，这就是向前延伸。后延是指将生产活动延伸至产品的销售和服务阶段。因此，供应链就是通过计划（Plan）、获得（Obtain）、储存（Store）、分销（Distribute）、服务（Serve）等这样一些活动而在顾客和供应商之间形成的一种衔接（Interface），从而使企业能满足内外部顾客的需求，如图2-3所示。

当前，对供应链比较普遍的理解是：供应链是围绕核心企业，通过对信息流、物流、资金流

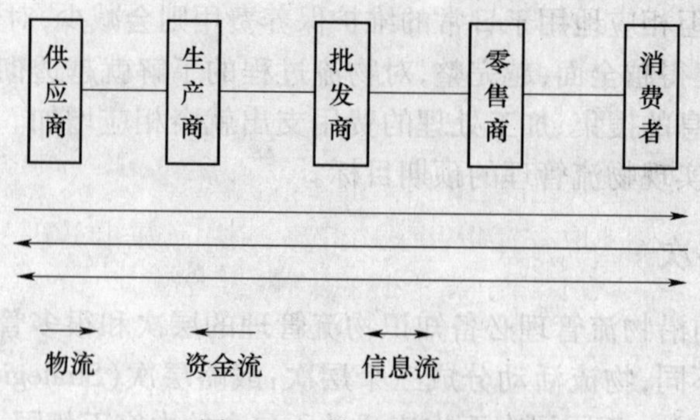

图 2-3　供应链流程图

的控制，从采购原材料开始，制成中间产品以及最终产品，最后由销售网络把产品送到消费者手中的将供应商、制造商、分销商、零售商，直到最终用户连成一个整体的功能网链结构。它不仅是一条连接供应商到用户的物流链、信息链、资金链，而且是一条增值链，物料在供应链上因加工、包装、运输等过程而增加其价值，给相关企业带来收益。

供应链上各企业之间的关系与生物学中的食物链类似。食物链中的每一种生物之间是相互依存的，破坏食物链中的任何一种生物，势必导致这条食物链失去平衡，最终破坏人类赖以生存的生态环境。同样道理，在供应链"企业A—企业B—企业C"中，企业A是企业B的原材料供应商，企业C是企业B的产品销售商。如果企业B忽视了供应链中各要素的相互依存关系，而过分注重自身的内部发展，生产产品的能力不断提高，但如果企业A不能及时向他提供生产原材料，或者企业C的销售能力跟不上企业B产品生产能力的发展，那么我们可以得出这样的结论：企业B生产力的发展不适应这条供应链的整体效率。

二、供应链管理理念

（一）供应链管理概念

供应链管理（Supply Chain Management，SCM）是一种集成的管理思想和方法，它执行供应链中从供应商到最终用户的物流的计划和控制等职能。从单一的企业角度来看，是指企业通过改善上下游供应链关系，整合和优化供应链中的信息流、物流、资金流，以获得企业的竞争优势。

供应链管理是企业的有效性管理，表现了企业在战略和战术上对企业整个作业流程的优化。整合并优化了供应商、制造商、零售商的业务效率，使商品以正确的数量、正确的品质、在正确的地点、以正确的时间、最佳的成本进行生产和销售。

（二）供应链管理目标

供应链优化的最终目的是满足客户需求，降低成本，实现利润，具体表现为：

1. 提高客户满意度

这是供应链管理与优化的最终目标，是供应链管理和优化的一切方式方法，供应链的历史发展是朝向这个目标而努力的，这个目标同时也是企业赖以生存的根本。

2. 提高企业管理水平

供应链管理与优化的重要内容就是流程上的再造与设计，这对提高企业管理水平和管理流程，具有不可或缺的作用，同时，随着企业供应链流程的推进、实施和应用，企业管理的系统化和标准化将会有极大改进，这些都有助于企业管理水平的提高。

3. 节约交易成本

结合电子商务整合供应链将大大降低供应链内各环节的交易成本，缩短交易时间。

4. 降低存货水平

通过扩展组织的边界，供应商能够随时掌握存货信息，组织生产，及时补充，因此企业已无必要维持较高的存货水平。

5. 降低采购成本，促进供应商管理

由于供应商能够方便地取得存货和采购信息，应用于采购管理的人员等都可以从这种低价值的劳动中解脱出来，从事具有更高价值的工作。

6. 减少循环周期

通过供应链的自动化，预测的精确度将大幅度提高，这将导致企业不仅能生产出需要的产品，而且能减少生产的时间，提高顾客满意度。

7. 收入和利润增加

通过组织边界的延伸，企业能履行它们的合同，增加收入并维持和增加市场份额。

8. 网络的扩张

供应链本身就代表着网络，一个企业建立了自己的供应链系统，本身就已经建立起了业务网络。

(三) 供应链管理理念

供应链管理理念是公司对供应链管理的指导思想、价值观念和行为准则的总称。供应链管理理念经过了以下几个发展阶段。

1. 价格、成本、利润三者关系的变化

供应链管理的引入，可以说是现代经营理念对传统经营观念的挑战。早在18世纪，亚当·斯密在他的《国富论》中提出了一个著名的公式“成本 + 利润 = 价格”。此公式说明在成本既定的前提下，产品的价格取决于经营者的预期利润。在近两个世纪中，几乎所有的企业都按照这个公式设定企业的业务流程。但是进入20世纪80年代后，在剧烈的市场竞争中，企业家们已意识到，这个公式不再灵验。哈默在他的《业务流程重组》一书中，将该公式改为“价格 - 成本 = 利润”，即由顾客决定一种商品值多少钱，应该达到什么样的质量标准。利润的多少，取决于在符合顾客对商品价格、质量期望的前提下，经营者降低成本的能力。因此，商家开始把降低运作成本作为主要的经营策略之一。

为此，企业的管理者们寻求利用各种技术来提高经营效率和降低成本。信息技术提供了新的降低成本的契机。信息技术的应用从用计算机进行数据处理，建立MIS(管理信息系统)，扩展到对原料计划、生产资源计划和企业资源计划进行管理，生成MRP(物料资源计划)，MRPII，ERP(企业资源计划)系统，提升MIS。这些系统的应用对提高企业内部资源的利用率，降低运营成本起到了关键的作用。

在充分利用内部资源之后，企业的管理者们又在考虑如何利用企业的外部资源。在商业企业的运作成本中，供应链的运营成本占很大的比例。因此20世纪90年代初，无论是生产企业还是商业企业都把实现降低经营成本的目标，集中到提高供应链的效率上来。

2. 推动式供应链向拉动式供应链转变

长期以来，一直争论不休的一个问题就是，在制造商、批发商和零售商当中，谁是供应链的“主角”。现在这场争论已经有了答案——是顾客，是顾客在牵动整个供应链的运动。在过去的商业运作模式中，制造商把他们的产品推销给批发商，批发商推销给零售商，零售商推销给顾客。我们把这种商品的供应方式称为“推动式”的供应方式。在这种方式中，制造商、批发商和零售商只注重他们之间的讨价还价，一方更多利益的获得建立在另一方利益损失的基础上，是一种“赢—输”的交易方式。后来发现，无论双方的交易做得多么好，如果他们推出的商品顾客不接受，那么任何交易都不会给他们带来效益。逐渐地，制造商、批发商和零售商之间不再交战，而是形成商业联盟，共同面对顾客。把原来“推动式”供应方式改为“拉动式”的供应方式；把传统的“赢—输”交易方式转为“赢—赢”的交易方式。为了满足不断变化的顾客需求，建造一个灵活、高效的供应链体系，是当今实施电子商务的重要内容。

3. 供应链核心理念的确立

供应链管理的内容包括确定每种商品库存的最佳数量和存放地点，商品订购、储存和配送过程的优化管理。在整个供应链上，不仅需要每个环节能有效地完成自己的本职工作，更需要供应商与零售商，零售商内部的各个职能部门，如采购、配送和销售等多个环节的协同工作。供应链管理经营理念的引入和落实将导致经营模式和作业流程的改变。因此企业实施供应链管理，不是一个简单的技术问题，而是经营理念转变和流程再造的问题。

供应链管理的突出效益表现在两个方面，一是提高对顾客的服务水平；二是降低企业的经营成本。实施供应链管理的第一步，就是实现供应商与零售商之间，企业内部各部门之间的信息沟通与共享，使供应链的各个环节都能对顾客的需求变化迅速作出反映，从而最大程度地满足顾客的需求。由于信息沟通方式的变化，导致了交易方式及交易流程的变化，从而大大地缩短了交易周期，同时降低供应链各环节的库存，减少浪费（例如食品过期）或降价（过季商品），降低企业经营成本。因此，实施供应链管理的两个关键的技术问题，一是如何实现企业间的信息共享，二是如何实现企业间的协同工作。供应链管理是所有的企业提高经营效率的关键。虽然供应链管理的概念对所有的企业来说都是共同的，但每个企业都将根据市场及顾客需求来确定各自的供求关系，以不同的方法来实现各自的供应链管理。

三、供应链物流管理与传统物流管理

（一）供应链物流管理含义

企业竞争环境的变化导致企业管理模式的转变，供应链物流管理思想就是在新的竞争环境下出现的。新的竞争环境体现了企业竞争优势要素的改变。在20世纪70年代以前，成本是主要的竞争优势，而20世纪80年代则是质量，20世纪90年代是交货时间，即所谓基于时间的竞争。到世纪初，这种竞争优势就会转移到所谓的敏捷性上来。在这种环境下，企业的竞争就表现在如何以最快速度响应市场要求，满足不断变化的多样化需求。即企业必须能在实时的需求信息下，快速组织生产资源，把产品送到用户手中，并提高产品的用户满意度。在剧烈的市场竞争中，企业都感到一种资源饥渴的无奈，传统的单一企业竞争模式已经很难使企业在市场竞争中保持绝对的竞争优势。信息时代的到来，进一步加深了企业竞争的压力，信息资源的开放性，打破了企业的界限，建立了一种超越企业界限的新合作关系，为创造新的竞争优势提供了有利的条件。因此，供应链物流管理的出现迎合了这种趋势，顺应了新竞争环境的需要，使企业从资源的约束中解放出来，创造出新的竞争优势。供应链物流管理就是为实现一体化物流管理所需的各项任务、业务流程和战略，在全球经济环境下对现有的物流实践进行整合，运用物流原理以实现企业竞争优势的方法和手段，将物流作为一个核心竞争力整合到企业供应链战略之中。

（二）供应物流管理特点

由于供应链管理下物流环境的改变，使新的物流管理和传统的物流管理相比有许多不同的特点。这些特点反映了供应链管理思想的要求和企业竞争的新策略。

首先我们来考察一下传统物流管理的情况，如图2－4所示。

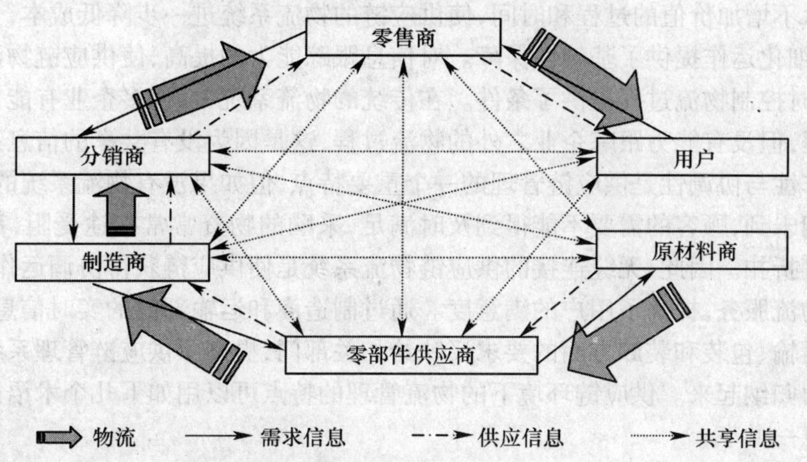

图2－4　传统物流管理图

在传统的物流系统中，需求信息和反馈信息（供应信息）都是逐级传递的，因此上级供应商不能及时地掌握市场信息，因而对市场的信息反馈速度比较慢，从而导致需求信息的扭曲。

另外，传统的物流系统没有从整体角度进行物流规划，常常导致一方面库存不断增加，另一方面当需求出现时又无法满足。这样，企业就会因为物流系统管理不善而丧失市场机会。

传统物流管理的主要特点表现在：

（1）纵向一体化的物流系统；

（2）不稳定的供需关系，缺乏合作；

（3）资源的利用率低，没有充分利用企业的有用资源；

（4）信息的利用率低，没有共享有关的需求资源，需求信息扭曲现象严重。

供应链管理环境下的物流环境的特点，如表2－3所列。

表2－3　供应链管理环境下的物流环境特点

竞争的需求	竞争特性	物流策略要素
对顾客化产品的开发、制造和交货速度 资源动态重组能力 物流系统对变化的实时响应能力 用户服务能力的要求	敏捷性 合作性 柔性 满意度	通过畅通的运输通道快速交货 通过即插即用的信息网络获得信息共享与知识支持 多种形式的运输网络 多点信息获取途径 多样化产品、亲和服务、可靠质量

供应链管理环境的物流系统模型和传统的纵向一体化物流模型相比，信息的流量大大增加。需求信息和反馈信息不是逐级传递，而是网络式传递的，企业通过EDI（电子数据交换）或因特网可以很快掌握供应链上不同环节的供求信息和市场信息。因此在供应链环境下的物流系统有三种信息在系统中运行：需求信息、供应信息、共享信息。共享信息的增加对供应链管理是非常重要的。由于可以做到共享信息，供应链上任何节点的企业都能及时地掌握到市场的需求信息和整个供应链的运行情况，每个环节的物流信息都能透明地与其他环节进行交流与共享，从而避免了需求信息的失真现象。对物流网络规划能力的增强，也反映了供应链管理环境下的物流特征。它充分利用第三方物流系统、代理运输等多种形式的运输和交货手段，降

低了库存的压力和安全库存水平。作业流程的快速重组能力极大地提高了物流系统的敏捷性。通过消除不增加价值的过程和时间,使供应链的物流系统进一步降低成本,为实现供应链的敏捷性、精细化运作提供了基础性保障。对信息跟踪能力的提高,使供应链物流过程更加透明化,也为实时控制物流过程提供了条件。在传统的物流系统中,许多企业有能力跟踪企业内部的物流过程,但没有能力跟踪企业之外的物流过程,这是因为没有共享的信息系统和信息反馈机制。合作性与协调性是供应链管理的一个重要特点,但如果没有物流系统的无缝连接,运输的货物逾期未到,顾客的需要不能得到及时满足,采购的物资常常在途受阻,都会使供应链的合作性大打折扣。因此,无缝连接的供应链物流系统是使供应链获得协调运作的前提条件。灵活多样的物流服务,提高了用户的满意度。通过制造商和运输部门的实时信息交换,及时地把用户关于运输、包装和装卸方面的要求反映给相关部门,提高了供应链管理系统对用户个性化响应的能力归纳起来。供应链环境下的物流管理的特点可以用如下几个术语简要概括:

(1) 信息—共享;

(2) 过程—同步;

(3) 合作—互利;

(4) 交货—准时;

(5) 响应—敏捷;

(6) 服务—满意。

(三) 供应链物流与传统物流的比较

根据供应链物流的概念,我们从物流功能、运作理念、价值实现和管理模式四个角度对供应链物流和传统物流进行比较分析。

(1) 从物流功能上看,传统物流的主要功能是运输和仓储,而供应链物流则包括了除运输、仓储之外的物流配送、物流信息技术处理和物流服务等诸多功能,同时强调功能的集成。

(2) 从运作理念上看,传统物流理念是以企业的生产制造过程即产品生产为价值取向的,企业在向市场提供服务时,主要着眼于企业所拥有的资源并以自身的成本核算为服务价值取向,从而造成了比较淡薄的服务意识。服务意识的缺乏主要表现在服务的被动性、波动性、短期性难以达到服务增值的目的。供应链物流理念则是以企业的客户服务为价值中心取向,因而更加强调了物流运作的客户服务导向性。现代企业物流服务由传统的单项发展到综合,由一般化发展到个性化。

(3) 从价值实现上看,传统物流主要通过商流与物流的统一来实现物的使用价值的转换,从而创造时间价值和空间价值,价值实现的方式和途径比较单一。供应链物流强调以满足消费者和市场需求为目标,以第三方物流为基础,联合供应商和销售商,把战略、市场、研发、采购、生产、销售、运输、配送和服务等各个环节的活动有机整合在一起,通过“商”、“物”分离,降低物流成本,优化物流资源配置,加强物流信息化建设,提供特色和专业的物流服务等来实现物流价值的增值,其价值实现的方式和途径灵活多样。

(4) 从管理模式上看,传统物流还没有出现真正意义上的物流管理意识,物流各要素相互之间独立发展,基础设施和管理机构“条块分割”现象严重,强调单项的物流管理,不能控制物流链,而且商流与物流网合一,以第一方和第二方物流为主等。在物流成本管理上,不是以降低物流总成本为目标,而是分别停留在降低运输成本和保管成本等个别环节上,结果只能是物流总成本的上升。供应链物流的管理强调建立横向产业关联或系统集成的新机制,超越现有的组织界限由企业内部延伸到企业外部而注重外部关系,将供应商、分销商以及用户等纳入物流管理的范围，并建立和发展具有网络组织特点的物流联盟，实现最终消费者和最始供应商之间的物流与信息流的整合。

➤ 基本技能训练

◉ 自我测试

1. 物流各要素的运作怎么体现出物流系统化的要求？
2. 企业如何实现供应链管理？

◉ 模拟职业岗位能力训练

借助网络或书籍资料查找 2 个 ~3 个有关的物流管理系统，熟悉其功能、流程。结合物流的有关知识，分析如何提高物流管理的效率。

◉ 应用案例分析

像送鲜花一样送啤酒——青岛啤酒供应链管理

（一）混乱的运输，高库存量使青啤产品遭遇“保鲜”之痛

随着啤酒市场的逐渐扩大，在青岛啤酒（以下简称青啤）想发力的时候，混乱的物流网络成了瓶颈。当时青啤在运输的环节上，简直可以用“失控”来形容。由于缺乏有效管理，送货需要走多长时间都弄不清楚，司机超期回来管理者也管不了。最要命的是，本应送到甲地的货物被送到了乙地，这一耽误又是好几天……青啤销售公司的吕大海举例子说，由于运输的灰色收入比较多，司机出去好几天拉别的客户，青啤也不知道。经常是司机一句“车坏了”，然后过了几天，运货的车辆才迟迟回来。在旺季时间前方需要大量供货的时候，不能及时调配车辆可谓是青啤人心头之痛。而运输的混乱，使啤酒的新鲜度受到了极大的考验。

可以说，新鲜是啤酒品牌的竞争利器，注重口感的消费者如果碰上了过期酒，品牌忠诚度绝对会大打折扣。而在啤酒原产地青岛，由于缺乏严格的监控管理，外地卖不掉的啤酒竟流回了青岛，结果不新鲜的酒充斥市场，使青啤的美誉度急剧下跌，销量自然上不去。

“当时对仓储的管理都是人为管理，没有信息化。有时候仓库明明没有货物了，还要签条子发货。而到了旺季，管理人员更是不知道仓库里还有没有货……”一位曾经参与过仓储管理的员工说。

那位员工这样描述当时的仓库：“设备设施非常落后。”不仅总部有仓库，各个分公司也有仓库。高居不下的库存成本占压了相当大的流动资金。有时总部仓库爆满，局部仓库空闲，同时没有办法完全实现先进先出，这样一部分啤酒储存期过长，新鲜度下降甚至变质的情况自然会出现。

就这样，青啤人坐不住了。如果没有合适的解决办法，青啤制定的“新鲜度战略”实施不下去。而此时，供应链管理（SCM）的概念被引入到青啤，这个百年企业的变革也随之开始。

（二）供应链管理不像简单地调整物流配送网络

青啤销售分公司总经理陆文金回忆说，自己接触供应链管理的概念是在 1997 年。当时由于同日本的朝日啤酒有合作关系，青啤便组织大家去参观学习。

陆文金在参观以后可谓感触颇深，他感慨地说，朝日啤酒的“鲜度管理”，不仅实现了生产 8 天内送到顾客手里的目标，库存还控制在 1.5 天 ~1.6 天，“供应链管理让他们的啤酒保持了最新鲜的口感，当时的我们，只能望其项背啊！”

而陆文金的供应链管理情结直到 2001 年，才从构思落到了实处——青啤提出要实施自己的供应链管理。

2001 年，青啤面向全国进行销售物流规划方案的招标，最终，招商局下属的物流集团胜出，与青啤同征战场。

在三年跌跌撞撞的探索中，青啤意识到，供应链管理给予企业的影响是巨大的。它不像简单地调整物流配送网络那么简单，在没实施之前，大家都认为只要拥有以 MRP（Material Requirement Planning，物料需求计划）为核心的 ERP 系统就足够解决问题。

在整个供应链中，良好的供应链系统必须能快速准确地回答这些问题：什么时候发货？哪些订单可能被延误？为什么造成这种延误？安全库存要补充至多少？进度安排下一步还存在什么问题？现在能够执行的最佳的进度计划是什么

上面的问题几乎个个都切中了青啤的要害。可以说在以前，一想起何时能发货，仓库里还有多少货品，管理人员都感到“头皮发麻”，因为他们对这些都不能做到心中有数。但现在，情况在逐渐好转。

（三）“物”与“流”的相辅相成产生了明显效果

从变革一开始，青啤就狠心在服务商和经销商上“动刀子”。“在严格的评估后，只在山东一个省，我们几乎把运输方面的服务商全部换掉，区域的经销商则换掉了一半。这些改变可谓牵一发而动全身。”吕大海解释说，虽然青啤自己拥有进口大型运输车辆 46 台，但实际上是远远不够用的，必须拥有大批的运输服务商来解决运力问题。而以前这些服务商都由青啤自己管理，精力有限。现在评估筛选以后，青啤挑选了最优质的服务商，然后交给招商物流来运作。

由于有严格的监控，现在每段线路都规划了具体的时间，从甲地到乙地，不仅有准确的时间表，而且可以按一定的条件（客户、路线、重量、体积）自动给出车辆配载方案，提高配车效率和配载率，这都是之前不能做到的。而对于区域的经销商的要求，则是要有自己的仓库。青啤由于将各销售分公司改制为办事处，取消了原有的仓库及物流职能，形成统一规划的 CDC - RDC 仓库布局。所谓 CDC - RDC 仓库布局，可以说是重新规划了青啤在全国的仓库结构。青啤的员工解释说，青啤原本在各地设立了大量的销售分公司，而每家分公司都租有一定规模的仓库并配备车辆、人员、设备来负责当地的物流配送。

让人感到不可思议的是，这些仓库的管理方式仍是传统的人工记账，所以出错率高，更无法保证执行基本的“FIFO”先进先出原则。这样直接导致的原因就是总部对分公司仓库的情况无法进行监控，成为管理盲点。而 CDC - RDC 则是先设立了 CDC 中央分发中心（Distribution Center Built by Catalogue Seller），RDC 多个区域物流中心（Region Distribution Center）和 FDC 前端物流中心（Front Distribution Center），一改以前仓库分散且混乱的局面。这样，青啤从原来的总部和分公司都有仓库的情况，变成了由中央分发中心至区域物流中心，再到供应商，形成了“中央仓——区域仓——客户”的配送网络体系，对原来的仓库重新整合。

吕大海说，全国设置了四个 RDC，分别是北京、宁波、济南和大连。在地理上重新规划企业的供销厂家分布，以充分满足客户需要，并降低经营成本。而 FDC 方面的选择则是考虑了供应商销售商的合理布局，能快速准确地满足顾客的需求，加强企业与供应商、销售商的沟通与协作，降低运输及储存费用。不仅仓储发生了变化，库存管理中还采用信息化管理，提供商品的移仓、盘点、报警和存量管理功能，并为货主提供各种分析统计表，例如有进出存报表、库存异常表、商品进出明细查询、货卡查询和跟踪等。

对比从前，分公司不仅要做市场管理和拓展工作，还要负责所在范围内的物流运作。“可以说我们从前 80% 的精力都在处理物流的问题上，但现在，我们可以把精力完全放到营销上了。”青啤办事处的人员深有感触地说。

由于有全部的精力投入到市场终端，销售人员对终端的情况能及时掌控，所以缺货的要求能步步紧跟，青啤的销量也就慢慢往上走了。

在供应链管理里面，有一个难题来自于市场方面需求的不确定因素。匹配供应与需求如何达到平衡，是每个快速消费品企业都深感头痛的问题。而且到了销售旺季，供应链中库存和缺货的波动也比较大。但由于终端的有效维护，青啤能较为准确地做好每月的销售计划，然后报给招商物流。而对方根据销售计划安排安全库存，这样也就减少了库存过高的危险。可以说，从运输到仓储，青啤逐步理清头绪，并通过青啤的ERP系统和招商物流的SAP物流管理系统的自动对接，借助信息化改造对订单流程进行全面改造，“新鲜度管理”的战略正在有条不紊地实施中。青啤要求“要像送鲜花一样送啤酒”。

（四）效果评估

可以说，在供应链中存在大量削减成本的机会。大量企业通过有效供应链管理大幅增加收入或降低成本，而青啤就是一个很好的例子。在一系列的整合后，青啤的每年过千万元亏损的车队转变成一个高效诚信的运输企业。而且就运送成本来说，由0.4元/千米降到了0.29元/千米，每个月下降了100万元。在青啤运往外地的速度上，也比以往提高了30%以上。据称，山东省内300千米以内区域的消费者都能喝到当天的啤酒。而在其他地区，如东北的啤酒一出厂，直接用大头车上集装箱，运到大连时还是热乎乎的。

（案例来源：根据《电子商务物流管理》教材资料整理）

问题

1. 供应链管理（SCM）给青啤带来怎样的效益？
2. 青啤是怎样实施像送鲜花一样送啤酒的？

➢ 信息传递

◉ 相关链接

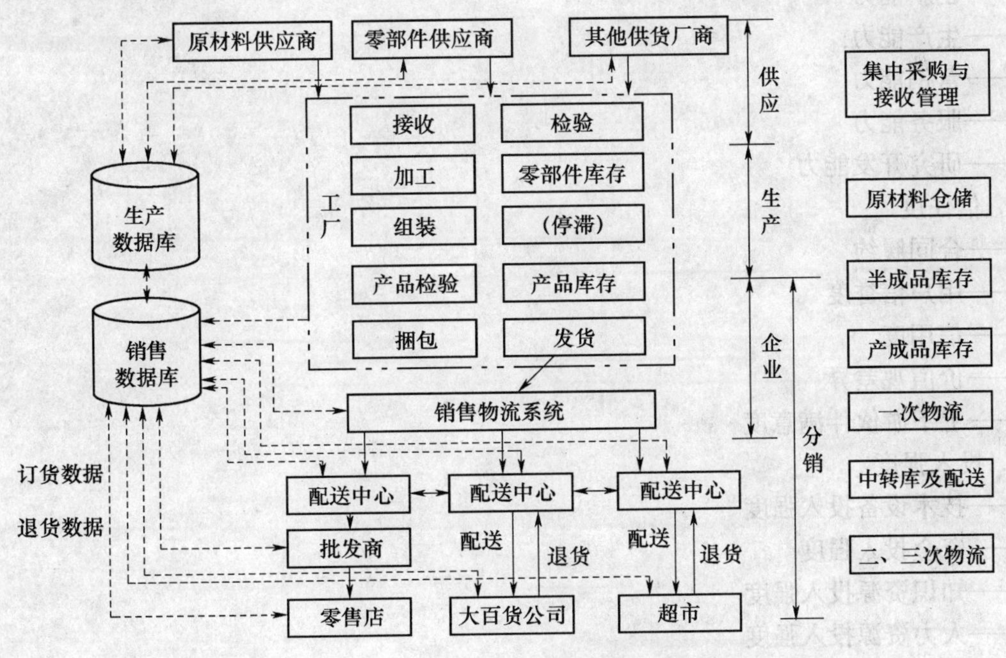

制造业物流系统的一般结构

◉ 前沿理念

（一）供应链合作伙伴的选择方法

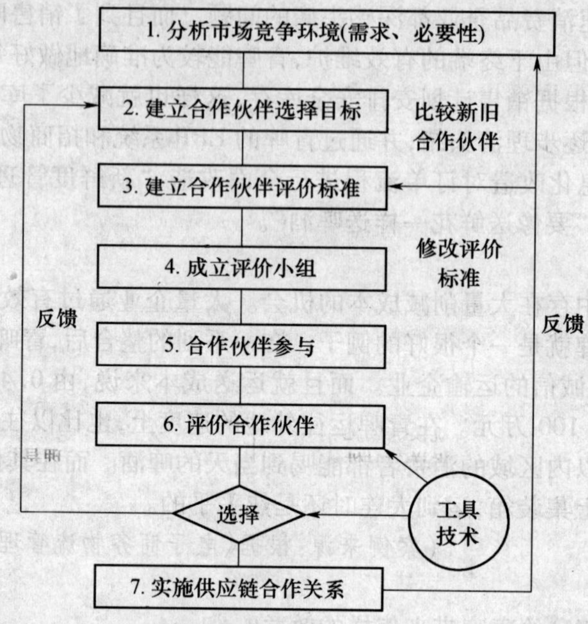

（二）合作伙伴评价、选择的影响因素：

1. 优势能力

——组织管理能力

——设计能力

——创新能力

——生产能力

——营销能力

——服务能力

——研究开发能力

2. 信任度

——合同履约

——用户信誉度

——信用度

——价值观差异

——上下游伙伴满意度

3. 投入强度

——技术设备投入强度

——资金投入强度

——知识资源投入强度

——人力资源投入强度

——参与合作动机

4．协作能力

——支持环境有效性

——资源动态调配和作业流程的重组能力

——适应网上合作的管理协调机制

➢ 归纳提高

◉ 本章简明小结

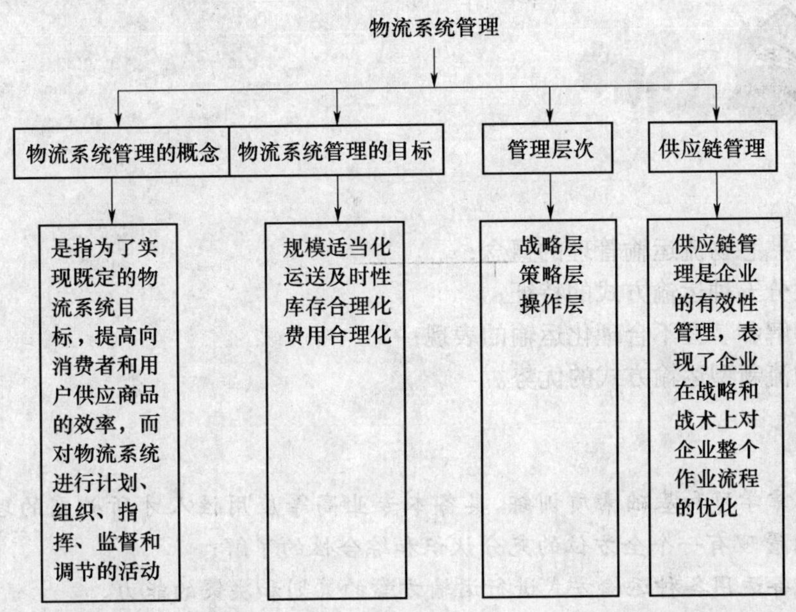

◉ 课后任务

借助网络或是实地到当地一家企业调查，了解企业的物流系统化管理和供应链管理的情况，并写出简单的总结报告。

第三章　物流运输管理

知识目标

- 了解并熟悉物流运输管理的概念；
- 对比区分五种运输方式的特征；
- 能够理解和掌握不合理化运输的表现；
- 掌握物流新型运输方式的优势。

能力目标

- 通过本章学习和基础素质训练，具备本专业高等应用性人才所必需的理解和分析能力，对物流运输管理有一个全方位的充分认识和综合性的了解；
- 能够具备运用各种运输方式进行运输方案的策划和决策的能力。

韩国三星公司合理化运输

韩国三星企业物流进行的根本目标，就是通过在采购、销售过程中有效地掌握物流、信息流去满足客户的需求，也就是在最合适的时间、最合适的地点提供给客户需要的产品。

今天的商业环境正在发生显著的变化，市场竞争愈加激烈，客户的期望值正在日益提高。为适应这种变化，企业的物流工作必须进行革新，创建出一种适合企业发展、让客户满意的物流运输合理化系统。

三星公司从1989年—1993年实施了物流运输工作合理化革新的第一个五年计划。这期间，为了减少成本和提高配送效率进行了“节约成本200亿”、“全面提高物流劳动生产率劳动”等活动，最终降低了成本，缩短了前置时间，减少了40%的存货量，并使三星公司获得首届韩国物流大奖。

三星公司从1994年—1998年实施物流运输工作合理化革新的第二个五年计划重点是将销售、配送、生产和采购有机结合起来，实现公司的目标。即将客户的满意程序提高到100%，同时将库存量再减少50%。为了这一目标，三星公司将进一步扩展和强化物流网络，同时建立了一个全球性的物流链使产品的供应路线最优化，并设立全球物流网络上的集成订货—交货系统，从原材料采购到交货给最终客户的整个路径上实现物流和信息流一体化，这样客户就能以最低的价格得到高质量的服务，从而对企业更加满意。基于这种思想，三星公司物流工作合理化革新小组在配送选址、实物运输、现场作业和信息系统四个方面去进行物流革新。

1. 配送选址新措施提高配送中心的效率和质量

三星公司将其配送中心划分为产地配送中心和销地配送中心。前者用于原材料的补充，后者用于存货的调整。这样对每个职能部门都确定了最优工序，配送中心的数量被减少、规模得以最优化，便于向客户提供最佳的服务。

2. 实物运输革新措施能及时地交货给零售商

配送中心考虑货物数量和运输所需时间的基础上确定出合理的运输路线。同时，一个高效的调拨系统也被开发出来，这方面的革新加强了支持销售的能力。

3. 现场作业革新措施使进出工厂的货物更方便快捷地流动

为此公司建立了一个交货点查询管理系统，可以查询货物的进出库频率，高效地配置资源。

4. 信息系统新措施将生产配送和销售一体化

三星公司在局域网环境下建立了一个通讯网络，并开发了一个客户服务器系统，公司集成系统的1/3将投入物流中使用。由于将生产配送和销售一体化，整个系统中不同的职能部门将能达到信息共享。客户如有涉及物流的问题，都可以通过实行订单跟踪系统得到回答。

三星公司物流工作合理化革新小组对配送选址、实物运输、现场作业和信息系统四个方面去进行物流革新，提升了自己企业在客户心目中的形象，从而更加有利于企业的经营。

提高技术装载的运输方式充分利用车船载重吨位和装载容积，对不同的货物进行搭配运输或组装运输，使同一运输工具能装载尽可能多的货物。这种方式一方面最大限度地利用了船的载重吨位，另一方面充分使用车船的装载容积，提高了运输工具的使用效率。

三星公司将进一步扩展和强化物流网络，同时建立了一个全球性的物流链使产品的供应路线最优化，并设立全球物流网络上的集成订货一交货系统，从原材料采购到交货给最终客户的整个路径上实现物流和信息流一体化，这样客户就能以最低的价格得到高质量的服务，从而对企业更加满意。三星公司提高技术装载的运输方式主要做法有以下三种：

(1) 将重货物和轻货物组装在一起；

(2) 对一些体大笨重、容易致损的货物解体运输，分别包括，使之易于装卸和搬运；

(3) 根据不同货物的包装形状，采取各种有效的堆码方法。

这就是三星公司做出的运输管理方案，三星公司物流工作合理化革新提升了自己企业在客户心目中的形象，从而更加有利于企业的经营。

案例点评：物流运输管理不仅能帮助企业实现正常的运转，而且在运输合理化的实现更能帮助企业降低成本、提高其服务水平，所以企业应该追求和实现运输的合理化管理。

➢ 基本知识点

第一节　运输的含义和功能

一、物流运输的含义

物流是物品从供应地向接收地的实体流动过程。根据实际需要，将运输、储存、搬运、包装、流通加工、配送和信息处理等基本功能实施有机结合。运输是物流的两大功能支柱之一。

运输是指人或者物借助于运力创造时间和空间效应的活动。当产品因从一个地方转移到另一个地方而价值增加时，运输就创造了空间价值，时间效应则是指这种服务在需要的时候发生。所谓运力,是指由运输设施、路线、设备、工具和人力组成的,具有从事运输活动能力的系统。关于人的运输称为客运,货物的运输成为货运。物流与运输的关系表现在以下几方面:

(一)物流与运输的联系

(1)运输是物流系统的基础功能之一。物流系统是通过运输来完成对客户所需的原材料、半成品和制成品的空间位移。

(2)运输合理化是物流系统合理化的关键。

(二)物流与运输的区别

(1)物流是超出运输范畴的系统化管理。

(2)物流不同于运输只注重实物的流动,它还同时关注着信息流和增值流的同步联动。信息流不仅通过电子或纸质媒介反映产品的运送、收取,更重要的是反映市场作出的物流质量的评价。增值流是指物流所创造的形态效用(通过生产、制造或组装过程实现商品的增值)、地点效用(原材料、半成品或成品从供方到需方的位置转移)和时间效用(商品或服务在客户需要的时间准确地送到)。

(3)物流的出发点是以生产和流通企业的利益为中心,运输只是物流管理控制的必要环节,处于从属地位。有物流必然有运输,而再完善的运输也不是物流。

(4)物流的管理观念比运输更先进。现代物流对用户追求高质量无极限的服务,即在服务过程中,凡是用户不满意的地方都进行改进完善,凡是用户嫌麻烦的事情都尽量去做,一切以满足用户的需要为服务目标,主动开展物流市场调查、市场预测,并积极做好推销、宣传工作,而且在不断改进服务质量的附加工作中,寻求与发现新的服务项目或服务产品,为企业带来更多的商机和更高的回报。因此,从服务理念上来说,物流也突破了运输的服务理念,再高质量的运输也不可能具备服务的延伸性,因而获取的附加值也远大于运输的回报。

(5)物流比运输更重视先进技术的应用。因为现代物流追求的是服务质量的不断提高,物流系统综合功能的不断完善,总成本的不断降低和服务的网络化、规模化,因此,建立 GPS(全球卫星定位系统)对物流的全过程进行适时监控、适时货物跟踪和适时调度是很有必要的。为了与用户特别是与长期合作的主要用户保持密切联系,建立 EDI(电子数据交换)联系系统也是现代物流向专业化方向发展的必备条件;而自动装卸机械、自动化立体仓库、自动堆垛机和先进适用的信息系统更是现代物流朝着专业化、一体化、规模化、网络化发展的必然趋势。这些是无论怎样完善的运输都无法相比的。

二、物流运输的功能

(一)产品位置转移

运输的主要功能就是使产品在价值链中来回移动,即通过改变产品的地点与位置,消除产品的生产与消费之间的空间位置上的背离,或将产品从效用价值低的地方转移到效用价值高的地方,创造出产品的空间效用。另外,因为运输的主要目的是以最少时间完成从原产地到规定地点的转移,使产品在需要的时间内到达目的地,创造出产品的时间效用。

(二)产品暂时储存

如果转移中的产品需要储存,且在短时间内又将重新转移,而卸货和装货的成本费用也许会超过储存在运输工具中的费用,这时,可将运输工具作为暂时的储存场所。所以,运输也具有临时的储存功能。通常以下几种情况需要将运输工具作为临时储存场所:一是货物处于转移中,运输的目的地发生改变时,产品需要临时储存,这时,采取改道则是产品短时储存的一种方法;二是起始地或目的地仓库储存能力有限的情况下,将货物装上运输工具,采用迂回线路运往目的地。诚然,用运输工具储存货物可能是昂贵的,但如果综合考虑总成本,包括运输途中的装卸成本、储存能力的限制、装卸的损耗或延长时间等,那么,选择运输工具作短时储存往往是合理的,有时甚至是必要的。

第二节　物流传统运输方式

一、铁路运输

铁路运输,乃一种陆上运输方式。铁路运输是其中一种最有效的已知陆上交通方式。铁轨能提供极光滑及坚硬的媒介让火车的车轮在上面以最小的摩擦力滚动。这样,在火车上面的人会感到更舒适,而且节省能量。如果配置得当,铁路运输可以比路面运输运载同一重量客货物时节省50% ~70% 能量。而且,铁轨能平均分散火车的重量,令火车的载重力大大提高。

(一) 铁路运输历史发展

希腊是第一个拥有路轨运输的国家。至少 2000 年前已有马拉的车沿着轨道运行。1804年,特里维塞克在英国威尔士发明了第一台能在铁轨上前进的蒸汽机车,但没赚到什么钱。第一台取得成功的蒸汽机车是史蒂芬森在 1829 年建造的。19 世纪 20 年代,英格兰的史托顿与达灵顿铁路成为第一条成功的蒸汽火车铁路。后来的利物浦与曼彻斯特铁路更显示了铁路的巨大发展潜力。很快铁路便在英国和世界各地通行起来,且成为世界交通的领导者近一个世纪,直至飞机和汽车的发明才令铁路缓慢地衰落。高架电缆在 1888 年发明后,首条使用高架电缆的电气化铁路在 1892 年启用。第二次世界大战后,以柴油和电力驱动的火车逐渐取代蒸汽火车。20 世纪 60 年代起,多个国家均建设高速铁路。而货运铁路亦连接至港口,并与船运合作,使用货柜运送大量货物大大减低了成本。现在在全球 200 多个国家和地区之中,有 144 个设有铁路运输(包括全世界最小的国家梵蒂冈在内),其中约 90 个国家提供客运铁路服务。

中国第一条铁路建于上海,由英国人兴建,后被清朝地方官员买回并拆毁。而正式使用的第一条铁路和蒸汽机车则是由李鸿章兴办的开滦公司煤矿所建。

(二) 铁路运输的特点

(1) 运行速度快,时速一般在 80 千米 ~120 千米。

(2) 运输能力大,一般每列客车可载旅客 1800 人左右,一列货车可装 2000 吨 ~3500 吨货物,重载列车可装 20000 多吨货物;单线单向年最大货物运输能力达 1800 万吨,复线达 5500 万吨;运行组织较好的国家,单线单向年最大货物运输能力达 4000 万吨,复线单向年最大货物运输能力超过一亿吨。

(3) 铁路运输过程受自然条件限制较小,连续性强,能保证全年运行。

(4) 通用性能好,既可运客又可运各类不同的货物。

(5) 火车客货运输到发时间准确性较高。

(6) 平均运距分别为公路运输的 25 倍,为管道运输的 1. 15 倍,但不足水路运输的一半,不到民航运输的 1/3。

(7) 铁路运输成本较低。1981 我国铁路运输成本分别是汽车运输成本的 1/11 ~1/17,民航运输成本的 1/97 ~1/267。

(8) 能耗较低,每千吨千米耗标准燃料为汽车运输的 1/11 ~1/15,为民航运输的 1/174,

但是这两种指标都高于沿海和内河运输。

当然铁路运输也存在劣势的地方，如投资太高，单线铁路每千米造价为100万~300万元之间，复线造价在400万~500万元之间；建设周期长，一条干线要建设5年~10年，而且，占地太多，随着人口的增长，将给社会增加更多的负担。

（三）铁路运输的主要种类

铁路货物运输种类即铁路货物运输方式，按我国铁路技术条件，现行的铁路货物运输种类分为整车、零担、集装箱三种。整车适于运输大宗货物；零担适于运输小批量的零星货物；集装箱适于运输精密、贵重、易损的货物。

（四）铁路运输货物规定

货物重量按毛重计算。计算单位为千克。重量不足1千克，按1千克算，超过1千克的尾数四舍五入。非宽体飞机装载的每件货物重量一般不超过80千克，体积一般不超过40米×60米×100米。宽体飞机装载每件货物重量一般不超过250千克。体积一般不超过250厘米×200厘米×160厘米。超过以上重量和体积的货物，由公司依据具体条件确定可否收运。每件货物的长、宽、高之和不得少于40厘米，每千克的体积超过6000立方厘米的货物按轻泡货物计重。轻泡货物以每6000立方厘米折合1千克计量。

二、公路运输

公路运输是在公路上运送旅客和货物的运输方式。是交通运输系统的组成部分之一，主要承担短途客货运输。现代所用运输工具主要是汽车。因此，公路运输一般即指汽车运输。在地势崎岖、人烟稀少、铁路和水运不发达的边远和经济落后地区，公路是主要运输方式，起着运输干线作用。

（一）公路运输历史发展

公路运输是19世纪末随着现代汽车的诞生而产生的。初期主要承担短途运输业务。第一次世界大战结后，基于汽车工业的发展和公路里程的增加，公路运输走向发展的阶段，不仅是短途运输的主力，并进入长途运输的领域。第二次世界大战结束后，公路运输发展迅速。欧洲许多国家和美国、日本等国已建成比较发达的公路网，汽车工业又提供了雄厚的物质基础，促使公路运输在运输业中跃至主导地位。发达国家公路运输完成的客货周转量占各种运输方式总周转量的90%左右。

（二）公路运输的特点

1. 机动灵活，适应性强

由于公路运输网一般比铁路、水路网的密度要大十几倍，分布面也广，因此公路运输车辆可以“无处不到、无时不有”。公路运输在时间方面的机动性也比较大，车辆可随时调度、装运，各环节之间的衔接时间较短。尤其是公路运输对客、货运量的多少具有很强的适应性，汽车的载重吨位有小（0.25吨~1吨），有大(200吨~300吨)，既可以单个车辆独立运输，也可以由若干车辆组成车队同时运输，这一点对抢险、救灾工作和军事运输具有特别重要的意义。

2. 可实现“门到门”直达运输

由于汽车体积较小，中途一般也不需要换装，除了可沿分布较广的路网运行外，还可离开路网深入到工厂企业、农村田间、城市居民住宅等地，即可以把旅客和货物从始发地门口直接运送到目的地门口，实现“门到门”直达运输。这是其他运输方式无法与公路运输比拟的特点之一。

3. 在中、短途运输中，运送速度较快

在中、短途运输中，由于公路运输可以实现“门到门”直达运输，中途不需要倒运、转乘就可以直接将客货运达目的地。因此，与其他运输方式相比，其客、货在途时间较短，运送速度较快。

4. 原始投资少，资金周转快

公路运输与铁、水、航运输方式相比，所需固定设施简单，车辆购置费用一般也比较低。因此，投资兴办容易，投资回收期短。据有关资料表明，在正常经营情况下，公路运输的投资每年可周转 1 次 ~3 次，而铁路运输则需要 3 年 ~4 年才能周转一次。

5. 掌握车辆驾驶技术较易

与火车司机或飞机驾驶员的培训要求来说，汽车驾驶技术比较容易掌握，对驾驶员的各方面素质要求相对也比较低。

6. 运量较小，运输成本较高

目前，世界上最大的汽车是美国通用汽车公司生产的矿用自卸车，长 20 多米，自重 610 吨，载重 350 吨左右，但仍比火车、轮船少得多；由于汽车载重量小，行驶阻力比铁路大 9 倍 ~14 倍，所消耗的燃料是价格较高的液体汽油或柴油。因此，除了航空运输，汽车运输成本最高了。

7. 运行持续性较差

据有关统计资料表明，在各种现代运输方式中，公路的平均运距是最短的，运行持续性较差。例如，我国 1998 年公路平均运距客运为 55 千米，货运为 57 千米，铁路客运为 395 千米，货运为 764 千米。

8. 安全性较低，污染环境较大

据历史记载，自汽车诞生以来，已经吞吃掉 3000 多万人的生命，特别是 20 世纪 90 年代开始，死于汽车交通事故的人数急剧增加，平均每年达 50 多万。这个数字超过了艾滋病、战争和结核病人每年的死亡人数。汽车所排出的尾气和引起的噪声也严重地威胁着人类的健康，是大城市环境污染的最大污染源之一。

（三）组织与经营

公路运输的组织和经营方式主要有以下四种：

（1）将车辆出租给用户定次、定程或定期使用。

（2）根据运输合同或协议派车完成运输任务。一般用于货物运输。

（3）组织定线、定站、定时的客货运班车。客运班车是公路汽车旅客运输的主要形式。货运班车是汽车零担货物运输的主要形式，因此一般为零担货运班车。

（4）按用户托运货物的要求，调派、组织车辆合理运行。

为了提高公路运输效率和降低运输成本，公路运输的组织形式和方法不断有新的发展。已广泛开展汽车集装箱运输（见集装箱运输）、拖挂运输、集中运输等。拖挂运输是以汽车列车取代普通载货汽车运输货物，它可以增大车辆的载重量。汽车列车是由牵引车或汽车与挂车组成，两者间能摘能挂，既可按需要灵活调配车辆，又可实行甩挂运输。甩挂运输是在一点装货和一点卸货、或一点装货和多点卸货、或多点装货和一点卸货的固定线路上，配备数量多于汽车或牵引车的挂车，以便到达装卸货点时，甩下挂车装卸货，而汽车或牵引车可挂走已装卸货的挂车，进行穿梭式的往复运输。集中运输是由一个汽车运输单位把货物从一个发货点（车站、码头、仓库等）运往许多收货点，或从许多货物点运往一个收货点，这样收、发货单位不必派人取送货物，节省了人力；还可以合理调度车辆，减少车辆空驶，提高运输效率；并为使用汽车列车、专用运输汽车和装卸机械创造了有利的条件。

（四）运输运费

公路运费均以“吨/里”为计算单位，一般有两种计算标准，一是按货物等级规定基本运费费率，一是以路面等级规定基本运价。凡是一条运输路线包含两种或两种以上的等级公路时，则以实际行驶里程分别计算运价。特殊道路，如山岭、河床、原野地段，则由承托双方另议商定。公路运费费率分为整车(FCL)和零担(LCL)两种，后者一般比前者高30% ~50%，按我国公路运输部门规定，一次托运货物在2.5吨以上的为整车运输，适用整车费率；不满2.5吨的为零担运输，适用零担费率。凡1千克重的货物，体积超过$40cm^3$的为轻泡货物(或尺码货物Measurement Cargo)。整车轻泡货物的运费按装载车辆核定吨位计算；零担轻泡货物，按其长、宽、高计算体积、每4立方分米折合1千克，以千克为计费单位。此外，尚有包车费率(Lump Sum Rate)，即按车辆使用时间(小时或天)计算。

（五）公路等级

公路等级是根据公路的使用任务、功能和流量进行的划分，世界各国公路等级大体相似，但其分类指标不完全相同。中国大陆将公路划分为高速公路、一级公路、二级公路、三级公路、四级公路五个等级。

1. 高速公路

全部控制出入、专供汽车在分隔的车道上高速行驶的公路。主要用于连接政治、经济、文化上重要的城市和地区，是国家公路干线网中的骨架。一般年平均每昼夜汽车通过量2.5万辆以上。

2. 一级公路

为供汽车分向、分车道行驶，并部分控制出入、部分立体交叉的公路，主要连接重要政治、经济中心，通往重点工矿区，是国家的干线公路。一般能适应按各种汽车折合成小客车的远景设计年平均昼夜交通量为15000辆~30000辆。

3. 二级公路

连接政治、经济中心或大工矿区等地的干线公路，或运输繁忙的城郊公路。一般能适应各种车辆行驶，二级公路一般能适应按各种车辆折合成中型载重汽车的远景设计年限年平均昼夜交通量为3000辆~7500辆。

4. 三级公路

沟通县及县以上城镇的一般干线公路。通常能适应各种车辆行驶，三级公路一般能适应按各种车辆折合成中型载重汽车的远景设计年限年平均昼夜交通量为1000辆~4000辆。

5. 四级公路

沟通县、乡、村等的支线公路。通常能适应各种车辆行驶，四级公路一般能适应按各种车辆折合成中型载重汽车的远景设计年限年平均昼夜交通量为：双车道1500辆以下；单车道200辆以下。

三、水路运输

水路运输是以船舶为主要运输工具、以港口或港站为运输基地、以水域包括海洋、河流和湖泊为运输活动范围的一种运输方式。水运至今仍是世界许多国家最重要的运输方式之一。水路运输是为目前各主要运输方式中兴起最早、历史最长的运输方式。其技术经济特征是载重量大、成本低、投资省，但灵活性小，连续性也差。较适于担负大宗、低值、笨重和各种散装货物的中长距离运输，其中特别是海运，更适于承担各种外贸货物的进出口运输。

（一）水路运输历史发展

水路运输有着悠久的历史。人类还在石器时代，就以木作舟在水上航行，后来才有了独木舟和船。人类在古代就已利用天然水道从事运输。最早的运输工具是独木舟和排筏，以后出现木船。帆船出现于公元前4000年。15世纪~19世纪是帆船的鼎盛时期。

中国是世界上水路运输发展较早的国家之一。公元前2500年已经制造舟楫，商代有了帆船。公元前500年前后中国开始人工凿运河。公元前214年建成了连接长江和珠江两大水系的灵渠。京杭运河则沟通了钱塘江、长江、淮河、黄河和海河五大水系。唐代对外运输丝绸及其他货物的船舶直达波斯湾和红海之滨，其航线被誉为海上丝绸之路。明代航海家郑和率领巨大船队七下西洋，历经亚洲、非洲30多个国家和地区。1807年美国人富尔顿把蒸汽机装在“克莱蒙特号”船上，航行在纽约至奥尔巴尼之间，航速达每小时6.4千米，成为第一艘机动船。19世纪蒸汽机驱动的船舶出现后，水路运输工具产生了飞跃。1872年，我国自制的蒸汽机船开始航行于海上和内河。当代世界上水路运输发达，世界上许多国家拥有自己的商船队。现代商船队中已有种类繁多的各种现代化运输船舶。中国水路运输发展很快，特别是近30多年来，水路客、货运量均增加16倍以上，目前中国的商船已航行于世界100多个国家和地区的400多个港口。当前中国已基本形成一个具有相当规模的水运体系。在相当长的历史时期内，中国水路运输对经济、文化发展和对外贸易交流起着十分重要的作用。

（二）水路运输的特点

水路运输与其他运输方式相比，具有如下特点：一是水路运输运载能力大、成本低、能耗少、投资省，是一些国家国内和国际运输的重要方式之一。例如一条密西西比河相当于10条铁路，一条莱茵河抵得上20条铁路。此外，修筑1千米铁路或公路约占地3公顷多，而水路运输利用海洋或天然河道，占地很少。在我国的货运总量中，水运所占的比重仅次于铁路和公路。二是受自然条件的限制与影响大。即受海洋与河流的地理分布及其地质、地貌、水文与气象等条件和因素的明显制约与影响；水运航线无法在广大陆地上任意延伸，所以，水运要与铁路、公路和管道运输配合，并实行联运。三是开发利用涉及面较广。例如，天然河流涉及通航、灌溉、防洪排涝、水力发电、水产养殖以及生产与生活用水的来源等；海岸带与海湾涉及建港、农业围垦、海产养殖、临海工业和海洋捕捞等。

（三）水路运输的形式

1．沿海运输

沿海运输主要是指国内的两个港口之间的运输，是使用船舶通过大陆附近沿海航道运送客货的一种方式。一般使用中、小型船舶。

2．近海运输

近海运输包括不同国家的两个港口之间的运输，例如，东南亚国家与中国港口之间的运输都属于近海运输。近海运输是使用船舶通过大陆邻近国家海上航道运送客货的一种运输形式，视航程可使用中型船舶，也可使用小型船舶。

3．远洋运输

远洋运输是使用船舶跨越大洋的运输。参与远洋运输即是行走国际航线。它是海洋运输的一种，也是整个运输业的组成部分。若从地理概念理解，远洋运输是指以船舶为工具，从事跨越海洋运送货物和旅客的运输。然而，从运输业务的关系来理解，远洋运输则是指以船舶为工具，从事本国港口与外国港口之间或者完全从事外国港口之间的货物和旅客的运输，即国与国之间的海洋运输，或者称为国际航运（International Shipping）。远洋运输形式，主要依靠运量大的大型船舶。

4．内河运输

内河运输是使用船舶在陆地内的江、河、湖、川等水道进行运输的一种方式，它是水上运输的一个组成部分，是内陆腹地和沿海地区的纽带，也是边疆地区与邻国边境河流的连接线，在现代化的运输中起着重要的辅助作用。内河运输主要使用中、小型船舶。

（四）水路运输的发展模式

大宗货物的散装运输，件杂货的集装箱运输，将是水路货物运输发展的主要趋向。世界各国对石油、煤炭、矿石、粮食等大宗货物实行散装运输已很普遍，对件杂货采用集装箱运输的比重日益增加。近年来，一些国家开始研究对煤炭、矿石实行浆化运输。

1．船舶方面

海洋运输船舶今后仍将沿着专用和多用途并举的方向发展。内河运输船舶则视航道条件、货物种类和批量大小，发展分节驳顶推船队和机动货船，在一些地区拖带船队将继续使用。客运船舶除旅游客船外，高速的水翼客船和气垫客船将得到发展。

2．港口方面

港口建设将同工业区的发展紧密结合，将建设大量深水专业化码头。装卸设备和工艺将向高效率和专用化方向发展。通过疏浚，进出港航道和码头前沿水深将获得改善，将开辟较宽广的船舶调头区和锚泊地。突堤码头将会拓宽，以保证有足够的仓库和堆场。顺岸码头后方将辟出足够的陆域。水陆联运、水水联运将得到发展，以增大港口的集疏运能力。

3．航道方面

在通航河流上应以航运为主，结合发电、灌溉、防洪、供水、渔业等方面进行综合开发和利用。航运网的规划和建设会受到充分重视。将重视现场观测，采用河道港口工程模型试验，应用电子计算机，来确定航道疏浚和整治，以及港口工程的设计和施工。

4．经营管理方面

船舶选型、装卸工艺和设备选型以及运输组织方案的确定，均将从全局出发，以提高经济效益为前提，通过技术经济论证进行分析比较，选出最优方案。应用系统工程、全面质量管理等方法进行科学管理，用现代化管理手段——电子计算机收集、储存、处理水运经济管理工作中的信息，进行水路运输计划的综合平衡和技术经济预测，力求在水路运输生产过程中以最少的物化劳动和活劳动的消耗获得良好的经济效益。

四、管道运输

管道运输是用管道作为运输工具的一种长距离输送液体和气体物资的运输方式，是一种专门由生产地向市场运输送石油、煤和化学产品的运输方式，是统一运输网中干线运输的特殊组成部分。有时候，气动管也可以做到类似工作，以压缩气体输送固体舱，而内里装着货物。管道运输石油产品比水运费用高，但仍然比铁路运输便宜。大部分管道都是被其所有者用来运输自有产品。

（一）管道运输历史发展

现代管道运输始于19世纪中叶，1865年美国宾夕法尼亚州建成第一条原油输送管道。然而它的进一步发展则是从20世纪开始的。随着第二次世界大战后石油工业的发展，管道的建设进入了一个新的阶段，各产油国竞相开始兴建大量石油及油气管道。20世纪60年代开始，输油管道的发展趋于采用大管径、长距离，并逐渐建成成品油输送的管网系统。同时，开始了用管道输送煤浆的尝试。全球的管道运输承担着很大比例的能源物资运输，包括原油、成品油、天然气、油田伴生气、煤浆等。其完成的运量常常大大高于人们的想象（如在美国接近于汽车运输的运量）。近年来管道运输也被进一步研究用于解决散状物料、成件货物、集装物料的运输，以及发展容器式管道输送系统。

（二）管道运输的特点

管道运输的优点主要包括以下几个方面。

1．运量大

一条输油管线可以源源不断地完成输送任务。根据其管径的大小不同，其每年的运输量可达数百万吨到几千万吨，甚至超过亿吨。

2．占地少

运输管道通常埋于地下，其占用的土地很少；运输系统的建设实践证明，运输管道埋藏于地下的部分占管道总长度的95%以上，因而对于土地的永久性占用很少，分别仅为公路的3%，铁路的10%左右，在交通运输规划系统中，优先考虑管道运输方案，对于节约土地资源，意义重大。

3．管道运输建设周期短、费用低

国内外交通运输系统建设的大量实践证明，管道运输系统的建设周期与相同运量的铁路建设周期相比，一般来说要短1/3以上。历史上，中国建设大庆至秦皇岛全长1152千米的输油管道，仅用了23个月的时间，而若要建设一条同样运输量的铁路，至少需要3年时间，新疆至上海市的全长4200千米天然气运输管道，预期建设周期不会超过2年，但是如果新建同样运量的铁路专线，建设周期在3年以上，特别是地质地貌条件和气候条件相对较差，大规模修建铁路难度将更大，周期将更长。统计资料表明，管道建设费用比铁路低60%左右。天然气管道输送与其液化船运的比较：以每年输送300m^3/a的天然气为例，如建设6000千米管道投资约120亿美元；而建设相同规模（2000万吨）液化船的投资则需200亿美元以上；另外，需要容量为12.5万立方米的液化船约20艘，一艘12.5万立方米的液化船造价在2亿美元以上，总的造船费约40亿美元。仅在投资上，液化运输就大大高于管道。

4．管道运输安全可靠、连续性强

由于石油、天然气易燃、易爆、易挥发、易泄漏等特点，采用管道运输方式，既安全，又可以大大减少挥发损耗，同时由于泄漏导致的对空气、水和土壤污染也可大大减少。也就是说，管道运输能较好地满足运输工程的绿色化要求。此外，由于管道基本埋藏于地下，其运输过程恶劣多变的气候条件影响小，可以确保运输系统长期稳定地运行。

5．管道运输耗能少、成本低、效益好

发达国家采用管道运输石油，每吨·千米的能耗不足铁路的1/7，在大量运输时的运输成本与水运接近，因此在无水条件下，采用管道运输是一种最为节能的运输方式。管道运输是一种连续工程，运输系统不存在空载行程，因而系统的运输效率高，理论分析和实践经验已证明，管道口径越大，运输距离越远，运输量越大，运输成本就越低，以运输石油为例，管道运输、水路运输、铁路运输的运输成本之比为1∶1∶1.7。

管道运输的缺点主要包括以下两个方面。

1．灵活性差

管道运输不如其他运输方式（如汽车运输）灵活，除承运的货物比较单一外，它也不容随便扩展管线，实现“门到门”的运输服务。对一般用户来说，管道运输常常要与铁路运输或汽车运输、水路运输配合才能完成全程输送。

2. 成本高

由于运输量明显不足时,运输成本会显著地增大。

五、航空运输

航空运输是指使用飞机、直升机及其他航空器运送人员、货物、邮件的一种运输方式。

(一)航空运输历史发展

航空运输始于1871年。当时普法战争中的法国人用气球把政府官员和物资、邮件等运出被普军围困的巴黎。1918年5月5日,飞机运输首次出现,航线为纽约—华盛顿—芝加哥。同年6月8日,伦敦与巴黎之间开始定期邮政航班飞行。20世纪30年代有了民用运输机,各种技术性能不断改进,航空工业的发展促进航空运输的发展。第二次世界大战结束后,在世界范围内逐渐建立了航线网,以各国主要城市为起讫点的世界航线网遍及各大洲。1990年,世界定期航班完成总周转量达2356.7亿吨·千米。

(二)航空运输特点

1. 商品性

航空运输所提供的产品是一种特殊形态的产品——"空间位移",其产品形态是改变航空运输对象在空间上的位移,产品单位是"人·千米"和"吨·千米"。航空运输产品的商品属性是通过产品使用人在航空运输市场的购买行为最后实现的。

2. 服务性

航空运输业属于第三产业,是服务性行业。它以提供"空间位移"的多寡反映服务的数量,又以服务手段和服务态度反映服务的质量。这一属性决定了承运人必须不断扩大运力满足社会上日益增长的产品需求,遵循"旅客第一,用户至上"的原则,为产品使用人提供安全、便捷、舒适、正点的优质服务。

3. 国际性

航空运输已成为现代社会最重要的交通运输形式,成为国际间政治往来和经济合作的纽带。这里面既包括国际间的友好合作,也包含着国际间的激烈竞争,在服务,运价、技术标准、经营管理和法律法规的制定实施等方面,都要受国际统一标准的制约和国际航空运输市场的影响。

4. 准军事性

人类的航空活动首先投入军事领域,而后才转为民用。现代战争中制空权的掌握是取得战争主动地位的重要因素。因此很多国家在法律中规定,航空运输企业所拥有的机群和相关人员在平时服务于国民经济建设,作为军事后备力量,在战时或紧急状态时,民用航空即可依照法定程序被国家征用,服务于军事上的需求。

5. 资金、技术、风险密集性

航空运输业是一个高投入的产业,无论运输工具,还是其他运输设备都价值昂贵、成本巨大。因此其运营成本非常高,航空运输业由于技术要求高,设备操作复杂,各部门间互相依赖程度高,因此其运营过程中风险性大。任何一个国家的政府和组织都没有相应的财力,像贴补城市公共交通一样去补贴本国的航空运输企业。出于这个原因,航空运输业在世界各国都被认为不属于社会公益事业,都必须以盈利为目标才能维持其正常运营和发展。

6. 自然垄断性

由于航空运输业投资巨大,资金、技术、风险高度密集,投资回收周期长,对航空运输主体资格限制较严,市场准入门槛高,加之历史的原因,使得航空运输业在发展过程中形成自然垄断。

(三) 航空货运的功能及规格要求

航空运输作为远程运输的重要方式,以其具有快速、机动的特点,为国际贸易中的贵重物品、鲜活货物和精密仪器等承担着重要的运输业务。在其运输中对货物规格的基本要求:

货物重量按毛重计算。计算单位为千克。重量不足1千克,按1千克算,超过1千克的尾数四舍五入。非宽体飞机装载的每件货物重量一般不超过80千克,体积一般不超过40×60×100米。宽体飞机装载每件货物重量一般不超过250千克。体积一般不超过250×200×160厘米。超过以上重量和体积的货物,每件货物的长、宽 、高之和不得少于40厘米。每公斤的体积超过6000立方厘米的货物按轻泡货物计重。轻泡货物以每6000立方厘米折合1千克计量。

第三节 物流新兴运输方式

一、成组运输

(一) 成组运输的含义

成组运输是指将零散件杂货或散货集并成组以便扩大货件,提高装卸作业效率的一种运输。成组运输通常使用货板、网络、绳扣等工具。最早使用的成组运输工具是货板,或称托盘,是将货物堆码在货板上,货物连同货板一同进行装卸、运输。

成组运输的发展经过了一条漫长的道路。最初的成组方式是使用网络和绳索铁皮把几件货物捆扎在一起成为一个运输单位,这是成组运输的雏型。后来,把若干件货物堆装在一块垫板上作为一个运输单位。随后,在垫板运输的基础上进而发展到托盘运输(图3-1)。托盘运

货物运输不借助于托盘,完全靠人工搬运,费时费力

从发货人发货到收货人接货都使用同一托盘,节省人力,提高效率

图3-1 成组运输优势

输比垫板运输前进了一大步，不仅运输单位增大，而且更便利，更适合机械操作。直至20世纪50年代，被称为运输革命的集装箱运输的产生，为标准化的成组运输方式提供了极为有利的条件，使自动化大生产开始适用于运输领域，集装箱运输是成组运输的最高形态。

（二）成组运输的优点

成组运输的优点可减轻装卸作业的劳动强度，充分利用机械进行作业，提高装卸效率，缩短船舶、车辆的周转时间，便于理货交接，减少货损，提高货运质量和效率。但发展成组运输的关键是实行装卸作业的科学管理，特别是管好成组运输的工具。要发展成组运输的船型、车型；制定成组运输工具的标准；规定堆码类型；制定有关成组工具制备、维修和管理的各项办法。

经过标准化和规格化的成组货物，适合机械化和自动化的运输社会化大生产。成组运输能大大提高运输效率、降低运输成本，具有安全、迅速、节省等优点。特别是集装箱运输的开展，货物无需捣载，可在各种运输方式之间自动顺利的转换，因而有利于大陆桥运输和多式联合运输的开展。

成组运输的领域既包括铁路运输、公路运输、内河运输、海上运输以及港口车站装卸等多种方式。更重要的是，成组运输还包括在各种运输方式之间组织的连贯的成组运输。

二、国际多式联运

（一）国际多式联运的含义

国际多式联运（International Multimodal Transport）简称多式联运，是在集装箱运输的基础上产生和发展起来的，是指按照多式联运合同，以至少两种不同的运输方式，由多式联运经营人将货物从一国境内的接管地点运至另一国境内指定交付地点的货物运输。国际多式联运适用于水路、公路、铁路和航空多种运输方式。在国际贸易中，由于85%～90%的货物是通过海运完成的，故海运在国际多式联运中占据主导地位。

《货运物流实用手册》给国际多式联运的定义为：国际多式联运（Multimodal Transport）是一种以实现货物整体运输的最优化效益为目标的联运组织形式。它通常是以集装箱为运输单元，将不同的运输方式有机地组合在一起，构成连续的、综合性的一体化货物运输。

（二）国际多式联运的优点

国际多式联运是一种比区段运输高级的运输组织形式，20世纪60年代末美国首先试办多式联运业务，受到货主的欢迎。随后，国际多式联运在北美、欧洲和远东地区开始采用；20世纪80年代，国际多式联运已逐步在发展中国家实行。目前，国际多式联运已成为一种新型的重要的国际新兴运输方式，受到国际航运界的普遍重视。1980年5月在日内瓦召开的联合国国际多式联运公约会议上产生了《联合国国际多式联运公约》。该公约将在30个国家批准和加入一年后生效。它的生效将对今后国际多式联运的发展产生积极的影响。

国际多式联运是今后国际运输发展的方向。开展国际集装箱多式联运具有许多优越性，主要表现在以下几个方面：

1. 简化托运、结算及理赔手续，节省人力、物力和有关费用

在国际多式联运方式下，无论货物运输距离有多远，由几种运输方式共同完成，且不论运输途中货物经过多少次转换，所有一切运输事项均由多式联运经营人负责办理。而托运人只需办理一次托运，订立一份运输合同，一次支付费用，一次保险，从而省去托运人办理托运手续的许多不便。同时，由于多式联运采用一份货运单证，统一计费，因而也可简化制单和结算手

续，节省人力和物力，此外，一旦运输过程中发生货损货差，由多式联运经营人对全程运输负责，从而也可简化理赔手续，减少理赔费用。

2．缩短货物运输时间，减少库存，降低货损货差事故，提高货运质量

在国际多式联运方式下，各个运输环节和各种运输工具之间配合密切，衔接紧凑，货物所到之处中转迅速及时，大大减少货物的在途停留时间，从而保证了货物安全、迅速、准确、及时地运抵目的地，因而也相应地降低了货物的库存量和库存成本。同时，多式联运系通过集装箱为运输单元进行直达运输，尽管货运途中需经多次转换，但由于使用专业机械装卸，且不涉及槽内货物，因而货损货差事故大为减少，从而在很大程度上提高了货物的运输质量。

3．降低运输成本，节省各种支出

由于多式联运可实行“门到门”运输，因此对货主来说，在货物交由第一承运人以后即可取得货运单证，并据以结汇，从而提前了结汇时间。这不仅有利于加速货物占用资金的周转，而且可以减少利息的支出。此外，由于货物是在集装箱内进行运输的，因此从某种意义上来看，可相应地节省货物的包装，理货和保险等费用的支出。

4．提高运输管理水平，实现运输合理化

对于区段运输而言，由于各种运输方式的经营人各自为政，自成体系，因而其经营业务范围受到限制，货运量相应也有限。而一旦由不同的运输经营人共同参与多式联运，经营的范围可以大大扩展，同时可以最大限度地发挥其现有设备作用，选择最佳运输线路组织合理化运输。

此外，从政府的角度来看，发展国际多式联运具有以下重要意义：有利于加强政府部门对整个货物运输链的监督与管理；保证本国在整个货物运输过程中获得较大的运费收入配比率；有助于引进新的先进运输技术；减少外汇支出；改善本国基础设施的利用状况；通过国家的宏观调控与指导职能保证使用对环境破坏最小的运输方式达到保护本国生态环境的目的。

（三）国际多式联运应具备的条件

（1）多式联运经营人与托运人之间必须签订多式联运合同，以明确承、托双方的权利、义务和豁免关系。多式联运合同是确定多式联运性质的根本依据，也是区别多式联运与一般联运的主要依据。

（2）必须使用全程多式联运单据（Multimodal Transport Documents，M. T. D）。我国现在使用的是 C. T. B/L）。该单据既是物权凭证，也是有价证券。

（3）必须是全程单一运价。这个运价一次收取，包括运输成本（各段运杂费的总和）、经营管理费和合理利润。

（4）必须由一个多式联运经营人对全程运输负总责。他是与托运人签订多式联运合同的当事人，也是签发多式联运单据或多式联运提单者，他承担自接受货物起至交付货物止的全程运输责任。

（5）必须是两种或两种以上不同运输方式的连贯运输。例如，为海—海、铁—铁、空—空联运，虽为两程运输，但仍不属于多式联运，这是一般联运与多式联运的一个重要区别。同时，在单一运输方式下的短途汽车接送也不属于多式联运。

（6）必须是跨越国境的国际间的货物运输。这是区别国内运输和国际运输的限制条件。

第四节　实现运输合理化

物流过程的合理运输，是指从物流系统的总体目标出发，选择合理的运输方式和运输路

线，即运用系统理论和系统工程原理和方法，选择合理的运输工具和优化运输路线，以最短的路径、最少的环节、最快的速度和最少的劳动消耗，组织好运输活动，以获取最大的经济效益。

一、不合理的表现

不合理运输是在现有条件下可以达到的运输水平而未达到，从而造成了运力浪费、运输时间增加、运费超支等问题的运输形式。目前我国存在的主要不合理的运输形式有以下几种。

（一）远程或起程空驶

空车或无货载行驶，可以说是不合理运输的最严重形式。在实际运输组织中，有时候必须调运空车，从管理上不能将其看成不合理运输。但是，由于调运不当，货源计划不周，不采用运输社会化而形成的空驶，是不合理运输的表现。

（二）对流运输

对流运输又称为“相向运输”、“交叉运输”，指同一品种、同一规格或可以互相代替的物资，在同一线路、或两条平行运输线路上的相向运输。对流运输有两种类型：一种是明显的对流运输，即在同一路线上的对流运输。另一种是隐蔽的对流运输，即同一种货物在违反近产近销的情况下，沿着两条平行的路线朝相对方向的运输。由于它不易被发现，故称为隐蔽的对流运输。如图 3－2 所示。

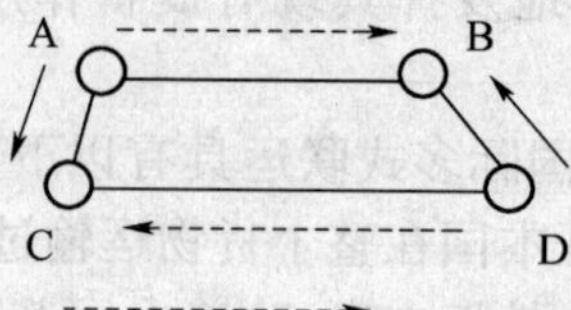

图 3－2 对流运输示意图

（三）迂回运输

不经由最短径路的绕道运输。一般是由于自然灾害或其他事故的阻碍、线路或航道通过能力的限制、交通法令的限制或货物性质的特殊要求等原因造成的。如果是运输部门计划、组织工作不当或物资部门选择运输径路不合理所引起的迂回运输，则是一种不合理运输。尽管有些迂回运输有其必要性，但终究会引起运输能力的浪费、运输费用的增加和货物在途时间的延长，故应尽量避免。如图 3－3 所示。

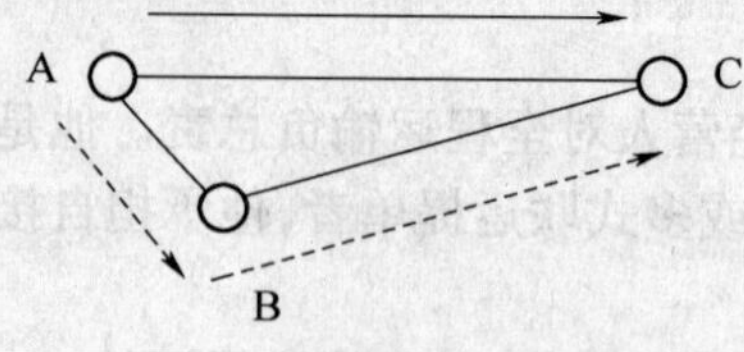

图 3－3 迂回运输示意图

（四）重复运输

重复运输是指一种货物本可直达目的地，但由于批发机构或商业仓库设置不当，或计划不周而在中途停卸重复装运的不合理运输现象。重复运输，一般虽未延长里程，但增加中间装卸环节，延长货物在途时间，增加装卸搬运费用，而且降低车、船使用效率，影响其他货物运输。如图 3－4 所示。

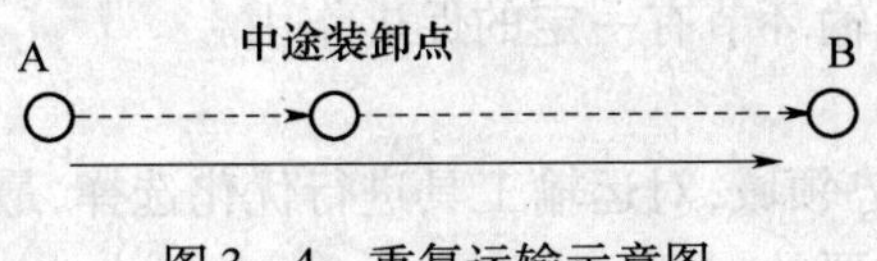

图 3－4　重复运输示意图

（五）过远运输

过远运输是指舍近求远的货物运输现象，即销地完全有可能由距离较近的供应地购进所需要的相同质量的物美价廉的货物，却超出货物合理流向的范围，从远距离的地区运进来；或两个生产地生产同一种货物，它们不是就近供应邻近的消费地，却调给较远的其他消费地。如图 3－5 所示。

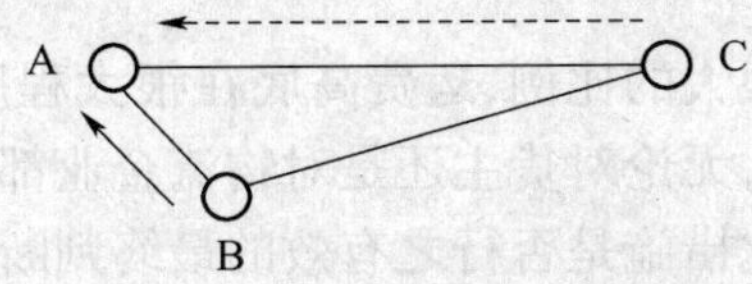

图 3－5　过远运输示意图

（六）倒流运输

倒流运输是指货物从销地或中转地向产地或起运地回流的一种不合理运输现象。这种现象也常常表现为对流运输或迂回运输。其不合理程度要甚于对流运输，其原因在于，往返两程的运输都是不必要的，形成了双程的浪费。倒流运输也可以看成是隐蔽对流的一种特殊形式。如图 3－6 所示。

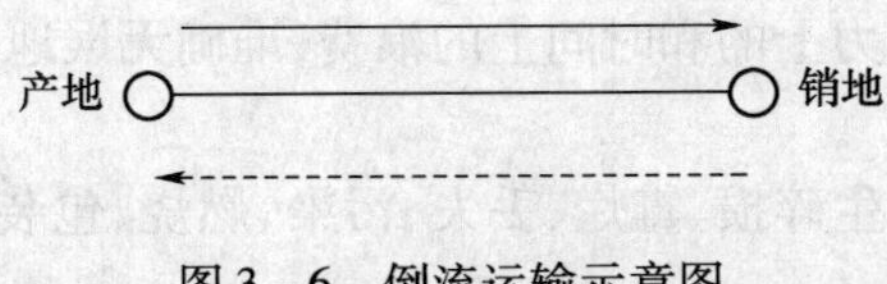

图 3－6　倒流运输示意图

（七）运力选择不当

未选择各种运输工具优势而不正确地利用运输工具造成的不合理现象。

（八）托运方式选择不当

对货主而言，可以选择最好托运方式而未选择，造成运力浪费及费用支出加大的一种不合理运输。

上述各种不合理运输形式都是在特定条件下表现出来的，在进行判断时必须注意其不合理的前提条件，否则就容易出现错误的判断。

二、运输合理化的五要素

影响物流运输合理化的因素很多，起决定作用的有五个方面，称做合理运输的“五要素”。

（一）运输距离要短

运输过程中，运输时间、运输运费等若干技术经济指标都与运输距离有一定的关系，运距长短是运输是否合理的一个最基本的因素。

（二）运输环节要少

每增加一个运输环节，势必要增加运输的附属活动，如装卸、包装等，各项技术经济指标也会因此发生变化,因此减少运输环节有一定的促进作用。

(三) 运输工具要优

各种运输工具都有其优势领域,对运输工具进行优化选择,最大限度的发挥运输工具的特点和作用,是运输合理化的重要的一环。

(四) 运输时间要准

在全部物流时间中运输时间占绝大部分,尤其是远途运输。因此,首先一定要保证运输时间的准确性,不能因误时影响整个物流的进程。当然在保证准时的前提下,尽量使运输时间缩短。运输时间的缩短对整个流通时间的缩短有决定性的作用。此外,运输时间缩短,还得加速运输工具的周转,充分发挥运力效能,提高运输线路通过能力,不同程度地改善不合理情况。

(五) 运输费用要低

运费在全部物流费用中占很大的比例,运费高底在很大程度上决定整个物流系统的竞争能力。实际上,运费的相对高低,无论对货主还是对物流企业都是运输合理化的一个重要的标志。运费的高低也是各种合理化措施是否行之有效的最终判断依据之一。

三、运输合理化的四大原则

(一) 及时

及时就是按照商品产、供、运、销的流通规律,用最少的时间迅速地把商品从产地运送到销地,尽量缩短商品的待运期和在途时间,加速商品流转,及时供应工业或市场的需要。

(二) 准确

准确就是在整个商品运输过程中,切实防止各种差错事故,做到不乱、不错、不差,手续交接清楚,防止因差错而造成动力上的和时间上的浪费,准确无误地完成商品运输任务。

(三) 安全

在商品运输过程中,不发生碎损、霉烂、丢失、污染、燃烧、包装破损、虫蛀、串味等事故,保证商品安全运到目的地。

(四) 经济

经济就是要选择最简捷的运输路线,采用最合理的运输工具,合理利用一切运输设备,提高技术装载量,以最少的人力、物力、财力消耗,完成商品运输任务。

运输原则中的及时、准确、安全、经济是相互联系的,组织商品运输时应全面考虑,不要顾此失彼。实际中则应结合市场供求缓急、商品特性和运输工具等不同情况,有所侧重。

四、运输合理化的基本途径

运输合理化是一个系统分析过程,常采用定性与定量相结合的方法,对运输的各个环节和总体进行分析研究,运输合理化的基本途径主要有以下几点。

(一) 合理选择运输方式

各种运输方式都有各自的使用范围和不同的技术经济特征,选择时应进行比较和综合分析。首先,要考虑运输成本的高低和运行速度的快慢甚至还要考虑商品的性质、数量的大小、运距的远近、货主需要的缓急及风险程度。

(二) 合理的选择运输工具

根据不同商品的性质、数量选择不同类型,额定吨位及对温度、湿度等有要求地选择运输车辆。

（三）正确的选择运输线路

运输线路的选择，一般应尽量安排直达、快速运输，尽可能缩短运输时间，否则可安排沿路和循环运输，以提高车辆的容积利用率和车辆的里程利用率，从而达到节省运输费用，节约运力的目的。

（四）提高货物包装质量，并改进配送中的包装方法

货物运输线路的长短，装卸次数的多少都会影响到商品的完好，所以，应合理地选择包装物料，以提高包装质量。另外，有些商品的运输线路较短，且要采取特殊放置方法（如烫好的衣服应垂挂），则应改变相应的包装，货物包装的改进，对减少货物损失，降低运费支出，降低商品成本有明显的效果。

（五）提高运输工具的实载率

实载率的含义有两个：一是单车实际载重与运距之乘积和标定载重与行驶里程之乘积的比率，在安排单车、单船运输时它是判断装载合理与否的重要指标；二是车船的统计指标，即在一定时期内实际完成的货物周转量（吨・千米）占载重吨位与行驶千米乘积的百分比。

提高实载率如进行配载运输等，可以充分利用运输工具的额定能力，减少空驶和不满载行驶的时间，减少浪费从而求得运输的合理化。

（六）减少劳力投入，增加运输能力

运输的投入主要是能耗和基础设施的建设。在运输设施固定的情况下，尽量减少能源动力投入，从而大大节约运费，降低单位货物的运输成本，达到合理化的目的。例如，在铁路运输中，在机车能力允许的情况下，多加挂车皮；在内河运输中，将驳船编成队行，由机运船顶推前进；在公路运输中，实行汽车挂车运输，以增加运输能力等。

（七）发展社会化的运输体系

运输社会化的含义是发展运输的大生产优势，实行专业化分工，打破物流企业自成运输体系的状况。单个物流公司车辆自有，自我服务，不断形成规模，且运量需求有限，难于自我调剂。因而经常容易出现空缺，运力选择不当，不能满载等浪费现象。且配套的接、发货设施、装卸搬运设施也很难有效的运行，所以浪费颇大。实行运输社会化，可以统一安排运输工具，避免对流迂回、倒流、空驶及运力选择不当等多种不合理运输形式，不但可以追求组织效益，而且可以追求规模效益。所以，发展社会化的运输体系是运输合理化非常重要的措施。

（八）中短距离铁路公路分流

在公路运输经济里程范围内，应利用公路运输。这种运输合理化的表现主要用两点：一是对于比较紧张的铁路运输，用公路分流后，可以得到一定程度的缓解，从而加大这一区段的运输通过能力；二是充分利用分路从“门到门”和在中途运输中速度快且灵活机动的优势，实现铁路运输难以达到的水平。目前，在杂货、日用百货及煤炭等货物运输中较为普遍的运用公路运输，一般认为，目前的公路经济里程为200千米～500千米。随着高速公路的发展，高速公路网的形成，新型与特殊货车的出现，公路的经济里程有时可达1000千米以上。

（九）尽量发展直达运输

直达运输，就是在组织货物运输过程中，越过商业、物资仓库环节或交通中转环节，把货物从产地或起运地直接运到销地或用户，以减少中间环节。直达的优势，尤其是在一次运输批量和用户一次需求量达到了一整车时表现最为突出。此外，在生产资料、生活资料运输中，通过直达，建立稳定的产销关系和运输系统，有利于提高运输的计划水平。

近年来，直达运输的比重逐步增加，它为减少物流中间环节创造了条件。特别值得一提的是,如同其他合理化运输一样,直达运输的合理性也是在一定条件下才会有所表现,如果从用户需求来看,批量大到一定程度,直达是合理的,批量较小时中转是合理的。

(十) 配载运输

配载运输是充分利用运输工具载重量和容积,合理安排装载的货物及方法以求合理化的一种运输方式。配载运输往往是轻重商品的合理配载,在以重质货物运输为主的情况下,同时搭载一些轻泡货物,如海运矿石、黄沙等重质货物,在上面捎运木材、毛竹等,在基本不增加运力的情况下,在基本减少重质货物运输的情况下,解决了轻泡货的搭运,因而效果显著。

(十一) 提高技术装载量

依靠科技进步提高技术装载量是运输合理化的重要途径。它一方面是最大限度地利用运输工具的载重吨位,另一方面是充分使用车船装载容量。其主要做法有以下几种:专用散装及罐车,解决了粉状、液体物运输损耗大,安全性差等问题;袋鼠式车皮,大型托挂车解决了大型设备整体运输问题;集装箱船比一般船能容纳更多的箱体,集装箱高速直达加快了运输速度等。

(十二) 进行必要的流通加工

有不少产品由于产品本身形态及特性问题,很难实现运输的合理化,如果针对货物本身的特性进行适当加工,就能够有效解决合理运输的问题。例如,将造纸材料在产地先加工成纸浆,后压缩体积。

➤ 基本技能训练

◉ 自我测试

(一) 单选题

1. 我国将运输业列入为(　　)。

A 其他产业　B 第一产业　C 第二产业　D 第三产业

2. 运输实现物流的(　　)效用。

A 时间　B 经济　C 空间　D 可得性

3. 铁路运输中,(　　)货物的货运量最大。

A 铁矿石　B 石油　C 粮食　D 煤炭

4. 下列运输方式中,运输量大,连续性强的是(　　)。

A 公路　B 航空　C 水运　D 铁路

5. 各运输方式中,货运量最大的(　　)。

A 公路　B 管道　C 水运　D 铁路

6. (　　)是将运输线路和运输工具合二为一的一种专门运输方式。

A 铁路运输　B 公路运输　C 航空运输　D 管道运输

7. 管道运输的特点(　　)。

A 运输时间短　B 具有广泛性

C 机动灵活　D 永远是单方向的运输

8. 公路运输的特点(　　)。

A 成本低　B 污染少　C 机动灵活　D 货损货差小

9. 宜短途运输的方式是(　　)。

A 铁路运输　B 海洋运输　C 大陆桥运输　D 公路运输

10. (　　)运输可以及时地提供"门到门"的联合运输服务。

A　公路运输　　B　铁路运输　　C　水路运输　　D　航空运输

(二)多选题

1. 水路运输又分为(　　)。

A　沿海运输　　B　内河运输　　C　近洋运输

D　海洋运输　　E　远洋运输

2. 物品运输合理化的重要意义主要体现(　　)。

A　合理的运输,有利于加速社会再生产的进程和国民经济持续、稳定、协调地发展

B　合理的运输,缩短了运输时间,加快了物流速度

C　物品的合理运输,能节约运输费用,降低物流成本

D　运输合理化,可以节约运力,缓解运力紧张的状况

E　运输合理化,能节约能源,减少环境污染

3. 公路运输的不足之处在于(　　)。

A　运量较小、长途汽车运输成本较高,能耗大,环境污染严重

B　载重量较小,不适宜装载大件、重件的物品,也不适宜进行长途运中

C　运输成本费用上比水运和铁路运输要高,超过一定的运输运距,运费会明显增加

D　运输过程式中货物震动较大,容易造成货损货差事故

E　运输的连续性差,速度慢,时间长,装卸搬运费用较高

4. 铁路运输的优点是(　　)。

A　运量大、速度快、可靠性高　　B　准确性和连续性强

C　远距远,规模运输费用低　　D　一般不受气候因素影响

E　灵活性好能够实现"门到门"运输

5. 下面哪些项目用于水路运输的不足之处(　　)。

A　运量小、运输成本高　　B　受自然条件影响较大

C　能耗大、投资大　　D　速度慢、装卸成本高

E　不适宜进行短途运输

6. 航空运输的特点有(　　)。

A　速度最快

B　非常适合于低价小批量货物的运输

C　适合于低价物品和大批量货物的运输

D　适合于价值较高批量较小的货物的运输

E　货物只需要简单地打包即可,运输事故少

7. 各种运输方式,货运量从大到小的排序为(　　)。

A　铁路运输　　B　水路运输　　C　航空运输　　D　公路运输

8. 各种运输方式,运输工具的运量从大到小的排序为(　　)。

A　汽车　　B　飞机　　C　火车　　D　船舶

9. 各种运输方式,运输速度从大到小的排序为(　　)。

A　铁路运输　　B　水路运输　　C　公路运输　　D　航空运输

10. 各种运输方式,平均运距从大到小的排序为(　　)。

A　铁路运输　B　水路运输　C　公路运输　D　航空运输　E　管道运输

11. 企业一般通过(　　)途径来实现运输过程的合理化。

A　对运输方式的选择　B　对运输工具的选择　C　对运输包装的改进

D　对运输方案的优化　E　对运输路线的选择

◉ 模拟职业岗位能力训练

假设一批货物采用公路运输方式从大连运往北京,同学们分组承担不同的岗位,熟悉和熟练不同岗位的工作任务,锻炼工作能力。

岗位一　业务受理

1. 熟悉岗位职责;2. 联系客户;3. 录入工作单。

岗位二　调度

1. 熟悉岗位职责;2. 熟悉所属车辆;3. 熟悉驾驶员信息;4. 熟悉服务区域交通线路;5. 编制车辆运行计划;6. 编制工作单等;7. 车辆动态跟踪管理。

岗位三　计划配载

1. 熟悉岗位职责;2. 熟悉服务区域内的站点;3. 查对货物信息;4. 制定货物配载计划;5. 进行货物跟踪管理。

岗位四　进出港货物交接

1. 熟悉岗位职责;2. 出港货物交接的办理;3. 进港货物交接的办理。

岗位五　仓库管理

1. 熟悉岗位职责;2. 货物进出库信息管理;3. 货物在库保管;4. 货物包装、分拣。

岗位六　质量控制与管理

1. 熟悉岗位职责;2. 采集数据信息;3. 统计分析;4. 信息反馈;5. 质量监控。

◉ 应用案例分析

假如你是一家物流公司的运输管理人员,客户向你咨询以下问题,请从客户利益角度出度,为其选择合适的运输方式,并阐述理由。

(1) 从上海至赞比亚(非洲)50千克的发电厂急需零件。

(2) 从青岛至美国各主要城市的1000台冰箱。

(3) 从天津某食用油工厂到乌鲁木齐500箱食用油。

(4) 某牛奶厂在方圆50千米内收购牛奶,然后将生产好的包装牛奶运送到本市的超市。

➤ 信息传递

◉ 相关链接

中欧国际物流陆路运输的发展与创新

(一) 中欧间贸易及国际物流运输的发展

欧洲是中国最重要的贸易伙伴之一。21世纪以来,随着中欧关系的不断发展,中欧贸易飞速增长。2000年中欧贸易额为844亿美元,占我国外贸总额的比重为18%,2008年中欧贸易额达到5115亿美元,比2000年增长5.06倍。中亚国家由于地理位置和我国外贸管理的惯例，一直包括在中欧贸易的范围之内。2000 年中国与中亚五国的贸易额为 18 亿元，占全国外贸总额的比重仅为 0.4%，2008 年中国与中亚五国的贸易额达到 308 亿元，比 2000 年增长了 16 倍，占全国外贸总额的比重上升到 1.2%。

高速增长的贸易造就了不断增长的中欧（包括中亚，下同）间巨大的物流运输市场。2000 年中欧航线的集装箱量约 228 万 TEU。到 2007 年，增长到 1041 万 TEU，7 年间增长了 4.6 倍。2008 年虽然遭受到国际金融危机的影响，出现 2% 的下跌，但出口集装箱重箱仍然保持在 1000 万 TEU 以上。

目前，中欧国际物流运输市场基本由海运垄断，根据 2008 年的相关统计数据，海运完成的集装箱量为 1020 万 TEU；陆运完成的集装箱量约 50 万 TEU，二者之比为 20:1。从地区结构看，货源主要分布在西欧、北欧、中东欧、地中海沿岸和中亚五大地区。目前西欧占的比重较大，但中东欧、中亚地区随着该地区国家经济的发展，有后来居上的势头。从货种结构看，以集装箱货物为主，但在中亚等资源输出地区，散货（主要为金属矿石、石油）运输占的比重很高。

（二）中欧国际物流陆路运输现状及存在问题

中欧国际物流陆路运输是指通过横贯欧亚大陆的铁路和公路网来运输中欧之间的国际贸易货物。历史上著名的"丝绸之路"曾承担此重任，并创造了不朽的辉煌。20 世纪初以来，随着西伯利亚大铁路的修建，以现代运输方式为主的欧亚陆路运输慢慢发展起来，目前基本形成了以两条亚欧大陆桥为骨干、亚欧国际公路网为辅助的中欧陆路货物运输格局。

从运输方式看，以铁路为主，公路为辅。由于中欧国际物流的运距长，一般在 5000 千米～10000 千米之间，因此铁路具有较大的优势。但公路由于其灵活便捷，在中短途的集装箱运输中发挥着重要作用。从 2008 年相关统计资料看，铁路实际完成的货运量为 4044 万吨，公路完成的货运量为 860 万吨。

从出入境口岸看，以西伯利亚大陆桥相关口岸为主，新亚欧大陆桥口岸为辅。由于西伯利亚大陆桥通关次数少，运行速度快，运价低，吸引的货物比新亚欧大陆桥多。除满洲里和二连口岸外，西伯利亚大陆桥的东方港甚至吸引了我国江、浙、沪、鲁沿海地区出口到俄罗斯和北欧国家约一半的贸易量。据 2008 年的中国相关口岸数据，经西伯利亚大陆桥相关口岸与经新亚欧大陆桥相关口岸的货物运量之比大约为 2:1。

从货源范围看，以中亚和西伯利亚为主，欧洲为辅。目前中欧间的陆路货物运输以中亚和西伯利亚地区为主，主要为中国国内以及日韩等国过境中国到中亚的轻工、机电等集装箱货物，反方向主要为中亚和西伯利亚地区到中国的金属矿石、木材、石油等散装货物。虽然以亚欧大陆桥为代表的铁路通道一直在努力发展与欧洲的直达运输，先后开行了中国到德国、俄罗斯、捷克等国的集装箱试验班列，但始终没有得到批量化的稳定发展，海运依然是中欧间集装箱运输的霸主。

中欧陆路货物运输近年来虽然有较快的发展，但是在软硬件方面仍存在很多问题。

1. 基础设施薄弱，运输能力低

从铁路通道看，一是中欧国际通道的线路基础设施薄弱。中国与哈萨克斯坦、蒙古、俄罗斯连接的铁路，在阿拉山口、二连浩特、满洲里三个口岸的后方，一直为单线内燃铁路，近几年才开始进行复线电化改造；哈萨克斯坦和蒙古的过境铁路技术等级低、状况差，限制区段的年输送能力仅有 1000 万吨左右。二是口岸站技术装备差，换装能力不适应需要。中国与哈、蒙、俄之间的口岸站以及哈俄、蒙俄之间的口岸站普遍存在站场线路紧张、换装能力不足的问题。三是机车车辆供应不足，在口岸站经常要等车装货。

从公路通道看，一是缺乏中欧公路运输的主通道，既有亚欧间公路通道分散，没有直达便捷的主通道。二是中亚、北亚（蒙古和西伯利亚）地区的公路等级低，路面质量差，行车速度慢。

2. 国际联运机制不完善，运输衔接困难

从铁路看，中欧铁路货物联运主要涉及两大运输法体系，一是以华沙铁路合作组织为核心的《国际铁路货物联运协定》（简称《国际货协》）体系，二是以西欧国家为主的《国际铁路货物运送公约》（简称《国际货约》）体系。两大体系在连带责任、费用清算、交货条件等主要条款方面自成体系，各使用各的运单，造成中欧之间货物运输衔接困难。另外，苏联解体后，华沙铁路合作组织内的统一承运人制度也有所倒退，各参加国铁路不再按照相关规章的规定，由发站或到站统一收取运费，相互清算，而是各行其是、单独收取，给托运人增加了成本、制造了困难。

从公路看，在欧洲实行的《国际公路货物运输合同公约》具有地区性限制，在独联体国家并不适应；我国与中亚有关国家虽然签订了公路过境运输的协定，但仍缺少一些操作性强的实施细则，在实际执行中仍存在着许多具体问题。

3. 市场化程度不高，服务水平较差

中欧陆路货物运输与海运相比，由于通道少，经营垄断性强，因而市场化程度很低，由此造成运输服务水平差，不能满足客户的需要。主要表现：一是缺乏全桥统一的多式联运承运人。目前由于国际联运的方式没有一个能够对运输全过程负责到底的经营主体，因而造成承运与转运手续繁杂、运输速度慢、服务不可靠等弊端，已越来越不适应运输市场的需要。二是货主非常关心的货物跟踪查询还未完全解决。中国等国家铁路的对外查询系统还未建立起来，还不能及时查清货物当前的位置。三是托运手续问题繁杂，单证太多。尤其是集装箱的多式联运，还不能实现海—铁—公一票制。四是口岸过货不够通畅。新亚欧大陆桥通过的口岸多，各国海关及检验检疫部门在协调上经常出现问题，再加上通关手段上不够完善等原因，影响整个货物运输的时间，降低了运输效率。

（三）中欧陆运的重要意义及其竞争力分析

1. 中欧陆运的发展具有十分重要的意义

首先，它是一条安全的运输通道。国际海运安全现在已成为业界关注的重大问题，中国和欧洲之间的货物无论经苏伊士运河还是经好望角都存在安全问题。从美国对世界各国的安全等级评价看，中欧通道沿线只有1个黄色国家；而海运经太平洋和印度洋，沿岸国家几乎都是橙色或黄色国家。另外，海运遭到袭击的可能性要比陆运大得多，再加上苏伊士运河、直布罗陀海峡和马六甲海峡的拥堵，因此中欧陆运通道要比海运安全得多。

其次，它可大大缩短中国与欧洲之间，尤其是中国中西部和欧洲内陆地区之间的运输距离。按照传统的海运路线，中国中西部和欧洲内陆地区的贸易运输除了20000多千米的海运距离外，中国端还有1000千米~2000千米的陆运距离，欧洲端也有1000千米左右的陆运距离，但西安、重庆经新亚欧大陆桥铁路直达德国的运输距离不过9000千米多，约仅为海运的40%。随着中国沿海加工业向中西部的转移，中欧陆运的重要性会越来越凸现。

总之，中欧陆运的发展将打破中欧间贸易运输的传统格局，改变货物运输的方式和方向；给通道沿线涉及的相关国家和国际海、陆运输业带来利益格局的调整；也给我国沿通道地区，尤其是中西部地区带来新的发展机遇。

2. 中欧陆运与海运的竞争力比较

中欧陆运为东、西方之间新的运输方式,究竟能不能取代传统的海运方式,关键要看它的竞争力。决定运输竞争力大小的因素是多方面的,其中最主要的因素是运输时间的长短和运输费用的高低。另外,还有安全、方便等运输服务和环境方面的因素。本文主要选取我国西安、重庆、乌鲁木齐至德国法兰克福的集装箱运输为例进行运输时间和费用方面的比较。

1）运输时间比较

表 3－1　西安、重庆、乌鲁木齐至法兰克福运输时间比较　单位:千米·天

发站	中欧陆运			亚欧海运						
	目的地	里程	时间	下海港口	陆运部分		海(江)运部分		铁海合计	
					里程	时间	里程	时间	里程	时间
西安	法兰克福	9587	17	青岛	2142	4	21050	30	22413	34
重庆	法兰克福	9726	17	上海	540	1	22000	37	23800	38
乌鲁木齐	法兰克福	7004	14	天津	3525	6	21680	30	25205	37

通过表 3－1 的比较可以看出:

西安、重庆、乌鲁木齐三城市通过中欧陆运到德国法兰克福的时间均比通过亚欧海运的时间要短得多,时间优势非常突出。其中,西安、重庆可节约一半以上的时间;乌鲁木齐节约的时间更加惊人,只有海运时间的 38%。

2）运输费用比较

表 3－2　西安、重庆、乌鲁木齐至汉堡运输费用比较　单位:美元/TEU

发站	中欧陆运		亚欧海运			
	目的地	费用	下海港口	海(江)运费用	陆运费用	费用合计
西安	法兰克福	2391	青岛	1000～2000	695	1695～2695
重庆	法兰克福	3104	上海	1350～2350	520	1870～2870
乌鲁木齐	法兰克福	1969	天津	1000～2000	996	1996～2996

通过表 3－2 的比较可以看出:

西安、重庆、乌鲁木齐三城市通过中欧陆运到德国法兰克福所花的费用在海运运价低谷期只有乌鲁木齐比海运有优势,西安和重庆的陆运价格均高于海运;在海运运价高峰期,除重庆外,西安、乌鲁木齐的陆运价格均比海运有明显优势。

除运输时间和费用外,中欧陆运在运输安全上也有一定的优势,上文已提到,不再赘述。

当然,在运输经营的市场化方面,中欧陆运目前远不及海运成熟,这是中欧陆运的劣势。

(四) 中欧陆地国际物流运输方式的创新

1. 创新的指导思想

适应经济全球化、区域化的发展趋势,为更好地促进中欧双方及陆运通道沿线国家的投资和贸易便利化,以降低中欧国际物流运输成本,提高运输效率为目的,强化通道基础设施,完善国际联运机制,发展集装箱多式联运,推动中欧陆运的市场化进程。

2. 创新的主要内容

中欧国际物流陆路运输的创新主要应从以下几个方面去努力:

1）强化基础设施，构筑新的通道

基础设施薄弱仍然是摆在中欧陆运面前的首要难题。因此，加快中欧陆运通道的建设和完善刻不容缓。主要有两方面内容。

一是强化既有通道。铁路方面，国内主要是加快对阿拉山口和二连浩特口岸后方线路的复线、电气化改造，并增强口岸站的接发和换装能力；国外哈萨克斯坦铁路已着手对亚欧通道的主要线路进行改造，蒙古铁路已有改造纵贯蒙古、连接俄中的1100千米主干线的计划。公路方面，国内主要是提高口岸公路的等级；国外中亚和北亚地区主要是修复损毁公路，加强养护，提高通行能力和通行速度。口岸方面，中、哈、蒙、俄等国家都有大量改善口岸设施，提高通关能力的工作要做。

二是建设新通道。中欧陆运需要大能力、快速度的国际集装箱专运通道，但目前的西伯利亚大陆桥和新亚欧大陆桥都存在技术标准不统一，线路等级不一致等问题。中欧陆运的发展迫切需要开发建设新的通道。公路方面，在联合国和国际金融组织的帮助下，中国（连云港）—欧洲（圣彼得堡）大通道建设已经开始启动，其中"两西"（中国西部至欧洲西部）公路哈萨克斯坦段已于2009年5月全线开工建设。铁路应与通道沿线国家协商，在阿拉山口至布列斯特之间修建约5200千米（哈萨克斯坦境内约2000千米，俄罗斯境内约2600千米，白俄罗斯境内约600千米）的准轨铁路（哈萨克斯坦已有过建设"泛哈萨克准轨大通道"的规划），以适应日益发展的亚欧陆运需要。

2）促进国际运输制度的融合，完善运输机制

运输制度的不统一是制约中欧陆路货物运输发展的主要障碍。虽然自20世纪50年代就开始了《国际货协》和《国际货约》两大铁路运输体系之间的协商对话，但至今收效甚微。鉴于亚欧铁路国际联运的统一运单迟迟不能出台，建议中欧陆路国际货物运输的参加国积极推广和采用《联合国国际货物多式联运公约》体系来推动中欧陆运的发展。主要工作有以下几个方面。

一是成立亚欧陆路运输国际协调机制，作为亚欧陆运参加国合作协商的平台，定期召开会议，加强在货源分割、运输径路选择、运价制定、费用清算等方面的协商，提出并监督各种协议、计划和方案的实施。

二是要造就亚欧国际多式联运经营人，引入无轨承运人理念，把过去的单一铁路承运人分为实际承运人和契约承运人两个层次。契约承运人的职责是为托运人和托运人的代理人提供订舱（要车）、货载、报关报检、转运和多式联运服务，以及相关费用的收付、结算；对货主承担货损及货物运输延时乃至灭失等相关责任。实际承运人负责相邻国家间铁路运输计划的衔接，做好运力资源的组织，保证国际贸易货物安全、快捷地运送到目的地，在向契约承运人收取运费的同时承担相应的法律责任。

三是推行统一的"国际多式联运提单"，本着一次托运、一张单据、一次付费和一次保险的简单手续原则，充分方便货主，并且协调各国海关和检验检疫部门，对货物实行发到两头查验和通关，中间过境及转运不再进行检查。

3）细分市场，重点发展"两内"运输

中欧陆路货物运输虽然有很大的市场潜力，但最适合的是中国中西部等内陆地区到欧洲内陆地区的货物，因为"两内"货物即便是通过海运，在中国和欧洲两端还是要经过大约2000千米～3000千米的陆路运输，全部的运输时间和费用肯定比经中欧陆路运输要高。因此，重点抓好"两内"运输是培育中欧陆运市场的关键。另外，利用铁路运输速度快、时间短的特点，

可着重发展时间敏感性强、价格敏感性弱的货物运输。

4）努力发展多式联运，为货主提供更好的服务

虽然铁路是中欧陆路货物运输的骨干，但要全面发展中欧陆运市场，各种运输方式必须紧密配合，各自发挥优势，形成铁路、水运、道路运输一体的运输链，为客户提供门到门的“一站式购齐”服务。目前主要应做的是结合各地区物流中心的建设，构建中欧国际物流陆路运输系统，包括信息系统、集疏运及转运系统、无水港及内陆口岸系统等。

另外，各国陆运企业要通过改善经营，降低成本，从而降低运输费用，使中欧陆运更有竞争力。

◉ 前沿理念

世界成功物流企业的借鉴

一个成功的物流企业，必须具备较大的运营规模，建立有效的地区覆盖，具有强大的指挥和控制中心，兼备高水准的综合技术、财务资源和经营策略。

近几年来，在中国大地上，“物流”概念热浪滚滚，物流研讨会你方唱罢我登场，不同领域、不同性质、不同规模的企业争相搞物流。但是否所有这些企业都能尽快成功转型到物流企业，并能获得丰厚收益呢？带着这样的疑问，我们来考察一下世界物流企业前10强的有关业务结构、运作模式及盈利状况，以期对我国物流企业有所启示。

（一）UPS

1. 业务概况

UPS是全球最大的速递机构，全球最大的包裹递送公司，同时也是世界上一家主要的专业运输和物流服务提供商。每个工作日，该公司为180万家客户送邮包，收件人数目高达600万。该公司的主要业务是在美国国内并遍及其他200多个国家和地区。该公司已经建立规模庞大、可信度高的全球运输基础设施，开发出全面、富有竞争力并且有担保的服务组合，并不断利用先进技术支持这些服务。该公司提供物流服务，其中包括一体化的供应链管理。

2. 业务分布

UPS的业务收入按照地区和运输方式划分呈现出不同的分布特点。从地区来看，美国国内业务占总收入的89%，欧洲及亚洲业务占11%。从运输方式来看，国内陆上运输占54%，国内空运占19%，国内延迟运输占10%，对外运输占9%，非包裹业务占4%。

（二）FedEX

1. 业务概况

FedEX公司的前身为FDX公司，是一家环球运输、物流、电子商务和供应链管理服务供应商。该公司通过各子公司的独立网络，向客户提供一体化的业务解决方案。其子公司包括FedEX Express（经营速递业务）、FedEX Ground（经营包装与地面送货服务）、FedEX Custom Critical（经营高速运输投递服务）、FedEX Global（经营综合性的物流、技术和运输服务）以及Viking Freight（美国西部的小型运输公司）。

2. 业务分布

从地区来看，美国业务占总收入的76%，国际业务占24%。从运输方式来看，空运业务占总收入的83%，公路占11%，其他占6%。

（三）Deutsche Post World Net（德国邮政世界网）

1. 业务概况

德国邮政是德国的国家邮政局，是欧洲地区领先的物流公司，并着眼于成为世界第一。近期更换了品牌，改名为 Dertsche Post World Net，简称 DPWN。一方面为挂牌买卖作准备，另一方面也是意识到了其业务的全球化特点以及电子商务日益重要的影响。DPWN 划分为四个自主运营的部门，即邮政、物流、速递和金融服务。

邮政部门由邮政、市场直销和出版物发放业务组成，建有最高水准的作业网络，由遍及德国的 83 家标准化分检中心组成，并越来越重视高成长的市场直销业务。速递部门通过 Euro Express Germany 和 Euro Express Europe 的全球邮政和国际邮政业务部门提供覆盖欧洲的快递业务；通过与 DHL（德国邮政世界网拥有其 25% 的股权）的合作提供全球业务。

通过几次收购 Danzas 品牌下的公司，于 1999 年成立了物流部门。该部门提供一站式的服务，并提供整个物流链各个环节的服务。服务内容包括全球航空、海运、欧洲陆运服务和客户定制的物流解决方案。

同时，通过 Postbank 提供的金融服务于 1999 年 1 月成为一家全资的附属公司。在 2000 年 1 月收购了 DSL 银行（是一个精于私人和商业建筑贷款的银行），向私人和商业客户提供多渠道银行业务。

2. 业务构成及分布

从净收入来看，DPWN 的四大业务邮政、快递、物流和金融分别占 49%、21%、18% 和 12%。特别是对于物流业务在地域上的分布来说（从净收入看），德国、法国、意大利和欧洲其他国家分别占 23%、17%、8% 和 23%，斯堪的纳维亚、美洲、远东澳洲分别占 12%、11% 和 6%。

（四）Maersk/A. P. Moeller

Maersk Sealand 是世界上最大的航运公司，拥有 250 艘船舶，其中包括集装箱船舶、散货船舶、供给和特殊用途船舶、油轮等，该集团还拥有大量的装卸码头，并提供物流服务。Moeller 的附属公司同时还在挪威、委内瑞拉和其他国家进行石油和天然气的钻探。该集团还从事船舶和联运集装箱的制造、药品生产，并经营一家国内航空公司 Maersk Air 和提供信息服务。另外，该公司还拥有丹麦第二大连锁超级市场。

（五）Nippon Express（日本通运）

日本通运的业务主要分为汽车运输、空运、仓库及其他，分别占 44%、16%、5% 及 25%。从地域上看，其经营收入有 93% 来自日本；其客户主要分布在电子、化学、汽车、零售和科技行业。

（六）Ryder

1. 业务概况

Ryder 系统公司在全球范围内提供一系列的技术领先的物流、供应链和运输管理服务。该公司提供的产品范围包括全面服务租赁、商业租赁、机动车的维修以及一体化服务。此外还提供全面性的供应链方案、前沿的物流管理服务和电子商务解决方案，从输入原材料供应到产品的配送，致力于支援客户的整条供应链。

2. 业务分布

从地区来看，美国业务占总收入的 82%，国际业务占 18%。从业务板块来看，运输服务占 57%，物流占 32%，其他占 11%。

（七）TNT Post Group

1. 业务概况

TPG 在全球超过 200 个国家和地区提供邮递、速递及物流服务，并拥有 Postkantoren（经营荷兰各邮局的机构）50% 的股权。TPG 利用 TNT 品牌提供速递发送及物流服务（TNT 的物流业务主要集中在汽车、高科技以及泛欧洲领域），其物流领域现有 137 间仓库，共占地 155 万平方米。

2. 业务划分及分布

按业务类型来看，TPG 的三大业务邮递、速递和物流（净收入）分别占 42%、41% 及 17%，而从地域表现来看（净收入），欧洲占 85%，澳洲、北美、亚洲及其他地区分别占 6%、4%、2%、3%。如果从运营利润来看，邮递、速递和物流分别占 76%、15% 和 9%。

（八）Expeditors

1. 业务概况

该公司注册地为美国，是一家提供全球物流服务的公司，向客户提供了一个无缝的国际性网络，以支持商品的运输及策略性安置。公司的服务内容包括空运、海运（拼货服务）及货代业务。在美国的每个办事处以及许多海外办事处都提供报关服务，另外还提供包括配送管理、拼货、货物保险、订单管理以及客户为中心的物流信息服务。

2. 业务分布

从业务类型来看，主要集中在空运、海运和货代方面，按照收入划分分别占 63%、25% 和 12%。而从地区分布来看，主要集中在远东，占 56%，在美国、欧洲和中东、南美、澳大利亚的收入分别占 25%、15%、2%、1%。

（九）Panalpina

1. 业务概况

Panalpina 是世界上最大的货运和物流集团之一，在 65 个国家地区拥有 312 个分支机构。Panalpina 的核心业务是综合运输业务，所提供的服务是一体化、适合客户的解决方案。通过一体化货运服务，将自身定位于标准化运输解决方案和传统托运公司之间。除了处理传统货运以外，该集团还专长于提供物流服务予跨国公司，尤其是汽车、电子、电信、石油及能源、化学制品等领域的公司。

Air Sea Broker 是 Panalpina 集团的全球性货运“批发商”，同时它也协调 Panalpina 集团的海运系统与世界各地的定期联系，同时还为联合运输提供新型服务。Air Sea Broker 下分三个业务部门：海运处、西非处、租船和重型起重处。

Swissglobalcargo 是 Panalpina 和 Sairlogistics 于 1999 年 7 月建立的一家合资公司，这是世界上第一家提供完全一体化、门到门、有时限担保、无重量限制的航空货运公司。

2. 业务划分及分布

从总利润来看，Panalpina 的四大业务即空运、海运、物流及其他分别占 44.9%、31.3%、20.3% 及 3.5%。而在地域上又分布为欧洲/非洲占 52.7%，美洲占 33.9%，亚太占 13.4%。

（十）Exel

1. 业务概况

2000 年 7 月 26 日，Ocean Group 与 NFC 公司合并后更名为“Exel”。Exel 分为五大业务部门：（消费品/零售/医疗）欧洲部、（消费品/零售/医疗）美洲部、开发和自动化部、技术和全球管理部以及亚太部。该公司全球网点达到 1300 个，5 万多名员工。目前该公司三家主要运营子公司为Exel(旧的NFC)、Msas全球物流公司和Cory Environmental。Msas是世界上规模最大的货代之一,在全球范围内提供多式联运、地区配送、库存控制、增值物流、信息技术和供应链解决方案等各项服务。Cory Environmental是英国规模最大的废品处理公司之一。Exel在地面运输供应链服务方面占有很强的市场地位,所提供的服务包括仓储和配送、运输管理服务、以客户为中心的服务、JIT服务和全球售后市场物流服务。

2. 业务分布

从业务种类来看,Exel主要集中在配送、运输管理和环境服务三个方面,按照净收入划分分别占58%、39%和3%,如果按照运营利润划分分别占62%、28%、10%。从地理分布来看,业务主要集中在英国与爱尔兰,同时遍及美洲、欧洲大陆和非洲以及亚太地区,按照净收入划分分别占39%、30%、21%和10%,如果按照运营利润划分则分别占54%、27%、10%和9%。

➤ 归纳提高

◉ 本章简明小结

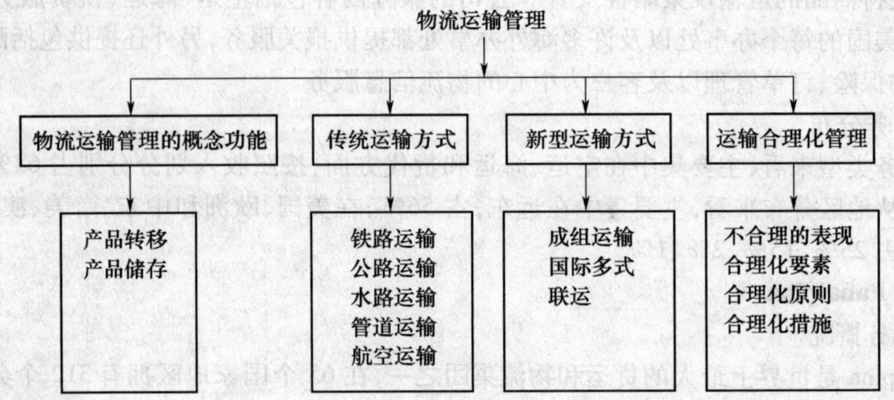

◉ 课后任务

参与运输企业调查,实际了解运输企业的基本流程、组织分工以及各岗位的主要职责。了解运输企业所面临的主要问题及解决的途径,了解运输企业绩效评定的主要指标,锻炼和培养分析问题与解决问题的能力。

第四章　物流储存管理

知识目标

- 了解并熟悉储存的概念；
- 能够熟练掌握储存在物流管理中的作用；
- 能够熟练掌握物流储存管理技术；
- 能够熟练掌握物流储存管理作业的流程。

能力目标

- 通过本章学习和基础素质训练，具备本专业高等应用性人才所必需的认知和评价能力，对物流储存管理有一个全方位的充分认识和综合性的了解；
- 通过模拟职业岗位能力训练，提高对物流储存管理相关角色的认知水平；
- 通过有关案例分析，进入学习情景，增强实践体验并培养团队精神和提高语言表达能力。

梦藤的物流仓库

在日本的浜松有一家叫做梦藤的公司，这家公司的年营业额为500多亿日元，从事按照商品目录来接受客户订单的电子商务，每年发行5次~6次大开纸的彩色宣传目录册，消费者看着目录订货，这是现代流行的商务买卖。梦藤的销售方法比较特别，日本全国地区性妇女会是该公司的主要顾客，从过去到现在与妇女会的联系非常紧密，梦藤公司与妇女们有一种强有力的纽带联结在一起。因此，梦藤在浜松的总部，一年到头都有全国各地妇女会的妇女们来参观，当然不是特意来参观的，而是在观光旅行的日程中加上参观梦藤的项目，那些妇女们平时只能见到梦藤的目录商和有时登门拜访的推销员，那么"梦藤到底是什么样的公司呢"？她们在巴士观光车里就期待亲眼目睹梦藤的风采。为此，梦藤把公司本部的大厅装修得非常豪华，正面全是落地玻璃，妇女们亲眼一看，放心了，"梦藤是一家很气派的公司"。接着，妇女们很着急地等待着参观把梦藤的商品发往日本全国各地的位于郊外的配送仓库。梦藤的配送仓库在工业区里，老远就可以看到一座现代化的白色建筑，入口处，有开阔的空间，就好像博物馆的门厅，毫无普通人所想象的物流的气氛。配送仓库里，矗立着立体式自动化仓库货架系统和传送带，很少看到人。除了在商品装箱和出货备货的地方有做钟点工的家庭妇女外，在空旷的空间里，只有机器在默默地工作。配送仓库里有高速自动分拣机，商品一个一个地由传送带送到这架机器上，这架机器高速运转，运转的同时，将装有物品的容器在指定的地方倾斜，使商品按去向分开。这里也不见人影，同样有一种开阔之感。这里完全是自动化的世界。与其说是物流中的仓库，倒不如说是巨大的物流工厂。

案例点评：那么在现实生活中，到底什么是储存？它有什么作用？它与传统的仓库有什么联系？这也就是对储存的认知的问题，下面我们将在如下任务安排中解答以上问题。

➢ 基本知识点

第一节　物流储存管理概述

物资的储存和运输是整个物流过程中的两个关键环节，被人们称为"物流的支柱"。在商品交换过程中，虽然物资的购、销活动决定了物资的交换关系，但若没有物资的储存和运输，物资的这种交换关系则不能最终实现。企业为了生产和经营的顺利进行，储备生产经营过程所必须的原材料、设备、工具等物资，储存是物流的重要组成部分。

一、储存的产生和发展

人类社会自从有了生产剩余以来，就出现了"储备"这个概念。这就是说，将多余的、暂不消费的物资储存起来，以备再用的活动，都可称为储备。在原始社会末期，当某个人或某个部落生产出现了暂时的剩余时，储备便产生了。这时的储备完全是自发的行为，规模小，数量少，以储存自然采集物和猎物为主。

随着社会生产的进步和社会分工的发展，物资储备在社会生产中的作用也愈来愈引起人们的重视。特别是出现了商品交换以后，物资储备逐渐成为社会再生产中不可缺少的重要环节。

在社会化大生产和社会分工的条件下，社会生产和再生产过程中所消耗的生产资料，在时间上存在着矛盾。例如，有些产品的生产是季节性的，而消费是常年性、连续性的；有些产品生产是常年性、连续性的，而消费却是季节性、间断性的。这种产与销之间在时间上的背离，决定了物资在社会总生产过程中有一个间隔时间。物资停留在这个间隔时间中就形成了储备。生产和消费在时间上的矛盾是任何社会形态都有的，因此，物资储备是一切社会共存的经济现象。

物资的储存必然依赖于物资储存的建筑物即物资仓库。在我国，大约5000年前的母系氏族原始社会中就有了窑穴式仓库。人们逐渐把存放物资的场所，均称谓"仓库"。由于我国长期受封建社会的束缚，生产力发展水平低下，因此服务于物资储存的一系列管理工作也十分落后。

工业革命后，由于资本主义生产关系的形成，物资储备在社会生产中的作用，引起人们的重视。这是因为在资本主义生产方式形成之后，商品生产得到了极大的发展。商品生产又促进了商品储备的发展。为了把物资的仓储成为消费的有利因素，因此伴随而生的，服务于物资仓储的一系列管理工作，也得到了相应的提高。

大规模的产品生产和大规模的商品交换，客观要求商品的储备规模不断扩大。于是，商品储备又逐渐从附属于某部门、某企业的状况逐渐发展、分离成为一个独立的行业——仓储业。仓储业的形成，使储存物资的仓库不再是生产企业的附属部分，而成为一个独立的经济组织。由于它专门从事物资的储运业务，因此物资储存管理提高到了一个更高的水平。

随着现代科学与生产力的进步和发展，仓库已由旧概念即"储存，保管物资的场所"发展为“物资配送服务中心”。储存概念由此发生了根本性的变化。物资配送服务中心已不是单纯地储存、保管物资,更重要的是需担负着物资的分类、计量、入库、保管、出库及配送等多种功能,并配有现代电子计算机自动管理。它代表着物流现代化的崭新水平。

二、储存在物流中的地位和作用

物资储存和运输之所以被称为物流中两大主要的功能,是因为它们在整个物流活动中起着十分重要的作用。我们通过对物资储存的功能,来分析它在物流系统中的地位和作用。

(一) 物资保管的功能

任何仓库都必须具备一定的空间,用以容纳被储存的物资。现代仓库不仅仅是一个储存物资的场所,还要根据储存物资的特性,相应地设有各种设备,并采取适度地保管措施。物资的保管功能体现在“通过产品的保存,使用价值本身的保存,价值才能得到保存”上。任何一种物资,当它处在储存时期,表面上物资处在静止状态,但从物理、化学的角度上看,物资仍在不断地发生变化。这种变化,因物资本身的性质及所处的环境不同而有差异,为保存和保管好这些储存物,使之不受有害因素的影响,就必须对其进行合理的保管保养,从而使物资使用价值的减少受到限制。除此之外,仓库作业时还要防止库存物资因在装卸、搬运时发生碰撞、震动、高压等导致使用价值损坏和下降。因此,搬运机具、操作方法也在日趋完善。仓库保管物资的功能也得到了充分地发挥。

(二) 调节物资供需的功能

现代化大生产的形式是多种多样的。物资的供应与需求既存在广泛的联系,也有相当复杂的矛盾。例如,有些产品的生产是均衡进行的,而物资消费是不均衡的;有些产品的生产是不均衡的,而消费又是均衡不断的。要使物资的供应和需求相适应,把产品的生产和消费联系得更好,物资储存可起到“蓄水池”式的调节作用。

(三) 调节物资运输的功能

物资的运输是依靠物资运输设备完成物资空间位移的活动,以获得物资的空间效用。但是,由于运输工具的不同,运输能力千差万别。由于运输工具运量的不同,给物资运输的衔接必然形成困难。这种由于运输能力的差异而造成的运输矛盾,可用物资的储存来解决,这便是物资储存调节运输的功能。例如,当万吨巨轮载有几万吨的物资到港靠岸后,在较短的停泊期内,用火车和汽车直接将物资运离港口比较困难的时候,则需要在港口货场或仓库暂停待运,运用仓储调节运输的功能,解决压港问题。

(四) 物资配送的功能

现代物流业较发达国家的仓库,已由原来的储存型转变为流通型。这一变革使仓库储存的概念得到了扩充。仓库要完成物资的分拣、配套、捆装、流通加工等新的作业要求。这一变化使物资储存的功能,发展为既要完成基本保管任务,又要具有物资配送的功能。仓储活动因此从静态管理转向了动态管理,从而开拓了物流合理化的新局面。

(五) 节约物资的功能

仓储可以发挥节约物资的功能,是物资储存间接表现的功能。人们出于合理使用物资资源,防止一时的过剩而造成浪费的要求,也必须对其进行一定时间的储存。在物资使用方面,仓库在组织其供应时,注意到它的综合利用,节约代用,也有利于使有限的物资发挥出更大的效用。

三、仓库的分类

物资仓库从不同的角度出发,按照不同的特征和标志,把具有某些共性的仓库归在一起,这就形成了仓库的不同分类。这里介绍几种常用的分类方法。

(一) 按仓库的用途分类

仓库按商品流通过程中所起的作用,可分为以下几种。

1. 采购供应仓库

采购供应仓库主要用于集中储存从生产部门收购的和供国际贸易进出口的商品。这类仓库一般设在商品生产比较集中的大、中城市,或者设在运输枢纽的所在地。这类仓库一般规模较大。

2. 批发仓库

批发仓库主要用于储存从采购供应仓库调进或在当地收购的商品。这类仓库一般设在市场附近,能迅速地向零售商店供应商品。一般从事批发供货,有时也从事拆零供货。

3. 零售仓库

零售仓库的特点是保管短期商品。主要为商业零售业作短期保存商品,以供商店零售。它的职能是把从批发部门采购的商品入库,进行检查、分类、分级、更换包装等。这类仓库一般归零售行业所有,规模较小。

4. 储备仓库

这类仓库一般由国家设置,主要职能是保管国家的战略物资。货物在仓库中的保管时间一般较长,而且保管的物资为了保证质量,需要定期进行更换。

5. 中转仓库

中转仓库的特征是设置在货物运输的枢纽地,负责保管在运输过程中需要临时保管和需要加工的货物。这类仓库一般设置在铁路货运站、公路场站及水运的港口附近。

6. 加工仓库

加工仓库是商品保管和加工相结合的流通仓库。主要职能是根据市场需要,对商品进行选择、分类、整理、更换、包装等流通加工。目前,具有加工功能的仓库是物流企业仓储服务的发展趋势。

7. 保税仓库

保税仓库是指为了适应国际贸易发展的需要,设置在一国国土上,但在海关关境以外的仓库。外国的货物可以免税进出这类仓库,而不需要办理海关申报手续。并且,经批准后可在保税仓库内对货物进行加工、存储等业务。这类仓库一般设在保税区内。

(二) 按照储存物资的不同保管条件分类

1. 普通仓库

普通仓库指储存一些在保管上没有特殊要求的物资的仓库。

2. 保温仓库

保温仓库指仓库里设有采暖设备,能使库房保持一定温度的仓库。

3. 恒温仓库

恒温仓库指能使库房保持一定温度和湿度的仓库。

4. 冷藏仓库

冷藏仓库指库房内能保持一定低温的仓库。

5. 特种仓库

特种仓库指用以存放易燃、易爆、有毒、有腐蚀性等一些对人体或建筑物有一定危害的物资的仓库。

（三）按库场的构造分类

1．平库

仓库的设施结构是普通的平房。

2．楼库

仓库的建筑结构是多层建筑。

3．地下仓库

建在地下的保管设施。例如，加油站的油库。

4．水面仓库

水面仓库是利用港湾或河川等，在水面周围建堤或其他作业物将其围起来，用于存放木材等需要在水面上保存的货物仓库。

5．斜坡道仓库

在多层仓库层间设置升降坡道的仓库。

6．筒仓

保管散粒谷物、粉粒状固体的仓库。

7．高层仓库等

仓库的建筑是单层设施，层高较高。例如，自动化立体库。

（四）按建筑材料分类

1．钢筋混凝土仓库

仓库的主体结构的建筑材料是钢筋混凝土结构。

2．钢架建筑仓库

该仓库的主体架构是由钢架构成。

3．木制建筑仓库

该仓库的主体结构是由木材构筑。

4．砖石仓库等

此类仓库的主体结构由砖石材料构筑。

（五）按所处位置分类

1．码头仓库

码头仓库指位于港口、机场等空港设施内，作为衔接不同运输方式的节点。

2．内陆仓库

内陆仓库指位于内陆，作为区域服务设施。

3．车站仓库

车站仓库指位于车站设施附近，作为货运节点使用。

4．城市仓库

城市仓库指位于城市中，服务于城市的生产生活。

5．工厂仓库

工厂仓库指位于工厂范围内，主要服务于企业的生产活动。

（六）按仓库的管理体制分类

1．自用仓库

这类仓库只为企业自己使用，不对外部开放。仓库由企业自己管理，随着市场经济的发展，有许多仓库逐渐向社会开放使用。

2. 公共仓库

这是一种专门从事仓储经营管理的，面向社会开放，在物流中属于第三方物流仓库。例如，大型仓储中心、配送中心就大多属于公共仓库。

（七）按仓库的功能分类

1. 储存仓库

这类仓库主要对货物进行保管，以解决生产和消费的不均衡，如季节生产的大米储存到第二年销售。常年生产的化肥，要想在农业需要时供应，只有通过仓储来解决。

2. 流通仓库

这类仓库除具有保管功能之外，还能进行流通加工、装配、简单加工、包装、理货及配送等功能，具有周转快、时间性强等特点，是联接生产和消费的重要的环节。多为流通企业所有和管理。

3. 配送中心仓库

配送中心仓库是作为向市场或消费者配送商品的仓库，配送中心的仓库往往具有存货品种众多、存货量较少等特点。

四、物流储存的目标

1. 空间的最大化使用

因为空间成本是仓储设施成本的主要构成部分，空间的最大化利用，就可以降低设施成本，提高仓库的运作效率。

2. 劳动力及设备的有效使用

因为仓库服务要消耗人力和物力资源，这二者构成仓库运营成本的主要构成部分，劳动力和设备的有效使用，就可以降低仓储消耗，降低仓库运营成本。

3. 所有品项都能随时准备存取

因为储存增加商品的时间价值，因此若能做到一旦有需求时货品马上变得有用，那么这个储存系统才算是一个有计划的储位系统及良好的库房布置。

4. 货品的有效移动

在储区内进行的大部分活动是货品的搬运，需要大量的人力及设备来进行物品的搬进与搬出，因此人力与机械设备操作应达到经济和安全的程度。

5. 货品良好的保护

因为储存的目的即在保存货品直到被要求出货的时刻，所以在储存时必须保持在良好条件下。

6. 良好的管理

明亮的通道、干净的地板、适当且有次序的储存及安全的运行，将使得工作变得有效率及促使工作士气（生产力）的提高。

五、物流储存的原则和任务

（一）储存的原则

储存管理的基本原则是：保证质量、注重效率、确保安全、讲求经济。具体来讲，主要包括以下几条。

1. 先进先出原则

在仓库保管中，先进先出是一项非常重要的原则，尤其是时间性强的商品，如果不以先进先出的原则进行处理,会造成商品过期或变质的情况出现,影响企业的经济效益。

2. 零数先出原则

仓储过程中,会有拆箱零星配送出货的情况出现。因此,在出货时,应考虑以零星或者已经拆箱的商品优先出货。

3. 重下轻上原则

在存储安排上,如果是多层楼房,应考虑将较重的商品存放在楼下,较轻的商品存放在楼上;如果是使用料架堆叠,应考虑较重的商品放在下层容易进出的地方,较轻的商品则应该存放在上层的位置。采用重下轻上原则,才能避免较轻的商品被较重的商品压坏,同时可以提高仓库作业效率。

4. 特性相同的商品存放在一起原则

在仓库保管中,往往会有许多种类的商品存放在一起,由于每种商品的特性不一样,有时会产生变质的情况。如香水等会散发气味,茶叶等会吸收气味,若把散发气味和吸收气味的商品存放在一起,则会使商品的质量产生变化。因此在仓库保管中,一定要特别注意此项原则。

(二)物流储存的任务

储存的基本任务是存储保管、存期控制、数量管理、质量维护;同时,利用物资在仓库的存放,开发和开展多种服务是提高仓储附加值、促进物资流通、提高社会资源效益的有效手段。储存在社会生产生活中的任务主要有以下几个:

1. 物资存储

存储是指在特定的场所,将物品收存并进行妥善的保管,确保被存储的物品不受损害。存储是仓储的最基本任务,是仓储产生的根本原因。因为有了产品剩余,需要将剩余产品收存,就形成了仓储。存储的对象必须是有价值的产品,存储要在特定的场地进行,存储必须将存储物移到存储地进行;存储的目的是确保存储物的价值不受损害,保管人有绝对的义务妥善保管好存储物;存储物始终属于存货人所有,存货人有权控制存储物。

物资的存储有可能是长期的存储,也可能短时间的临时存储,进行物资存储既是仓储活动的特征,也是仓储的最基本的任务。

2. 流通调控

仓储的时间既可以长期进行也可短期开展,存货期的控制自然就形成了对流通的控制;或者说由于流通的需要,决定了商品是存储还是流通。这也就是仓储的“蓄水池”功能,当交易不利时,将商品储存,等待有利的交易机会。流通控制的任务就是对物资是仓储还是流通作出安排,确定储存时机、计划存放时间,当然还包括储存地点的选择。

3. 数量管理

仓储的数量管理包括两个方面:一方面为存货人交付保管的商品的数量和提取商品的数量必须一致;另一方面为保管人可以按照存货人的要求分批收货和分批出货,对储存的货物进行数量控制,配合物流管理的有效实施,同时向存货人提供存货数量的信息服务,以便客户控制存货。

4. 质量管理

根据收货时的仓储物的质量交还仓储物是保管人的基本义务。为了保证仓储物的质量不发生变化,保管人需要采取先进的技术、合理的保管措施,妥善地保管仓储物。仓储物发生危险时,保管人不仅要及时通知存货人,还要及时采取有效措施减小损失。

5. 交易中介

仓储经营人利用大量存放在仓库的有形资产，利用与物资使用部门广泛的业务联系，开展现货交易中介具有较为便利的条件，同时也有利于加速仓储物的周转和吸引仓储。仓储经营人利用仓储物开展物资交易不仅会给仓储经营人带来收益，还能利用社会资源，加快社会资金周转。交易功能的开发是仓储经营发展的重要方向。

6. 流通加工

加工本是生产环节，但是随着满足消费多样化、个性化，商品生产变化快的特点，同时为了严格控制物流成本的需要，生产企业将产品的定型、分装、组装等工序留到最接近销售的仓储环节进行，使得仓储成为流通加工的重要环节。

7. 配送

设置在生产和消费集中地区附近的从事生产原材料、零部件或商品的仓储，对生产车间和销售点的配送成为基本的业务，根据生产的进度和销售的需要由仓库不间断地、小批量地将仓储物送到生产线和零售商店、或收货人手上。仓储配送业务的发展，有利于生产企业降低存货，减少固定资金投入，实现准时制生产；商店减少存货，降低流动资金使用量。

8. 配载

对于大多数运输转换仓储都具有配载的任务。货物在仓库集中集货，按照运输的方向进行分类仓储，当运输工具到达时出库装运。而在配送中心就是在不断地对运输车辆进行配载，确保配送的及时进行和运输工具的充分利用。

第二节　物流储存管理方法

一、ABC 分类法

许多企业经常唯恐无法满足客户需求而保留了大量存货，导致许多不必要的成本浪费，以至于经营不善。因而存货的重点管理观念兴起“对销售总值高的少数产品，作完整地记录、分析，施以较严格的存货管制；而对销售总值低的多类产品，作定期例行的检查控制即可”。针对企业本身的需求，存货重点管理可采取“20－80”法则或 ABC 分类法，实际上此两法异曲同工。

“20－80”法则是指企业20%的产品占了销售额的80%。因此，只要对此少量而重要的存货施以重点管理，便能使存货管理达到完善的境界。

“ABC 分类法”又称存货重点管理法，是将所有存货项目归为 ABC 三类：A 类是指存货品项少，但销售金额相当大，即所谓重要的少数。C 类是指存货品项相当多，但销售金额却很少，即所谓不重要的大多数。B 类是指介于 A 类与 C 类之间，存货品项与销售金额大致上占有相当的比率。

ABC 分类法提供一套很有效的管理工具。将所有存货品项归为 ABC 三类之后，可以求出 ABC 三类存货品项数与金额的相互关系，然后对 ABC 三类存货作不同程度的管理。典型的 ABC 分析中 ABC 三类存货间的关系是：A 类存货品项只占 20%，价值却占 70%，B 类存货品项占 30%，价值占 20%，C 类存货品项占 50%，价值只占 10%。

有关 ABC 分类存货的管理方式，大致可采取如下的不同策略：

1. A 类货品的管理策略

(1) 每件产品都作编号。

(2) 尽可能慎重正确地预测需求量。

(3) 少量采购,尽可能在不影响需求下减少存量。

(4) 请出货对象合作,达到使出库量平稳的目的,以降低需求变动,减少安全存量。

(5) 与供应商协调,尽可能缩短前置时间。

(6) 采用定期订货的方式,对其存货必须作定期的检查。

(7) 须严格执行盘点,每天或每周盘点一次,以提高库存精确度。

(8) 对交货期限需加强控制,在制品及发货亦须从严控制。

(9) 货品放置于易于出入库的位置。

(10) 实施货品包装外形标准化,增加出入库单位。

(11) 采购需经高层主管核准。

2. B 类货品

(1) 采用定量订货方式,但对前置时间较长,或需求量有季节性变动趋势的货品宜采用定期订货方式。

(2) 每 2 周 ~3 周盘点一次。

(3) 中量采购

(4) 采购需经中级主管核准。

3. C 类货品

(1) 采用"双仓法"或定量订货方式以求节省手续。

(2) 大量采购,以利于在价格上获得优惠。

(3) 简化库存管理手段,减少或废止此类货品的管理人员,并尽量废除料账、出库单及订购单等单据,以最简单的方式管理。

(4) 安全库存量需较大,以免发生存货短缺事项。

(5) 可交由现场保管使用。

(6) 每月盘点一次即可。

(7) 采购仅需基层主管核准。

二、CVA 管理法

有些公司发现,ABC 分类法并不令人满意,因为 C 类物资往往得不到应有的重视。例如,经销鞋的企业会把鞋带列入 C 类物资,但是如果鞋带短缺将会严重影响到鞋的销售。一家汽车制造厂商会把螺丝列入 C 类物资,但缺少一个螺丝往往会导致整个生产链的停工。因此有些企业采用关键因素分析法,即 Critical Value Analysis 简写 CVA。

CVA 的基本思想是把存货按照其关键性分为 3 类 ~5 类。

(1) 最高优先级。这是经营的关键性物资,不允许缺货。

(2) 较高优先级。这是指经营活动小的基础物资,但允许偶尔缺货。

(3) 中等优先级。这多属于比较重要的物资,允许合理范围内缺货。

(4) 较低优先级。经营中需用这些物资,但可替代性高,允许缺货。

CVA 管理法比起 ABC 分类法来有着更强的目的性。在使用中要注意,人们往往倾向于制定高的优先级,结果高优先级的物资种类很多,最终哪种物资也得不到应有的重视。CVA 管理法和 ABC 分类法结合使用,可以达到分清主次、抓住关键环节的目的。在对成千上万种物资进行优先级分类时,也不得不借用 ABC 分类法进行归类。

三、“四号定位”法

在品种、数量很多和进出库频繁的仓库里,保管人员必须正确掌握每种货物的存放位置。货位编号就是根据不同库房条件、货物类别、作出统一编号,以便“标志明显易找,编排循规有序”。

1. 货场货位编号

货场货位编号一般有两种方法。一种是按照货位的排列、编成排号、再在排号内顺序编号。第二种是不编排号,只采取从左至右和自前至后的方法,顺序编号。

2. 货架货位编号

货架货位编号的方法有三种。第一种是以排为单位的货架货位编号。这种编号方法是将库房内所有的货架,以进入库门方向、“左单右双”安排编号,继而对每排货架的层和格,在排的范围内自下而上,自前至后顺序编号。第二种是以品种为单位的货架编号。这种编号方法是将库房内的货架,以货物的品种划分储存区域后,再以品种占用储存区域的大小,在分区编号后进行货格编号。第三种是以货物编号代替货架货位编号。这种编号方法在编号时,要掌握货架货格的大小、多少、与存放货物的数量。例如,某类货物编号从 10101 号至 10109 号,储存货格的一个可放 10 个编号的货物,则在货架货格上制作 10101 - 10 的编号,并依此类推。

3. 四号定位

四号定位是将库房、货架、层数、货位号等四者按规律编号,并和账面统一起来的规划方法。这样的编号方法,使账面与实物保持一致性,见物知账、见账知物。四号定位用在货场上、料棚中,可用货区号、点号、排号、位号定位。

四、“五五化”堆码法

(一) 物资堆垛技术

由于物资性质的不同,外形多种多样,因此,堆码时就形成了各种不同的垛形。下面将介绍几种最常见的堆码方法。

1. 重叠式堆码

逐件逐层地向上重叠码高,特点是货垛各层的排列方法一致。尤其适用于钢板、箱装材料等质地坚硬、占地面积较大而又不会倒塌的物资。在堆码时可逢 5 或逢 10 略行交错;便于记数。

2. 纵横交错式

对于狭长且长短规格一致的物资或其包装箱体,将上一层物资横放在下一层物资上面,纵横交错地上码,形成方形垛。

3. 仰俯相间式

一层仰放、一层俯放,仰俯相间、相扣,使堆垛稳固,也可俯放几层再仰放一层或仰俯相间成组。

4. 衬垫式

在每层或每隔两层物资之间夹进衬垫物(如木板),使货垛的横断面平整,物资间互相牵制,增强了货垛的稳定性。此方法适于四方整齐的裸装物资。

5. 串连式

利用物资之间的管道或孔,用绳子或其他工具按一定数量串连起来,再逐层上码。

6. 栽柱式

在货垛的两旁,各栽置两至三根木柱或钢棒,然后将材料平铺柱中。每层或隔几层在两个相对应的柱子上用铁丝拉紧,以防倒塌。

7. 压缝式

将垛底排列成正方形、长方形或环形,然后沿脊背压缝上码。由方形或长方形垛底形成的垛,其断面成屋脊形;由环形垛底形成的垛,断面呈圆柱形。

除上述介绍的码垛类型外,还有许多其他的垛形。如鱼鳞式,适用于圆圈形物资;通风式,码成的货垛中间含有空隙,有利于通风,木材常使用这种堆垛方法。

(二)"五五化"堆垛方法

在物资堆码作业中,常常运用"五五化"方法。所谓"五五化",即是以五为基本计算单位,根据物资的不同形状,码成各种码形,其总数均是5的倍数。"五五化"只提出了数量的控制,并没有垛形的限制。凡适合"五五化"的垛形均可考虑采用。

第三节 物流储存管理的作业流程

仓库保管作业过程是从仓库接受仓储任务开始,仓储企业在库场准备、接受货物、堆存、保管、直到交付货物的整个过程中要处理的工作。仓库作业过程包括装卸、搬运、堆码等劳动作业,同时也包括货位安排、理货检验、保管、记账、统计等管理作业,以及收货、交货、货损处理等商务作业。

一、入库作业

(一)入库准备

仓库应根据仓储合同或者入库单、入库计划,及时进行库场准备,以保证货物可以按时入库,保证入库过程顺利进行。仓库的入库准备的主要工作如下:

1. 熟悉入库货物

仓库业务及管理人员应认真查阅入库货物资料,必要时向存货人询问,掌握入库货物的品种、规格、数量、包装、单件货物的重量及体积、到库时间、货物存期、货物的特性、保管的要求等。根据以上的资料,进行库场的准备和安排。

2. 掌握仓库库场的情况

了解仓库、堆场的库容、设备、人员的基本情况,以便安排货物的入库作业。必要时对仓库进行清查、清理,准备好库位。

3. 制定仓储计划

仓库业务部门根据货物、库场、设备、人员等情况,制定仓储计划,并将任务下达到各相应的作业单位。

4. 库场妥善安排货位

仓库部门根据入库货物的性能、数量、种类,结合仓库分区、分类保管的要求,核算货位的大小,根据合理使用货位的原则,妥善安排货位、验收场地、确定堆垛方法等准备工作。

5. 做好货位准备

仓库保管作业人员要及时进行货位准备,彻底清洁货位,必要时安排消毒除虫、铺地等准备工作。详细检查照明、通风等设备,发现损坏时及时通知修理部门进行维修。

6. 准备苫、垫材料、作业工具

在货物入库前，根据所确定的苫垫方案，准备相应的材料，并组织衬垫铺设作业。对作业所用的工具准备妥当，以保证能及时使用。

7. 验收准备

仓库理货人员根据货物情况和仓库管理制度，确定验收方法。准备验收所必需的点数、称量、调试、开箱装箱、照明等工具。

8. 装卸搬运工艺的计划制定

根据货物、货位、设备、人员等条件，合理安排装卸搬运工艺，保证入库作业的效率。

9. 文件单证的准备

准备好货物入库所必需的各种单证。如入库记录单、理货检验单、仓单、料卡等。

仓库可根据货物、业务操作的不同情况，做好不同的入库准备工作。

（二）货物入库的验收

入库货物的验收包括数量验收和质量验收，质量验收又包括外观质量和内在质量验收。货物数量验收是指对入库货物件数、毛重、净重、体积等进行验收；质量验收是指对货物的外表及内在质量方面进行判定，是否存在质量问题。一般情况下，仓储企业对入库货物仅对货物的品种、规格、数量、外包装状况进行验收，无需开箱、拆捆就可以直观可辨地进行质量判定。对于合同约定的检验内容及需要配装等加工的货物，需要进行专业特性的验收时，要检验所有货物的品质和状态。

1. 货物质量验收

货物的质量检验的方法根据仓储合同约定。合同没有约定的，按照货物的特性和仓库的习惯确定。由于新产品的不断出现，不同货物具有不同的质量标准，仓库应认真研究各种检验方法，必要时要求客户、货主提供检验方法和标准，要求存货人共同参与检验。货物质量检验的主要方法有：

（1）视觉检验。在充分的照明条件下，选用视力观察货物的状态、颜色、结构等基本情况，检查有无变形、破损、变色、结块等现象，判定质量。

（2）听觉检验。通过摇动、搬运操作、轻度敲击等方法听取声音，判定质量。

（3）触觉检验。利用手接触货物，鉴定货物的光滑度、细度等，判定质量。

（4）嗅觉、味觉检验。通过货物所特有的气味、味道的测定，判定质量。

（5）测试仪器检验。利用各种专业测试仪器对货物性质进行判定。如含水量、密度、成分、光谱等。

（6）运行分析。对货物进行运行操作判定质量。如电器、车辆等。

2. 数量的验收

入库货物的数量验收是指对入库货物的数量进行计数，判定是否与仓储合同一致。对于有包装的货物进行件数的计数，并且对每件货物进行重量检验，如果是大批量同类型的货物可采用抽查的方法；对于无包装的货物进行重量计数。

在进行入库货物数量验收时应注意如下事项：

（1）计重货物一律按实际重量验收，即货主按重量交货的，仓库要按重量验收，带包装的计重货物可抽检5%～15%。

（2）计件货物要全部点清件数，同时抽检5%～15%记录毛重。对于成套交货的机电设备必须清点主体、部件、零件、附件及工具是否完备。

(3) 贵重金属材料100%进行净重验收。

(4) 对于小件或大量的散装货物,若规格相同,可以采用“检斤计数”的方法进行数量的验收。

(5) 用其他方法计量验收的货物,按国家有关规定验收,如木材按立方米验收。

(6) 计重货物的重量误差允许的范围:黑色金属为2‰、有色金属为1‰、生铁为5‰、贵重金属不应有误差。

(三) 货物的入库交接

入库货物经过数量和质量验收后,仓库收货人员可根据情况决定是否收货,对于满足收货要求的,可安排货物入库,与交货人员进行货物的入库交接手续;对于不满足收货要求的应在交接单上注明原因,并拒收货物。

1. 交接手续

交接手续是指仓库对收到的货物向送货人的确认,表示已接受货物。办理交接手续,意味着划清了运输、送货部门和仓库的责任。完整的交接手续包括:

(1) 接受货物。仓库通过理货、查验货物,将不良货物剔除、退回或者编制残损单证等明确责任,确定收到货物的确切数量、货物表面状态良好。

(2) 接收文件。接收送货人送交的货物资料、运输的货运记录,以及随货的运输单证上注明的相关文件,如图纸、准运证等。

(3) 签署单证。仓库与送货人或承运人共同在送货人交来的送货单、交接清单上签署,并留存相应的单证。提供相应的入库、查验、理货、残损单证,事故报告由送货人或承运人签署。同时,为货主缮制相应的货物入库的证明,如仓单等。

2. 记账、建档

货物入库后,仓库应建立详细反映货物仓储的明细账,记录货物进库、出库、结存的详细情况,记录库存货物的动态和出入库的过程。

记账的主要内容包括货物的名称、规格、数量、件数、累计数或结存数、存货人和提货人、批次、金额等,并注明货位号及运输工具、接(发)货经办人等。

货物入库或上架后,应为货物建立档案,可以采用手工的货卡式管理,或者采用计算机进行管理,将货物的在库信息记录完整,以便查找货物、管理货物等操作,也可为将来发生争议时保留证据。同时有助于总结和积累仓库保管经验,研究仓储管理的规律。

存货档案应一货一档设置,将该货物入库、保管、交付的相应单证、报表、记录、作业安排、资料等原件或者附件、复制件存档。存货档案应统一编号,妥善保管,长期保存。

存货档案的主要内容有:

(1) 货物的各种技术资料、合格证、装箱单、质量标准、送货单、发货清单等。

(2) 货物运输单据、货运记录、残损记录、装载图等。

(3) 入库通知单、验收记录、技术报告等。

(4) 保管期间的检查、保养作业、通风除湿、事故等直接操作记录,存货期间的温度、湿度、特殊天气的记录等。

(5) 出库凭证、交接单检查报告等。

(6) 回收的仓单、货垛牌、仓储合同、存货计划、收费存根等。

(7) 其他有关该货物仓储保管的特别文件和报告记录。

二、在库作业

货物入库后，出库前处于保管阶段。是仓储活动的主要内容之一，是仓库管理工作的中心环节。仓库必须根据货物的特性，结合仓库的具体条件，采取科学方法对货物进行养护，防止货物质量变化及数量损耗。商品保管保养还因为库存货物的复杂性，如来源复杂、运输条件复杂等。入库前的验收只能判断货物当时的状况，而不能排除货物潜伏的其他危害其品质的因素。货物入库后，如果保管不当，或不能及时发现，尽早采取预防措施，就不能保证仓储任务的完成。

保管的主要任务之一是提供适宜的保管环境，不同种类的货物要用不同的保管环境与保管条件，仓库必须为货物提供适宜的保管环境和条件；保管的另一项任务就是要采取相应的、行之有效的措施和方法，并防止各种有害因素的影响。例如仓库的温度控制、湿度控制、防虫、防霉、金属防锈等。

仓库必须高度重视货物保管工作，以制度化规范化的方式确定保管工作的责任，针对不同货物的特性制定保管方法和程序，充分利用现有的科学技术手段开展货物的保管、维护。

（一）仓储保管养护的主要措施

1. 严格验收入库货物

在验收阶段把好质量的第一关。在验收阶段将货物拒绝于仓库之外，是保证保管质量的关键。

2. 安排适宜的货位

做好分区、分类工作，根据货物的特性及要求，合理安排货物存入的货位，这里要注意同一仓库内的货物的性质不能相抵触。

3. 妥善进行堆码和苫垫

为维护货物的质量，应根据货物性能、包装、设备、存储场地及天气条件，妥善安排堆码和苫垫。

4. 认真控制仓库的温度和湿度

仓储货物有很大部分对温度和湿度有一定的要求，不适宜的温度和湿度会引起货物发热、霉变、生锈、干缩，甚至引起自燃和爆炸。仓库保管人员要根据货物的特性，控制好库房的温度和湿度，并对仓库的温度和湿度进行定期的监测。采取的有效措施有：通风、密封、吸潮、洒水、加温、降温等措施。

5. 保持仓库的清洁卫生

仓库的清洁卫生是有利于消除发生质量变化的有效方法，仓库卫生条件好，就可以避免或减少霉变、虫害等灾害的发生。发现虫害时及时杀虫，发生霉变时及时处理，减少其自身以及对其他货物造成的损害。

6. 做好货物在库的质量检查

通过定期和不定期检查，可及时发现货物在保管过程中的质量变化情况，并采取相应的处理措施。质量检查的方法可以结合发货、开箱、拆垛等作业同时进行，也可以结合盘点对账作定期检查，还可以在货物质量可能产生较大影响的天气出现时临时检查。要求仓库保管人员对库存货物的特性有一定的了解，在检查后应做好记录，发现问题时及时处理。

7. 健全仓库货物养护组织及制度

建立养护组织和制度，才能保证以上措施的落实和操作的顺利进行。

（二）盘点作业

货物储存一段时间后，由于操作不当，如库存资料记录不确实、数量清点有误或盘点出错都会产生料账不符的错误。为了计算企业的损益，评价货品管理的绩效，就需要进行盘点作业。

1. 盘点作业的步骤

1）盘点前的准备

准备工作内容如下：明确建立盘点的程序方法；配合会计决算进行盘点；培训盘点、复盘、监盘人员；让受训人员熟悉盘点用的表单；印制盘点用的表格；结清库存资料。

2）确定盘点时间

确定盘点时间的时候，既要防止过久盘点对公司造成的损失，又要考虑配送中心资源有限的情况，最好能根据配送中心各货品的性质制定不同的盘点时间，如：A 类主要货品每天或每周盘点一次；B 类货品每两三周盘点一次；C 类较不重要货品每月盘点一次即可。盘点日期一般会选择在财务决算前夕和营业淡季进行。

3）确定盘点方法

因盘点场合、需求的不同，盘点的方法也有差异，为满足不同情况的需要，所决定的盘点方法要对盘点有利，不至于在盘点时混淆。

4）分组、培训盘点人员

人员的培训分为两部分。一是针对所有人员进行盘点方法训练，让人员了解盘点目的、表格。二是针对复盘与监盘人员进行认货品的训练。

5）清理储存场地

具体工作包括：对厂商在盘点前送来的货物，必须明确其数目；储存场所在关闭前应通知各部门预领货品；整理储存场地，预先鉴定呆料、废品、不良品；整理、结清账卡、单据、资料，进行自行预盘，以便提早发现问题并加以预防。

6）盘点作业

在盘点时，加强指导与监督。

7）差异因素追查

盘点结束后，发现所得数据与账簿资料不符时，应追查差异的主因。可能出现的原因有：

（1）由于记账员素质不高，使货品数目记录不准确。

（2）由于料账处理制度有缺陷，导致货品数目不准确。

（3）由于盘点制度的缺点导致货账不符。

（4）盘点所得的数据与账簿的资料所产生的差异不在容许误差范围内。

（5）盘点人员不尽责。

（6）产生漏盘、重盘、错盘等情况。

8）盘盈、盘亏的处理

货品除了盘点时产生数量的盈亏外，有些货品在价格上也会产生增减，所以在经主管审核后，用货品盘点盈亏及价格增减更正表以及货品盘点数量盈亏价格增减更正表来调整。

2. 盘点的种类与方法

盘点分为账面盘点及现货盘点。账面盘点又称为永续盘点，就是把每天入库及出库货品的数量及单价，记录在计算机或账簿上，然后不断地累计加总算出账面上的库存量及库存金额。现货盘点又称为实盘，也就是实际去点数调查仓库内的库存数，再依货品单价计算出实际库存金额的方法。要得到最正确的库存情况并确保盘点无误，最直接的方法就是确定账面盘点与现货盘点的结果要完全一致。现货盘点依其盘点时间频度的不同又分为期末盘点及循环盘点。期末盘点是指在期末一起清点所有货品数量的方法,而循环盘点则是在每天、每周即作少种少量的盘点,到了月末或期末则每项货品至少完成一次盘点的方法。

3. 盘点结果评估

可以通过六项指标来考察库存管理中存在的问题:

(1) 盘点数量误差 = 实际库存数 - 账面库存数;

(2) 盘点数量误差率 = 盘点数量误差 ÷ 实际库存数 × 100%;

(3) 盘点品项误差率 = 盘点误差品项数 ÷ 盘点实施品项数 × 100%;

(4) 平均每件盘差品金额 = 盘差误差金额 ÷ 盘差误差品项数;

(5) 盘差次数比率 = 盘点误差次数 ÷ 盘点执行次数 × 100%;

(6) 平均每品项盘差次数率 = 盘差次数 ÷ 盘差品项数 × 100%;

三、出库作业

货物出库作业是货物储存阶段的终止,也是仓库作业的最后一个环节,仓储企业必须建立严格的出库作业程序,完成好货物的出库作业,这对仓储企业降低仓储成本、提高仓储的经济效益具有重大的意义。

货物的出库业务是指仓库根据业务部门或存货单位出具的货物出库凭证,组织货物出库的一系列工作的总称。出库作业的主要任务是:准确、及时、保质、保量地将货物发给收货单位。

(一) 货物出库的形式

1. 送货

仓库根据货主单位的“货物调拨通知单”,通过发货作业,把应发送的货物交由运输部门送达收货单位。

2. 自提

由收货人或其代理人持“货物调拨通知单”直接到仓库提取货物,仓库凭单发货。

3. 过户

过户是一种就地划拨的形式,货物虽未出库,但是所有权已从原存货人转移到新的存货人。仓库必须根据原存货单位开出的正式过户凭证,才能办理过户手续。

4. 取样

货主出于对货物质量检验、样品陈列等需要,到仓库提取货样(一般都要开箱、拆包、分割)。仓库也必须根据正式取样凭证才能发放样品,并做好账务记载。

5. 转仓

货主单位为了业务方便或改变储存条件,需要将某些库存货物自甲仓库转到乙仓库,这就是转仓的发货形式。仓库必须根据货主单位开具的正式转仓单据,予以办理转仓手续。

(二) 货物出库作业程序

不同仓库在货物出库存的操作程序上会有所不同,操作人员的分工也有粗放型和细致型之分,但就整个发货作业的过程而言,一般是跟随货物在库内的流向,或跟随操作工序的流转而构成各工种的衔接。出库程序包括核单备料、复核、包装、点交、记账、清理等过程。

1. 核单备料

发放货物必须有正式的出库凭证,严禁无单或白条发货。保管人员接到出库凭证后,应仔细核对,这就是出库业务的核单工作。首先要审核出库凭证的合法性和真实性;其次核对货物品名、型号、规格、单价、数量、收货单位、到站、银行账号等;第三要审核出库凭证的有效期等。如属于自提货物,还应检查有无财务部门准许发货的签章。

仓库在接到提货通知时,应及时进行备货工作,以保证提货人可以按时完整地提取货物。一般是在对“货物调拨通知单”所列项目进行核查之后,才能开始备货工作。出库货物应附有质量证明书或抄件、磅码单、装箱单等,机电设备等配套产品其说明书及合格证书应随货同到。备货时应本着“先进先出、易霉易坏先出、接近失效期先出”的原则,根据将要提取的货物的数量,准备相应的货物。备货后要及时变动料卡余额数量,填写实发数量和日期等。

2. 复核

为防止出差错,备货后应立即进行复核。出库的复核形式主要有专门复核、交叉复核和环环复核三种。除此之外,在发货作业的各个环节上,都贯穿着复核工作。例如,理货员核对单货,守护员凭票放行,账务员核对账单等。这些分散的复核形式起到分头把关的作用,都对提高仓库发货业务的工作质量有很大的帮助。复核的主要内容包括:品种数量是否准确、货物质量是否完好、配套是否齐全、技术证件是否齐备、外观质量和包装是否完好等。复核后保管人员和复核员应在“货物调拨通知单”上签名。

3. 包装

出库的货物如果没有符合运输方式所要求的包装,应进行包装。根据货物外形特点,选用适宜的包装材料,其重量和尺寸应便于装卸和搬运。出库货物的包装要求干燥、牢固,如有破损、潮湿、捆扎松散等不能保障货物在运输途中安全的,应负责加固整理,做到破箱不出门。此外,各种包装容器如果外包装上有水湿、油迹、污损,均不许出库,严禁互相抵触的货物混合包装,包装后,要写明收货单位、到站、发货号、本批货物的总件数、发货单位等。为方便作业,对于零星货物进行组合配装,应使用大型容器收集或者推装在托盘上,以免提货时遗漏。最后,将备好的货物预先搬运到备货区,以便能及时装运。

4. 交接

在提货时,仓库应核实提货人办理的收费等单证,确定提货人已办理完仓库提货手续。认真核对提货人的身份,避免错交,并收回提货凭证。

提货人到仓库提货,仓库应会同提货人共同查验货物,逐件清点,或者验斤查重,检验货物的状态。在货物装运前,要对来库的车辆进行检查,确认车辆符合装车作业的条件,并对车辆不利于装运情况进行记载或要求车方处理妥当。

由仓库负责装车的,装车前应对车辆进行清扫及必要的铺垫,督促装车人员妥善装车,装车完毕后,进行合适的绑扎固定。由提货人自理装车的,对装车作业进行监督,确认作业有无损害货物。

装车完毕后,会同提货人签署出库单证、运输单证,收留留存单证,交付随货单证和资料,办理货物交接,按照一车一证的方式向车辆签发出门证,以便门卫查验放行。

5. 登账

货物出库交接完毕后,保管员在出库单上填写实发数量、发货日期等内容,交签名,并交给仓库的商务或财务部门记录登账。

6. 现场和档案的整理

现场清理包括清理库存商品、库房、场地、设备和工具等。档案清理是指对收发、保养、盈亏数量和货位安排等情况进行分析整理。

在整个出库业务程序过程中,复核和交接是两个最为关键的环节。复核是防止差错的重要和必不可少的措施，而交接则是划清仓库和提货方两者责任的必要手段。

➤ 基本技能训练

◉ 自我测试

（一）填空题

1. 仓储业务流程作业环节为（　　）、（　　）和（　　）。

2. 物品储存规划的方法是（　　）、（　　）和（　　）。

3.（　　）是将自有仓库和公共仓库两方面的优势有机地结合在一起，其使用成本低于租赁公共仓库或拥有自有仓库的成本。

（二）单向选择题

1.（　　）是使用公共仓储的最大优点。

A　节省资金投入　　B　缓解存储压力

C　减少投资风险　　D　具有较高的柔性化水平

2. 统一分类、统一计量、统一品名和（　　）是仓库管理的基础工作。

A　统一编号　　B　统一管理　　C　统一人员　　D　统一设备

3. 在制定仓库积载计划时，首先要确定（　　）。

A　物品储存期　　B　储存物特征

C　储存物流量　　D　储存物体积与重量

4.（　　）是B类物资管理策略。

A　每月盘点一次　　B　每二三周盘点一次

C　大量采购　　D　少量采购

5.（　　）不是计算盘点差错率的指标。

A　盘点品项误差率　　B　盘差损失率

C　平均每件盘差品金额　　D　盘差次数比率

◉ 模拟职业岗位能力训练

某企业全部库存品共计3424种，统计如下表，按每一品种年度销售额从大到小顺序排成如下表所列的七档，统计每档的品种数和销售金额用ABC分析法确定分类，并给出A类库存物品的管理方法。

每种商品年销售额 x	品种数	销售额
$x>6$	260	5800
$5<x\leq6$	68	500
$4<x\leq5$	55	250
$3<x\leq4$	95	340
$2<x\leq3$	170	420
$1<x\leq2$	352	410
$x\leq1$	2424	670

◉ 应用案例分析

让库存无限接近零
——黄色小鸭:扁平化库存解决方案

上海万源路上的黄色小鸭公司(以下简称黄色小鸭)里,专门腾出了一个100平方米的房间作产品展示,里面陈列着公司1000多种系列商品。从奶瓶的材质,到婴儿用指甲钳的设计以及各种婴童服装的款式,黄色小鸭副总经理詹志明如数家珍。

黄色小鸭是国内婴童服装用品行业一个排名靠前的品牌,来自中国台湾地区,如今已经在大陆拥有20处办事机构以及近200家门店。虽然规模不是很大,但这只“小麻雀”却拥有完整的“五脏”,从原料的采购加工到商品的行销,传统供应链的冗长环节它一个不落。

但就是因为行业的特殊性也给来自中国台湾地区的黄色小鸭带来了很多管理难题:“我们在婴童服装用品行业经营的产品包含服装及日常用品,管理上有其独特性。”詹志明告诉《中国经营报》记者,在分销环节,婴童服装按品牌、季节、颜色、尺码、材质、系列及款式实行多维度管理,并且各维度分组管理。例如,黄色小鸭的颜色组中的黄色就包含中黄、暗黄、鹅黄、浅黄、芒果黄等10多种;尺码组也有童装、内衣、棉品、配饰、成人服等,每个维度都有几十种到上百种档案资料。婴童用品品种及品项繁多,单价低但销售笔数多,对系统效能有较高要求。同时洗漱用品有保质期要求,需要在保质期前进行提醒,以便分支机构及门店提前进行促销清仓。另外,在生产环节,因生产流程复杂,涉及工序繁多,每款的加工过程也不尽相同,这些都极大地增加了企业管理的难度。

目前这家已确定明年9月回中国台湾地区上市的企业,却做到了很多同行难以做到的事情,比如“零库存”,“五日看财报”等,这不仅让黄色小鸭在对供应链的掌控上做到了精细化,也加强了企业上下游的协同,从一定程度上降低了经销商和供应商的经营风险。

上海黄色小鸭贸易有限公司咨询部副经理徐斌最近一直忙个不停。7月18日,黄色小鸭2011年春夏服装的订货会在上海召开,数百家经销商来到订货会现场订货。徐斌所在的部门要负责汇总经销商的下单,并根据采购量进行筛选,将最终的采购清单报到自己的工厂或者上游供应商处。

每年类似的订货会公司都要举办两次。在订货会前,公司的设计部需要设计出新品及“打样”,并将可供采购的商品列成产品目录供经销商选择。服装及用品只有达到起订量才投入生产或采购,达标样品自动转换成正式商品,达标的订货会订单转成正式订单。

在詹志明看来,公司一年两次订货会是用来降低库存压力的一个很重要的手段。经销商在订货前,要对前一年的销售数据进行分析,并对来年的销售业绩做出预判。这是公司“零库存”计划的第一步,即订单的准确性,确保每张订单都是消费者的有效需求。

其实在这个行业,每家上规模的企业都会有类似的订货会。但另外几家零售品牌,在订货会之前就已经确定下季度供应到各个区域的商品种类及数量,订货会的数据更多是作为公司决策的参考。这个办法的结果可能会导致大量的无效库存,实际上是将品牌的风险转移到了经销商身上。

“比方说同一款式和颜色的童装,经销商反馈的数据就显示,在我国北方区域的要货尺码一般偏大,而南方区域的尺码相对偏小,这些数据是不可能靠总部决策就能够分配的。”詹志明说。

为了最大程度地减少无效库存,黄色小鸭每次的订货会,除了邀请经销商参加外,也规定公司的各个区域主管必须参加。黄色小鸭的销售环节有两个渠道:一是在各个百货商场自营的专柜,基本上每个商品在销城市都有自己的区域主管。另一个就是大小的经销商。黄色小鸭将自己在每个区域的直营业务也当作一个独立的团队看待,与经销商一样需要搜集市场信息,并提前半年订货。

让“无效库存”变成“有效库存”。

新妈妈小张某天到百联又一城的黄色小鸭柜台购物,指定要一款婴童服装,这款服装之前在这家门店销售过,但目前该尺码的已经售罄。这时候,该门店的营业员就会通过终端 POS 机将这条购买信息上传到后台,由负责该门店的督导通过 ERP 系统查询附近几个黄色小鸭门店的库存信息,在附近的杨浦宝大祥门店找到了顾客指定款式的婴童服装,并通过同城物流送到小张手中。

类似的场景几乎在每一家黄色小鸭的门店都出现过。这种小范围的货物调转,一般是由黄色小鸭的门店督导负责,门店督导的权限范围内,能看到自己负责的 10 个门店的库存信息,并在自己的权限范围内进行货物调转。

但服装行业的不确定性在于,即使之前做过很详尽的数据分析和预测,难免还是会出现某款产品在某个区域卖得很好,而在另外一个区域都滞销的情况。在黄色小鸭的管理架构中,还分有一、五、七、九部,分别负责上海、浙江、江苏等市场。部上一级还有处,分别负责华东或西南等大区。

因此,一旦出现某款商品在上海卖得特别好,但在浙江还有很大库存的情况。该公司的处级负责人就会负责协调相关的货品调转,在权衡成本和效益后,交由常年合作的物流公司进行货品的调转。为了确保调转货品的及时性,黄色小鸭与物流公司的合同里规定了“T+3”的内容,即在三日内将货品发到。

为了减少货品在调转过程中的流程,黄色小鸭还在进行一场扁平化的管理架构调整。徐斌告诉记者:“在我的资讯部下面,原本还有科一级管理,在处和部之间,但在公司最近的管理架构调整中,这一级全部被取消,处直接对部负责。”

另如黄色小鸭上游有台凌、东凌以及其他外部供应商,台凌是黄色小鸭的主要供应商,东凌是进口商品的供应商,与黄色小鸭关联的外部供应商只负责包装物的供应。为适应婴童服装用品行业快速响应的特点,上海台凌主要负责产品的生产,黄色小鸭主要负责产品的营销,在管理运作上是独立的,分别负责两个公司的业务。在营销模式上,按照总部+办事处+直营专柜的分销零售渠道管理模式运作。

在上海徐汇区港汇广场内的黄色小鸭专卖店里,记者看到,这家门店的收款机已经安装了 3G 无线上网卡,这样可以将每一笔销售单据实时传递给总部,实现最快速的报表汇总。

分布全国的 200 多家门店,每日通过 POS 系统下载属于本门店的最新商品及价格信息、商品入库通知单、促销活动及公司的通知公告,在 POS 上完成扫描入库、扫描售货及扫描盘点,每日营业结束进行日结并上传零售日报及库存信息。而在第二天的上午 10 点,坐在黄色小鸭上海总部办公室里的詹志明,就能看到多数门店的前一天的销售及库存情况了。

“以前公司年终盘点时,总会发现少了很多货。最后公司花了很多精力去查,发现是供应链流程中的准确率不够所致,如本应入库备案的货品,直接被调转到了其他区域。”徐斌表示,对于黄色小鸭而言,之前供应链环节出现的货品差错,包括串色串码现象,都可能导致无谓的库存压力。

而如今通过减少人工环节,通过严格的审核流程减少差错率。系统中的复审功能进行严格的出货控制，通过系统中的严格入库控制保证入库的准确。特殊时期也可做到早备货早安排，库存和物流都没有什么压力。

黄色小鸭接下来还准备做的一件事情，就是将黄色小鸭的信息化系统，与上游的供应商和下游的经销商进行对接，将采购和分销纳入到公司的一个体系中。（摘自：http://www.51test.net）

问题

1. 黄色小鸭的库存管理有何特点?

2. 黄色小鸭的"零库存"是如何实现的?

➢ 信息传递

◉ 相关链接

仓储岗位及能力要求表

岗位	能力	技能要求	技能证书	相关知识
助理仓储运营经理	仓储方案设计、实施和决策	能够进行仓储作业流程规划 能够进行仓储管理决策 能够进行仓储合同管理		仓储作业流程 仓储合同知识 仓储决策知识
库存控制管理员	库存控制	能够分析库存状况 能够制订库存管理策略 能够制订库存管理计划，合理地控制库存		库存管理知识 库存计划 库存控制理论与方法
运营管理员	仓储运营管理	能够进行仓储成本分析 能够进行仓储费报价 能够制订仓储作业绩效评估指标 能够实施仓储作业绩效评估 仓储安全管理	助理物流师 高级仓库保管员	仓储成本知识 仓储费报价方法 仓储管理制度 仓储作业绩效评估知识 仓储组织 仓储安全
仓储作业员（保管员、搬运工、账务员、统计员、理货员、包装工、加工工人）	仓储作业运作和管理	能够进行入库、搬运、储存、盘点、出库及流通加工作业的操作与管理		仓储作业知识 搬运知识 包装知识 流通加工知识 单证知识、账务和档案的管理知识
仓储管理信息系统维护员	信息采集技术的使用 仓储管理信息系统使用和维护	信息的收集和整理 仓储管理信息系统的维护 仓储管理信息系统的操作		条形码、射频等信息技术的运用 仓储管理信息系统使用和维护

◉ 前沿理念

“零库存”解读

在日本丰田汽车公司，你可以看到川流不息的流水线，却难以寻觅丰田公司的仓库。因为企业的仓储量为零。在我国企业界，特别是某些大中型企业，“零库存”的营销管理正在加紧推行之中，并已取得引人瞩目的成效。把库存量控制到最佳数量，尽量少用人力、物力、财力把库存管理好，获取最大的供给保障，是很多企业追求的目标，甚至影响到企业在竞争中的地位。

零库存的提出可以解决库存管理中的部分浪费现象，零库存是一种特殊的库存概念，其对工业企业和商业企业来讲是个重要分类概念。零库存的含义是以仓库储存形式的某种或某些种物品的储存数量为“零”，即不保持库存。不以库存形式存在就可以免去仓库存货的一系列问题，如仓库建设、管理费用、存货维护、保管、装卸、搬运等费用、存货占用流动资金及库存物的老化、损失、变质等问题。库存管理是企业管理系统四大流中的物流部份，库存管理对物料进、存、出进行台账管理，也就是管理各物料供应和需求的关系，达到供需间的平衡，又要尽量压低物料的库存量，因为它会占用（积压）企业宝贵的流动资金。零库存是对某个具体企业，具体商店、车间而言，是在有充分社会储备保障前提下的一种特殊形式。

（一）零库存主要形式

1. 委托保管方式

接受用户的委托，由受托方代存代管所有权属于用户的物资，从而使用户不再保有库存，甚至可不再保有保险储备库存，从而实现零库存。受托方收取一定数量的代管费用。这种零库存形式优势在于：受委托方利用其专业的优势，可以实现较高水平和较低费用的库存管理，用户不再设仓库、同时减去了仓库及库存管理的大量事务，集中力量子生产经营。但是，这种零库存方式主要是靠库存转移实现的，并未能使库存总量降低。

2. 协作分包方式

协作分包式即美国的“sub - com”方式和日本的“下请”方式。主要是制造企业的一种产业结构形式，这种结构形式可以以若干分包企业的柔性生产准时供应，使主企业的供应库存为零；同时主企业的集中销售库存使若干分包劳务及销售企业的销售库存为零。

在许多发达国家，制造企业都是以一家规模很大的主企业和数以千百计的小型分包企业组成一个金字塔形结构。主企业主要负责装配和产品开拓市场的指导，分包企业各自分包劳务、分包零部件制造、分包供应和分包销售。例如分包零部件制造的企业，可采取各种生产形式和库存调节形式，以保证按全企业的生产速率，按指定时间送货到主企业，从而是使主企业不再设一级库存，达到零库存的目的。主企业的产品（如家用电器、汽车等）也分包给若干推销人或商店销售，可通过配额、随时供给等形式，以主企业集中的产品库存满足各分包者的销售，使分包者实现零库存。

3. 轮动方式

轮动方式也称同步方式，是在对系统进行周密设计前提下，使各个环节速率完全协调，从而根本取消甚至是工位之间暂时停滞的一种零库存、零储备形式。这种方式是在传送带式生产基础上，进行更大规模延伸形成的一种使生产与材料供应同步进行，通过传送系统供应从而实现零库存的形式。

4. 准时供应系统

在生产工位之间或在供应与生产之间完全做到轮动，这不仅是一件难度很大的系统工程，而且，需要很大的投资，同时，有一些产业也不适合采用轮动方式。因而，广泛采用此轮动方式有更多灵活性、较容易实现的准时方式。准时方式不是采用类似传送带的轮动系统，而是依靠有效的衔接和计划达到工位之间、供应与生产之间的协调，从而实现零库存。如果说轮动方式主要靠“硬件”的话，那么准时供应系统则在很大程度上依靠“软件”。

5. 看板方式

看板方式是准时方式中一种简单有效的方式，也称“传票卡制度”或“卡片”制度，是日本丰田公司首先采用的。在企业的各工序之间，或在企业之间，或在生产企业与供应者之间，采用固定格式的卡片为凭证，由某一环节根据自己的节奏，逆生产流程方向，向上一环节指定供应，从而协调关系，做到准时同步。采用看板方式，有可能使供应库存实现零库存。

6. 水龙头方式

水龙头方式是一种像拧开自来水管的水龙头就可以取水而无需自己保有库存的零库存形式。这是日本索尼公司首先采用的。这种方式经过一定时间的演进，已发展成即时供应制度，用户可以随时提出购入要求，采取需要多少就购入多少的方式，供货者以自己的库存和有效供应系统承担即时供应的责任，从而使用户实现零库存。适于这种供应形式实现零库存的物资，主要是工具及标准件。

7. 无库存储备

国家战略储备的物资，往往是重要物资，战略储备在关键时刻可以发挥巨大作用，所以几乎所有国家都要有各种名义的战略储备。由于战略储备的重要，一般这种储备都保存在条件良好的仓库中，以防止其损失，延长其保存年限。因而，实现零库存几乎是不可想象的事。无库存的储备，是仍然保持储备，但不采取库存形式，以此达到零库存。有些国家将不易损失的铝这种战略物资做成隔音墙、路障等储备起来，以备万一。在仓库中不再保有库存就是一例。

8. 配送方式

这是综合运用。上述若干方式采取配送制度保证供应从而实现零库存。

（二）零库存的可能实现形式

1. 即进即售

即进即售指当产品入库后，在正常库存周期将所有的产品都销售出去，并同时收回货款。这种方式是最理想的销售方式，但除非是处于垄断地位或极为畅销的产品，否则这种情况几乎是不可能存在。

2. 即进半售

即进半售指当产品入库后，除即进即售情况外，可以采取接受定金或分期付款的办法，将产品半卖半“送”，这是实际销售中最主要的方式，是比较好实现的。

3. 超期即“送”

对于超过正常库龄的产品，可采取不付款“送”给用户先使用，即赊销的办法。对于处于长期呆滞的库存产品，可采取用它们支付有关费用的办法“送”出去，如用呆滞产品代替现金支付广告费、赞助费用、运费、仓储费等。

（三）零库存管理法的评价

“零库存”是综合管理实力的体现。在物流方面要求有充分的时空观念，以严密的计划、科学的采购，达到生产资料的最佳衔接；要求资金高效率运转，原材料、生产成本在标准时间内发挥较好的作用与效益，达到库存最少的目的。要做到“零库存”，你就得重视市场，把市场需求摸得滚瓜烂熟。要以销定产、以产定购，做到产得出、销得掉，发运及时。任何企业都须明白“市场是产品的最后归宿”，仓库不过是产品的休息室，只有产品投向市场的快捷反映，才会顺利跨越生产至销售的惊人一跳，达到“零库存”的目标。

➢ 归纳提高

◉ 本章简明小结

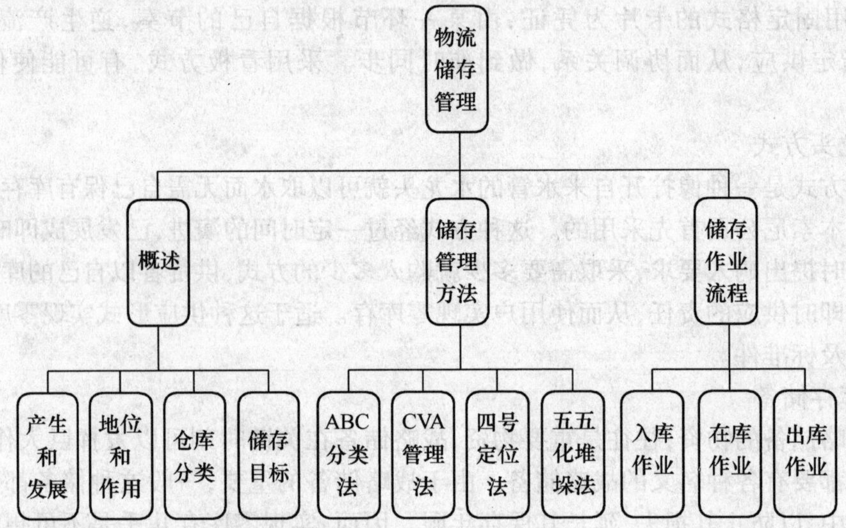

◉ 课后任务

资料阅读：背景资料

A 公司是日用消费品的专业的制造商，A 公司的工作重点在于通过消除渠道中不增加价值的过程，提高客户价值。公司在组织、流程和策略方面的变率不但影响到公司本身，还影响了整个渠道，这些变革是受某种共识所支配的，这种共识认为制造商、分销商和零售商在进行杂货分销系统的全行业方法设计时，必须相互合作。

A 公司的产品系列包括了许多种类的产品，公司组织成五大产品部：保健/美容；食品/饮料；纸类；肥皂；特殊产品。每一个产品部门类别进行组织，每一个产品组负责一个品牌。消费者对 A 公司产品的强有力的需求拉动为公司在与零售商和批发商的交易过程中提供了优势。

A 公司的产品通过多种渠道进行销售，其中产品销售数量方面最重要的几个渠道是杂货零售商、批发商、超级市场和俱乐部商店。尽管公司与批发商和零售商之间的关系总不是那么和谐，但是公司的管理层认识到，为了在市场中获得成功，既要满足消费者的需求，又要满足渠道的需要。零售杂货店是宝洁公司产品销售的最重要的渠道，由制造商、分销商和零售商组成，其商品流是频繁而且大量的。大约有一半的零售杂货店的销售量是通过连锁店销售的，这些连锁店有他们自己的产品分销和仓储系统；另一半是通过批发商销售的，批发商主要为小型的连锁店和独立零售尚提供服务。

公司为了提升供应物流和降低渠道库存，与一大型的超级市场合作进行了一次改革，提出彻底改变洗发水的订货和分销方式的建议，尽量减少零售商店的缺货，降低产品的采购成本，并使总的库存量最小，有限的仓库能力是零售商小枇量采购 A 公司的产品，然后直接运到每一个零售商店。零售商店经常出现缺货问题，而这些运送到商店的小定单的成本对于 A 公司和零售连锁企业来说都是很高的，洗发水对于零售商而言是一种重要的产品类别，零售商希望将洗发水的价格定得比其他零售商低。公司建议零售商将洗发水的商品储存在连锁超市的配送仓库，零售商向 A 公司提供有关仓库从各商店每天收到的订单数据，并允许 A 公司根据每天的发货数据来确定仓库所需的补充数量。这一新的补货流程将零售商的仓库库存量限制在一个可接受的水平，消除了昂贵的零担运输，并减少了零售商店的缺货。A 公司通过降低成本和增加销售都会获得收益。较低的成本促使较低的价格，通过更高的产品可获得性提供更好的服务，将导致销售额的增加，这一新的流程体现了渠道订货和物流方面的主要变率，并为后来的连续补货计划（CRP）建立的基本的原则。CRP 就是公司利用零售商的实际销售数据，在准时制的基础上，在需要的时候进行运输。

与主要的超级市场之间的 CRP 的成功实施使其他零售商对于这一新的流程产生了兴趣。很快，大多数超级市场都会全面实施 CRP，CRP 的采用在降低库存和缺货水平方面取得了成功。同时增加了销售额。

为了提供订货的效率，A 公司扩大了与零售商之间的 EDI 的应用，然而与订货质量有关的问题却大大增加。在手工处理中，销售代表或客户服务代表经常能抓住一些问题，通过手工对零售商的订单进行调整，再输入公司的系统。一些调整工作导致了以后收集阶段的一些误差，但是至少订单被输入进了系统并进行发货。把这部分人工缓冲工作去掉，引起了一些问题，因为大多数的 EDI 订单不能够在没有人工干预的条件下进行处理，这些与客户之间的早期的试用，给公司增加了成本，而不是节约了成本。EDI 体现了 A 公司提高订货过程效率战略的一个重要组成部分，并且对于 CRP 的实施是必不可少的。

第五章 物流装卸搬运管理

知识目标

- 了解装卸搬运的概念；
- 能够认知装卸搬运功能物流活动中的价值；
- 能够掌握装卸搬运作业的流程。

能力目标

- 通过本章学习和基础素质训练，能掌握企业装卸搬运合理化的相关措施；
- 通过模拟职业岗位能力训练，提高对物流装卸搬运设备的认识并能进行相应的管理；
- 通过有关案例分析，进入学习情景，增强实践体验并培养团队协作精神。

引导案例

安川电机推出提高了动作速度的机器人用于中小型货物装卸

现有的工业机器人主要用于汽车、机电、通用机械制造、金属加工、铸造及其他工业部门。从功能上看，主要涉及搬运、工件装卸、机械加工等领域。

日本安川电机上市了面向中小型货物装卸用途优化了设计的机器人“MOTOMAN－EH80”。虽然将可搬运重量减小到80千克，但强化了上臂部分的负荷能力。同时还提高了动作速度，并扩大了动作范围。适用于汽车部件以及金属加工品等的搬运。在装卸用途方面，机械臂必须满足各种工件形状的要求。尤其是平面结构及棒状工件，由于距离机械臂腕部较远处的重量相当大，旋转移动这些工件时，会对腕部施加相当大的反作用力。为此，EH80提高了腕部轴的强度，各关节轴的动作速度合计为22.34rad/秒，最大作用距离为2051毫米，机器人旋转时的最小半径为340毫米。另外，还减小了上臂部的粗度，将设在机械臂前端的手部的配管及布线集中到上腕部的外围。由此，可防止配管及布线缠绕在机器人机体上，或者与周围的物体相互干扰，可确保搬运路径最短。

案例点评：随着科学技术的发展，机器人的应用越来越广泛，机器人在货物装卸中所带来的效益越发明显。机器人在仓库中的主要作业是码盘、搬运、堆垛和拣选作业。它不仅能极大地提高工作效率、降低人工费用，同时还能在搬运、拣选和堆垛过程中完成决策，起到专家系统的作用。

➤ 基本知识点

第一节　物流装卸搬运的含义

一、物流装卸搬运含义

装卸是指物品在指定地点以人力或机械装入运输设备或从运输设备卸下物品的活动。它是通过一定的技术手段来改变货物的存放状态和空间位置的活动。装卸是物流系统的一个重要构成要素。物流系统中装卸作业所占的比重较大。装卸作业的好坏不仅影响物流成本,还与物流工作质量、是否满足客户的服务要求密切相关。

搬运是指物资在区域范围内(通常是指仓库、车站或码头等)所发生的短距离、以水平方向为主的位移。它是改变货物的空间位置的活动,而装卸是指上下方向的移动。

广义的装卸则包括了搬运活动,二者合称为装卸搬运。在实际操作中,装卸与搬运是密不可分的,二者是伴随在一起发生的。

装卸搬运是指在同一区域范围内,以改变物资的存放状态和空间位置为主要内容和目的的活动。

装卸搬运活动的基本动作包括装车(船)、卸车(船)、堆垛、入库、出库以及连接上述各项动作的短程输送,装卸搬运是随运输和保管等活动而产生的必要活动。在物流过程中,装卸活动是不断出现和反复进行的,它出现的频率高于其他各项物流活动,每次装卸活动都要花费很长时间,所以往往成为决定物流速度的关键。

二、物流装卸搬运作业特点

(一) 装卸搬运是附属性、伴生性的活动

装卸搬运是物流每一项活动开始及结束时必然发生的活动,因而有时常被人忽视,有时被看做其他操作时不可缺少的组成部分。例如,一般而言的“汽车运输”,就实际包含了相随的装卸搬运,仓库中泛指的保管活动,也含有装卸搬运活动。

(二) 装卸搬运是支持、保障性活动

装卸搬运的附属性不能理解成被动的,实际上,装卸搬运对其他物流活动有一定的决定性。装卸搬运会影响其他物流活动的质量和速度。例如,装车不当,会引起运输过程中的损失;卸放不当,会引起货物转换成下一步运动的困难。许多物流活动在有效的装卸搬运支持下,才能实现高水平。

(三) 装卸搬运是衔接性的活动

在任何其他物流活动互相过渡时,都是以装卸搬运来衔接。因而,装卸搬运往往成为整个物流“瓶颈”,是物流各功能之间能否形成有机联系和紧密衔接的关键,而这又是一个系统的关键。建立一个有效的物流系统,关键看这一衔接是否有效。比较先进的系统物流方式——联合运输方式就是为着力解决这种衔接而实现的。

(四) 装卸搬运对安全性要求高

装卸搬运作业需要人与机械、货物以及其他劳动工具相结合,工作量大,情况变化多,很多作业环境复杂,这些都导致了装卸搬运作业中存在着不安全的因素和隐患。创造装卸搬运作

业适宜的作业环境，改善和加强劳动保护，对任何可能导致不安全的现象都应设法根除，防患于未然，如图5－1所示。

图5－1　装卸搬运图

三、物流装卸搬运功能

装卸搬运在物流系统中发挥着举足轻重的作用，它是伴随输送和保管而产生的必要的物流活动。物流过程中的主要环节，如运输和储存等是靠装卸搬运活动连接起来的，物流活动其他各个阶段的转换也需要通过装卸搬运连接起来。在物流过程中，装卸搬运活动是不断出现和反复进行的，它出现的频率高于其他各项物流活动，每次装卸搬运活动都要花费很长时间，装卸搬运往往成为决定物流速度的关键。

具体来说物流装卸搬运作业具有以下六个方面的功能：

（1）装卸——将物品装上运输机具或由运输机具卸下。

（2）搬运——使物品在较短的距离内移动。

（3）堆码——将物品或包装货物进行码放、堆垛等有关作业。

（4）取出——从保管场所将物品取出。

（5）分类——将物品按品种、发货方向、顾客需求等进行分类。

（6）理货——将物品备齐，以便随时装货。

第二节　物流装卸搬运的主要作业

一、仓储装卸搬运作业

仓储管理的主要作业有物品入库、物品在库和物品出库三个作业。仓储装卸搬运是指配合仓库的入库、出库、维护保养等活动进行的，并以堆垛、上架、取货等操作为主的作业活动。

（一）仓储作业流程

1．物品入库

物品入库是指仓储管理人员根据凭证或供货合同的规定，接收承运单位或供货商运到仓库的物品，并对其进行验收、记账及建立货物档案，搞好物品入库作业。物品入库作业流程如图5－2所示。

2．物品在库

物品在库管理是指仓储管理人员对验收合格的物品进行科学储存规划、堆码、清仓盘点、维护保养等作业。物品在库作业流程，如图5－3所示。

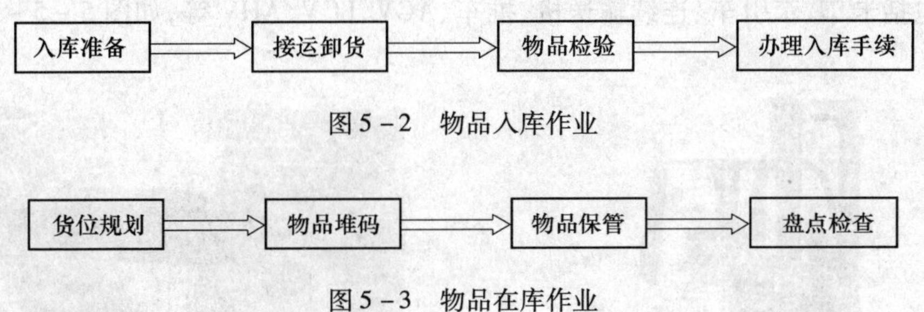

图5-2　物品入库作业

图5-3　物品在库作业

3. 物品出库

物品出库是指仓储管理人员根据货主或业务部门的出库指令,对物品进行备货、出库验收、装载上车及发货等作业。物品出库作业流程,如图5-4所示。

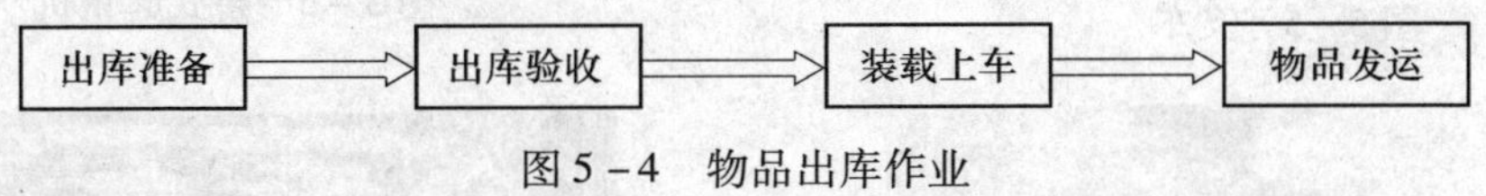

图5-4　物品出库作业

(二) 仓储装卸搬运的方式

装卸搬运作业不仅繁重,也是造成仓储物品毁损的主要环节。在实际工作中如何选择适宜的装卸搬运方式,对于提高装卸搬运效率、节约装卸搬运作业时间、降低装卸搬运费用是至关重要的。

1. 按装卸搬运作业对象分类

(1) 单件作业。单件作业是利用人工搬运的一种方法,也是目前仓储较广泛采用的搬运形式。其原因一是作业场地较狭小,不适合机械化设备操作;二是由于某些物品自身的属性决定的;三是企业考虑搬运对象的利润空间,单件作业费用低;四是管理简单。近年来依靠叉车搬运的形式也越来越多,叉车搬运的效率大幅度提高。

(2) 集装作业。集装作业是指先将物品集装,再对集装后的物品进行搬运的一种方法。集装作业可以提高单次装卸搬运的批量,节约人力、物力、财力,大幅度提高装卸搬运的效率。集装方式有多种,例如,集装箱、仓储笼、托盘、集装袋、拉伸缠绕膜等。

(3) 散装作业。散装作为是指对粉末状物品及大批量不适宜包装的散货进行的装卸搬运活动,例如,煤炭、矿石、粮食、水泥等。散装装卸搬运,可以节省多道工序,节省包装费用;但散装作业所用的工具、车辆都是专用的,因此早期设备设施的投入较多。散装作业方法有重力法、倾覆法、气动输送法等。

2. 按作业手段和组织水平分类

(1) 人工作业。人工作业是指利用人工或借助简单工具进行的装卸搬运作业,也是一种单件作业。这种作业方式简便易行,作业成本低,效率也低。

(2) 机械化作业。机械化作业是指主要利用机械进行的装卸搬运作业,这种作业属于人—机作业。这种作业方式节省时间、效率较高、管理成本低、单位作业费用较高。

(3) 综合化机械作业。综合化机械作业是指主要利用两种以上工具或全自动设备进行的装卸搬运作业,这种作业属于机—机作业。这种作业方式,效率高、错误率几乎为零,作业费用高,若作业规模大而且规律其单位成本低或较低。自动化立体仓库和自动化分拣线就属于该方式。

(三) 仓储装卸搬运设备的选择

1. 仓储装卸搬运基本设备

按装卸机械的作用可分为两类:一类为起重搬运设备,包括起重机、叉车等;另一类为输送设备,包括卡车、牵引车、连续输送机、推车、AGV、LGV、AHV 等,如图 5-5~图 5-8 所示。

图 5-5　叉车

图 5-6　桥式起重机

图 5-7　AGV

图 5-8　输送带

2. 仓储装卸搬运设备选择的原则

(1) 利用重力的原则。在装卸搬运时应尽可能选择可消除物品重力的不利影响,又尽可能利用重力进行装卸搬运的设备,以减轻劳动力和其他能量的消耗。例如,在分拣线出库的末端由滑槽或无动力的小型传送带利用物品的重力由高出向低处移动,进行物品装卸。

(2) 经济合理的原则。装卸搬运设备一般分为三个级别。第一级简单的装卸搬运设备;第二级专用的高效率设备;第三级由计算机控制实行自动化、无人化操作的设备。选择哪一个级别的设备,不仅要从经济合理来考虑,而且还要从加快物流速度、减轻劳动强度和保证人与物的安全等方面来考虑。

(3) 适应性原则。装卸搬运机械的选择必须根据装卸搬运物品的性质来决定。对以箱、袋或集合包装的物品可以采用叉车、吊车、货车装卸,散装粉粒体物品可使用传送带装卸,散装液体物品可以直接用装运设备或储存设备装取。

(4) 装卸搬运顺畅的原则。选择的装卸搬运设备应尽量做到装卸搬运不停顿、不间断,像流水一样进行。

二、运输装卸搬运作业

运输装卸搬运主要包括运输前的装车、装船阶段和运输后的卸车、卸船阶段。其装卸搬运方式按装卸搬运作业对象分类也可分为单件作业、集装作业和散装作业,按作业手段和组织水平分类也可分为人工作业、机械化作业和综合化机械作业。

运输装卸搬运按运输方式的不同可分为公路运输装卸搬运、铁路运输装卸搬运、水路运输装卸搬运、航空运输装卸搬运以及集装箱运输装卸搬运。下面以公路运输装卸搬运和集装箱运输装卸搬运为例介绍其作业过程及相关的作业设备。

(一) 公路运输装卸搬运

1. 公路运输装车作业

公路运输货物装载作业应做到按车辆的额定吨位装货,不得任意超载。轻泡货物以折算重量装载,不得超过车辆额定吨位和有关长、宽、高的装载规定。装载危险货物,按交通部《汽车危险货物装卸作业规程》进行作业。装载作业应轻装轻卸,堆码整齐;严禁有毒、易污染物品与食品混装,危险货物与普通货物混装,性质相抵触的货物混装。要防止货物装载时的混杂、污染、散落、漏损和砸撞。装车货物应数量准确,捆扎牢固,做好防丢失措施。装车完毕后,应检查有无错装、漏装,并核对实际装车的件数,确认无误后,办理交接签收手续。

2. 公路运输卸车作业

货物在达到目的站后的主要工作内容包括货运票据的交接、货物卸车、保管和交付等内容。货物监卸人员在接到卸货预报后,应立即了解卸货地点、货位、行车道路、卸车机械等情况。车辆装运货物抵达卸车地点后,目的站或收货人应组织卸车。监卸人员应会同收货人员、驾驶员、卸车人员一起检查车辆装载有无异常,一旦发现异常应作好卸车记录并妥善处理后再开始卸车。整车货物装卸,较多采用托盘些列及叉车进行装卸作业,如图 5 – 9 所示。

图 5 – 9 叉车装卸货

卸车时,应该制定科学合理的装卸工艺方案;加强装卸作业调度指挥工作;加强改善装卸劳动管理;提高装卸机械化水平;对卸下货物的品名、件数、包装和货物状态等应作必要的检查。

整车货物一般直接装卸在收货人仓库或货场内,并由收货人自理。收货人确认卸下货物无误,并在货票上收货回单联上签字盖章,货物交接完毕。收货人办理交付手续后,该批货物的运输过程全部完成,公路承运人的责任即告终止。

(二) 集装箱海上运输装卸搬运

集装箱海上运输装卸,又称港口装卸。它包括码头前沿的装船,也包括后方的支持性装卸运。有的港口装卸还采用小船在码头与大船之间的“过驳”的办法,因而其装卸的流程较为复杂,往往经过几次装卸及搬运作业才能最后实现船与陆地之间货物过渡的目的。

按照装卸搬运的机械及机械作业方式的不同,可分为“吊上吊下”方式和“滚上滚下”方式。

1. “吊上吊下”方式(图 5－10)

采用各种起重机械从货物上部起吊,依靠起吊装置的垂直以东实现装卸,并在吊车运行的范围内或回转的范围内实现搬运或依靠搬运车辆实现小搬运。由于吊起及放下属于垂直运动,这种装卸方式属垂直装卸。

图 5－10 “吊上吊下”方式

2. “滚上滚下”方式(图 5－11)

这是港口装卸的一种水平装卸方式。利用叉车或半挂车、汽车承载货物,联通车辆一起开上船,到达目的地后再从船上开下,称“滚上滚下”方式。利用叉车的管上滚下方式在船上卸货后,叉车必须离船。利用半挂车、平车或汽车,则拖车将半挂车、平车拖拉至穿上后,拖车开下离船而载货车辆连同货物一起运到目的地。滚上滚下需要有专门的船舶,对码头也有不同要求,这种专门的船舶也称为“滚装船”。

图 5－11 “滚上滚下”方式

第三节　实现装卸搬运合理化

一、不合理装卸搬运的表现

（一）过多的装卸次数

过多的装卸次数必然导致损失的增加。物流过程中，货损发生的主要环节是装卸环节，而在整个物流过程中，装卸作业又是反复进行的，从发生的频率来讲，超过任何其他活动。从发生的费用来看，一次装卸的费用相当于几十公里的运输费用，因此，每增加一次装卸，费用就会有较大比例的增加。此外，装卸又会大大阻碍整个物流的速度，装卸又是降低物流速度的重要因素。

（二）过多的包装装卸

过大过重包装将消耗较大的劳动，在装卸时反复在包装上消耗劳动，这一消耗不是必须的，因而形成无效劳动。

（三）无效物资的装卸

无效物资的装卸将反复消耗劳动。进入物流过程的货物，有时混杂着没有使用价值或对用户来讲使用价值不对路的各种残杂物，在反复装卸时，实际对这些无效物资反复消耗劳动，因而形成无效装卸。

二、物流装卸搬运合理化的原则

（一）减少环节，装卸搬运程序化

装卸搬运活动的本身并不增加货物的价值和使用价值，相反地却增加了货物损坏的可能性和成本。因此，首先应从研究装卸搬运的功能出发，分析各项装卸搬运作业环节的必要性，千方百计地取消、合并装卸搬运作业的环节和次数，消灭重复无效、可有可无的装卸搬运作业。例如，车辆不经换装直接过境，大型的发货点辅设专用线，“门到门”的集装箱联运等，都可以大幅度减少装卸环节和次数。

（二）文明装卸，装卸搬运运营科学化

杜绝“野蛮装卸”是文明装卸的重要标志。在装卸搬运作业中，要采取措施保证货物完好无损，保障作业人员人身安全，坚持文明装卸。同时，不因装卸搬运作业而损坏装卸搬运设备和设施、运载与储存设备和设施等。

（三）集中作业，装卸搬运集装化和散装化

集中作业是指在流通过程中，按照经济合理原则，适当集中货物，使其作业量达到一定的规模，为实现装卸搬运作业机械化、自动化创造条件。只要条件允许，流通过程中的装载点和卸载点应当尽量集中；在货场内部，同一类货物的作业尽可能集中，建立相应的专业协作区、专业码头区或专业装卸线；一条作业线能满足车船装卸作业时，就不采取低效的多条作业线方案；在铁路运输中，关闭业务量很小的中间小站的货运装卸作业，建立厂矿、仓库共用专用线等，都是采用集中作业的措施。

（四）省力节能，努力促进装卸搬运作业“活性”化

节约劳动力，降低能源消耗，是装卸搬运作业的最基本要求。因此，要求作业场地尽量坚实平坦，这对节省劳力和减少能耗都有作用；在满足作业要求的前提下，货物净重与货物单元毛重之比尽量接近，以减少无效劳动；尽量采取水平装卸搬运和滚动装卸搬运，达到省力化。

（五）兼顾协调，装卸搬运标准化

装卸搬运作业既涉及物流过程的其他各环节，又涉及它本身的工艺过程各工序、各工步以及装卸搬运系统各要素。因此，装卸搬运作业与其他物流活动之间，装卸搬运作业本身各工序、各工步之间，以及装、卸、搬、运之间和系统内部各要素之间，都必须相互兼顾、协调统一，这样才能发挥装卸搬运系统的整体功能。

（六）巧装满载，装卸搬运安全化

装载作业一般是运输和存储的前奏。运载工具满载和库容的充分利用是提高运输和存储效益、效率的主要因素之一。在运量大于运能、储量大于库容的情况下尤为重要。所以，装卸搬运时，要根据货物的轻重、大小、形状、物理化学性质，以及货物的去向、存放期限、车船库的形式等，采用恰当的装卸方式，巧妙配装，使运载工具满载，库容得到充分利用，以提高运输、存储效益和效率。

三、物流装卸搬运合理化的途径

如何使物流装卸搬运合理化是物流企业为提高效率、降低成本、改善服务和提高经济效益所应认真研究的问题。装卸搬运合理化的内容包括以下六个方面。

（一）提高货物装卸搬运的活性与可运性

装卸搬运活性是指货物的存放状态对装卸搬运作业的方便程度。如果很容易转变为下一步的装卸搬运而不需要多做装卸搬运前的准备工作，则灵活性就高；如果难于转变为下一步的装卸搬运，则灵活性就低。装卸搬运的活性，根据物料所处的状态，即物料装卸搬运的难易程度，可分为0~4共五个等级，如表5-1所列。

表5-1 货物装卸搬运活性指数

活性指数	状态	是否需要下列活动				已完成的活动	未完成的活动
		整理	拿起	抬高	拖动		
0级	散放在地上	需要	需要	需要	需要	0	4
1级	放在容器内	不需要	需要	需要	需要	1	3
2级	放在托盘上	不需要	不需要	需要	需要	2	2
3级	在无动力车上	不需要	不需要	不需要	需要	3	1
4级	在传送带或车上	不需要	不需要	不需要	不需要	4	0

提高装卸搬运的灵活性问题，就是要求装卸搬运作业必须为下一环节的物流活动提供方便，即所谓的“活化”。因此，不断提高活化程度是装卸搬运灵活性的重要标志。

装卸搬运的可运性是指装卸搬运的难以程度。影响装卸搬运难以程度的因素主要有物品的外形尺寸、物品的密度或笨重程度、物品的形状、物品所处的状态、物品的价值等。装卸搬运的可运性可用物品马格数值的大小来衡量。

所谓“1个马格”，是指可以方便地拿在一只手中、相当密实、形状紧凑、不易损伤的物品。1马格物品最典型的例子，是一块经过粗加工的$10in^3$（1in=2.54cm）大小的干燥木料。如果10件同一种物品可以方便地拿在一只手中，则每一物品为1/10马格。不断降低马格数值，就意味着不断提高了物品的可运性。

（二）利用重力作用，减少能量消耗

在装卸搬运时应尽可能消除货物重力的不利影响，尽可能利用重力进行装卸搬运，以减轻

劳动力和其他能量的消耗。利用重力装卸的实例很多,如将货槽或无动力的小型传送带倾斜安装在货车、卡车或站台上进行货物装卸,使货物依靠本身的重力完成装卸搬运作业。

(三)充分利用装卸搬运机械

装卸搬运机械化师提高装卸搬运效率的重要措施。装卸机械化程度一般分为三个级别:第一级是用简单的装卸器具;第二级是使用专用的高效率机具;第三级是依靠计算机控制实行自动化、无人化操作。以哪个级别为目标实现装卸机械化,不但要考虑是否经济合理,还要考虑加快物流速度、减轻劳动强度和保证人与物的安全等方面因素。

(四)合理选择装卸搬运方式

在装卸搬运过程中,必须根据货物的种类、性质、重量来确定装卸搬运方式。在装卸时对货物的处理大体有三种方式:第一种是"分块处理",即按普通包装对货物逐个进行装卸;第二种是"散装梳理",即对粉粒状货物不加小包装而进行的原样装卸;第三种是"单元组合处理",即货物以托盘、集装箱为单位进行组合后的装卸。实现单元组合,可以充分利用机械进行操作,其优点是操作单位大,作业效率高;能提高物流"活性";操作单位大小一致,易于实现标准化;装卸不触及货物,可以保护物品。

(五)改进装卸搬运作业方法

装卸搬运是物流过程的重要一环,合理分解装卸搬运活动,对于改进装卸搬运各项作业、提高装卸搬运效率有着重要的意义。例如,采用直线搬运,可减少货物搬运次数,使货物搬运距离最短,避免装卸搬运流程的"对流"、"迂回"情况发生,防止人力和装卸搬运设备停滞的问题,合理选用装卸机具、设备等。在改进作业方法上,应尽量采用现代化管理方法和手段,如排队论、网络技术、人—机系统等,实现装卸搬运的连贯、顺畅和均衡。

(六)创建"复合终端"

近年来,发达国家为了对运输线路的终端进行装卸搬运合理化改造,创建了"复合终点",即对不同运输方式的终端装卸场所,集中建设不同的装卸设施。例如,在复合终端内集中设置水运港、铁路站台、汽车战场等,这样就可以合理配置装卸搬运机械,使各种运输方式有机连接起来。

"复合终端"的优点是:

(1)取消了各种运输工具之间的中转搬运,有利于加快物流的速度,减少装卸搬运活动所造成的货物损失;

(2)各种装卸场所集中到复合终端,可以共同利用各种装卸搬运设备,提高设备的利用率;

(3)在"复合终端"内,可以利用大生产的优势进行技术改造,提高转运效率;

(4)减少了装卸搬运的次数,有利于物流系统功能的提高。

➢ 基本技能训练

◉ 自我测试

(一)名词解释

装卸　搬运　装卸搬运

(二)选择题

1. 下列货物装卸搬运活性指数最高的(　　)。

A　散放在地上　　　　B　放在托盘上

C　放在无动力车上　　　　　　　　D　在传送带或车上

2. 为加速出入库而采用的托盘堆叠储存时，一般用(　　)存取。

A　人工　　　　B　叉车　　　　C　吊车　　　　D　堆垛机

3. 装卸搬运作业的构成主要有(　　)。

A　堆放柴垛作业　　　　　　　　B　分拣、配货作业

C　搬运、移送作业　　　　　　　D　贴标签、分装等其他作业

4. 在物流各项活动中装卸搬运的特点有(　　)。

A　安全性要求高　　　　　　　　B　安全性要求低

C　作业量大　　　　　　　　　　D　机动性较差

5. 下列选项中属于装卸搬运合理化的是(　　)。

A　消除无效搬运　　　　　　　　B　提高搬运活性

C　尽量采用人工作业　　　　　　D　采用集装单元化作业

◉ 模拟职业岗位能力训练

请到超市、物流公司、港口或建筑工地实际看一看相关的装卸搬运机械设备，如叉车、手动托盘搬运车、汽车起重机、履带起重机、龙门吊等，并能模拟操作仓库和运输中的装卸搬运操作。

◉ 应用案例分析

(一) 云南双鹤医药有限公司的装卸搬运环节分析

云南双鹤医药有限公司是北京双鹤药业股份有限公司这艘医药航母部署在西南战区的一艘战舰，是一个以市场为核心、现代医药科技为先导、金融支持为框架的新型公司，是西南地区经营药品品种较多、较全的医药专业公司。

虽然云南双鹤医药有限公司已形成规模化的产品生产和网络化的市场销售，但其流通过程中物流管理混乱，造成物流成本居高不下，不能形成价格优势。这严重阻碍了物流服务的开拓与发展，成为公司业务发展的“瓶颈”。

装卸搬运活动是衔接物流各环节活动正常进行的管件，而云南双鹤医药有限公司恰好忽视了这一点，由于搬运设备的现代化程度低，只有几个小型货架和手推车，大多数作业仍处于人工作业为主的原始状态，工作效率低，且易损坏物品。另外仓库设计的不合理，造成长距离的搬运。并且库内作业流程混乱，形成重复搬运，大约有70%的无效搬运，这种过多的搬运次数，损坏了商品，也浪费了时间。

问题

1. 分析装卸搬运对企业发展的作用。

2. 针对医药企业的特点，请对云南双鹤医药有限公司的装卸搬运系统的改造提出建议和方法。

(二) 钢管的存取问题

一仓库要存放一批6米长直径为80毫米的捆装的不锈钢管。该仓库原来没有处理过这种货物，叉车工用叉车的货叉插入两捆钢管之间，慢慢推进来取出一捆钢管搬起。但最后货主检查发现钢管有变形损坏。

思考：请提出几种防止钢管损伤的搬运方法，并从成本和应用方便角度出发，选择最合适的方法。

➢ 信息传递

◉ 相关链接

(一) 物流合理化的概念

物流合理化是物流管理追求的总目标。它是对物流设备配置和物流活动组织进行调整改进,实现物流系统整体优化的过程。所谓物流合理化,就是使物流设备配置和一切物流活动趋于合理。合理即合科整理,具体表现为以尽可能少的物流成本,获得尽可能高的服务水平。

(二) 单元装卸

单元装卸(Unit Loading and Unloading)是指用托盘、容器或包装物将小件或散装物品集成一定质量或体积的组合件,以便利用机械进行作业的装卸方式。单元装卸可以提高装卸效率、减少装卸损失、节约包装费用、提高服务水平。单元装卸可以分为托盘物品装载方式、全程托盘物品装载方式、集装箱物品装载方式。

(三) 物流集装单元器具

以集装单元为基础来进行装卸、运输、保管等作业,统称为"集装单元化运输",最常见的形式有"托盘运输""柔性集装袋运输"和"集装箱运输"。

集装箱 Containers

集装袋 FlexibleFreightBags

柱式托盘 PostPallets

箱式托盘 BoxPallets

平托盘

◉ 前沿理念

物料搬运中15点注意事项让您的运营更安全

物料搬运并不只与效率相关,其通过提高组织管理、改善环境来加强安全性。以下是可用于大多数工厂或仓库的几项安全技巧。

物料搬运传递了被动的安全

安全与物料搬运是同义的。除了提高生产力和生产效率,物料搬运使运营更加安全。正确地搬运重货,工人就能保证安全。若工作任务是分阶段的,则更简易、更有组织性、使工人更轻松地分配同样使运营更加安全。这些都是被动的。若能正确地搬运物料,就能保证安全,这是一天正常工作的一部分而已。

(一) 使用货架安全网,防止意外伤害及事故

当托盘掉下货架时,哪怕只是部分脱落,掉下来也十分沉重。尤其当叉车通道里经常有物件拣选人员及仓储人员出入时,情况更危险;不但危及货物,更危及到了员工。通道里有没有人行道?东西如何存放?你能控制住仓库中每个托盘的收缩包装,保证摔不坏吗?即使一个很小的物品从托盘上脱落,也会变得像炮弹一样危险。

在必须保证硬度的前提下,考虑使用钢丝网。

根据所存放的货物种类、经营项目及其他因素,选择使用其中之一来确保安全。

(二) 检查并更换损毁的托盘架、直立支架

安排专业、合格的制造工程师来检查货架。当叉车碰撞到货架时,会升起一面小红旗,表示这种损坏会导致塌陷。托盘架的设计中不包括承受重撞。若一个圆柱已经凹陷,检查并进行更换。错误总在疏于防范时发生;若货架没有被撞散,并不表示以后或正进行使用装卸时不会突然散架。使用非动力叉车或托盘千斤顶来搬运废料或喷漆时,即使货架没有撞散,也要查看是否存在结构上的问题。另外,挂擦到直立支架时,同样需要检查。据经验来看,最好是更换所有凹陷、挂擦或扭曲的直立支架。

重装直立支架便宜且简便,尤其是与支架出故障时的高额开销相比。另外一个方法是安装经济耐用的钢制支架立柱,来防止直立支架遭受碰撞。

(三) 开辟通道,分开人群及工业车辆

很多应用中要使用叉车,但叉车又被称为仓储中最危险的一类设备。每年都有上千起事故或损伤起源于叉车。

保证运营安全最简易的方法就是开辟出一个专供叉车通行的区域。地面分区快速、简单、易行。但由于不够突出,容易被忽视。叉车驾驶员或行人很容易就错过地板上的线。建议使用钢轨,不贵且容易安装、不会被忽略。

（四）降低输送器及其他机械的噪音

噪声容易使人分心，使工人无法集中精神工作，更不可能注意个人安全。除了这种环境上的问题，还可能引发其他危险。由于噪声，工人无法听清地面上传来的警告声或叉车引擎的怪声。并非所有的噪音都能降低，但大部分都能有所影响。可在机械上安装消声装置。

输送器采用智能开关，节约能源，防止输送器磨损，并减少噪音。另外还可使用专业的滚珠轴承来降低噪音。

（五）设置钢栅栏保护工作区域

若控制了叉车的操作，工厂会安全很多，而设置栅栏无疑是很好的方法。使用护栏圈住工作站、装配点、厂内办公室及其他人员区域，并在其周围配置计算机终端、装配站或拣选点来减少叉车或电动千斤顶事故隐患。若不时有叉车需通过受保护区域，建议厂家选择可拔出的钢轨。

（六）减少叉车使用

以上我们讨论的大都与叉车有关。虽然很多仓库或工厂需要使用叉车，但由于叉车导致了不成比例数量的事故，减少叉车使用就变得很合理。少量叉车意味着可以更尽心地培训更小的叉车驾驶团队，并限制了系列不安全情况的发生。寻求其他工具来搬运、存放托盘，减少运营中的叉车数量。任何运输机械化所引起的制造业转变都具有非同小可的影响力。

（七）采用人类环境改造学改造工作站

人在疲累时容易出错。将疲劳赶出运营之外，收获的不仅仅是生产力的提高，还有事故及伤害的降低。考虑一下工作站。工人们是否频繁需要补给？他们的需要是否唾手可得？工作流程是否自然简便？班次交接时他们是否筋疲力尽？工作站应最大化存储密度，最小化工人够取或弯腰才能拿到物品的需要。

（八）尽量避免紧绷、伸展、弯曲及屈膝

剪式升降台、配重及其他装置都是保证工人们站着并在腰间到下巴的高度工作的“黄金区域”。升降台、配重及操作装置可以提高效率，降低错误率并防止受伤，按照工作程序提升重物即使没有发生事故，工人们也会在整天的提升工作后感觉疲惫，产生心理伤害，因此而出现更多的抱怨及错误。

（九）使用简单的方式装卸托盘

可使用托盘定位器，其在托盘装卸过程中可自动进行提升、旋转及下降。通过保持装载处于满意的高度，操作手无需花费太多经理。处理一层箱柜时，定位器可调整高度。工人的工作变得更简单，只需旋转定位器，即可以更快地搬运托盘，同时减少了受伤的几率。

（十）使用抗疲劳地垫减少疲劳及不适

长期站在坚硬的地面会导致身体的疲劳及不适。腿部肌肉这样长时间静止、收缩，人体会感到站立不稳。血液流通不畅，产生酸痛的感觉，也因此而感到疲劳不堪。大脑需要更强劲的工作方能迫使血液流通过这些收缩部位，严重损耗了身体的能量。

抗疲劳地垫能带领腿部肌肉作轻微的移动，加速血液回流。这种动态人体工程学保证站着工作的工人通过肌肉的运动保持舒适。除了能减少疲劳，这种防滑垫还可以防止在潮湿或油滑得得地面摔跤。

（十一）正确搬运可燃液体、溶剂及化学物品

导致工业失火的原因之一是可燃液体的不正确存放及搬运。为避免产生有毒气体、火灾或爆炸，隔离不调和的化学物品是很重要的。

首先要正确辨认，并储存。火灾几分钟之内便可蔓延整个工厂，因此防控点十分重要。将有害液体存放入安全防火柜，从而保护工人，降低火灾隐患，提高生产力。这种设置代码进行液体搬运的方法可用在任何可燃、易腐蚀、易燃液体的操作中，提升安全系数。

（十二）使用大风量的风扇系统，保持工厂凉爽

储存区、仓库及工厂的天花板很高、区域很宽敞，不断上升的温度控制成了难题。人在沉闷、高热的环境下不但工作能力下降，更易出现安全问题。

在天花板安装大风量、低速风扇可降低成本，并营造出舒适的工作环境，这是噪声大、易受空间限制的落地扇所不能企及的。

工人们很少能注意到天花板上的风扇，但他们的的确确能感受到地面温度的差异。

（十三）使用输送装置，减少人工升降及运输

减少人工搬运物料的数量，以此增加安全性，降低常见的背部、手部受伤几率。输送装置减少了人工搬运、提升，但自身也有安全隐患。因此输送装置操作手需经过专业培训，并采取预防维护措施，确保每个人都清楚输送装置的紧急停止程序。

（十四）不要改装输送装置的防护或控制器

正确使用输送装置，就可安全地运送物料。若进行修整，就会出现问题。操作没有防护的输送装置很不安全，但大多数工厂却经常如此。需进行维修或当防护妨碍到工作行进时，工厂员工会取下防护。此时，机械、齿轮、链条、运送部件都暴露在外，十分危险。经常检查输送装置，确保其没有被改装。

输送装置控制器并不单纯指简单的开关，而是输送装置操作中的所有机电元件。这些控制器不应被非专业人士进行任何改装。对控制器进行监控，确保不会出现误用、改装或分散。

（十五）保持通道及过道清洁

场面混乱时常常容易引发事故。明确标示过道及通道。保证装载支架、通道入口、货架间、拐弯处足够的间隙。对工作流程中的密集点实行监控，确保足够的空间。这样设计储存区可帮助工人避免夹在叉车与墙、货架、立柱或机器之间。同时，这也降低了叉车突然转向时擦到障碍物、导致装载摔落的几率。

另外，清洁的通道防止发生摔倒事故。安装足够多的仓储图像仪器，最小化流程过剩，确保托盘或箱子没有摆放在地面上挡着路。在有组织的仓储区域里，不会积聚这样潜在的混乱危险。

➢归纳提高

◉ 本章简明小结

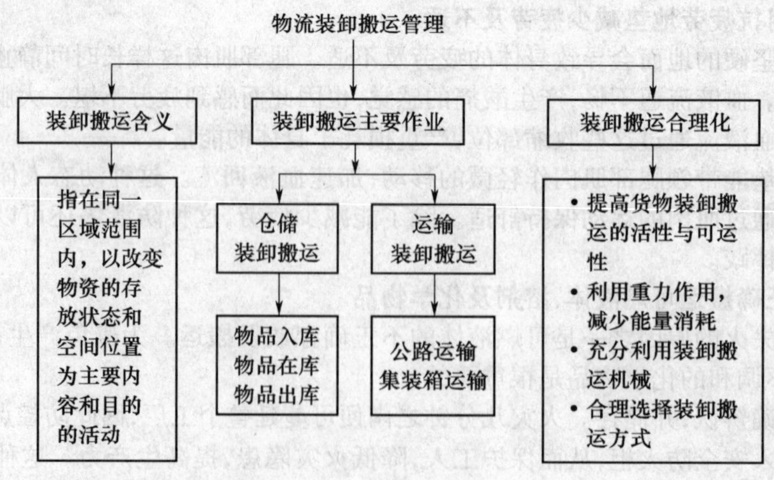

◉ 课后任务

资料阅读:宅急送以业务提速应对竞争

在竞争对手的步步紧逼下,效率挖潜与平台开放将成为宅急送新扩张计划的有力支撑。

北京宅急送快运有限公司(以下简称宅急送)信息部总监李红兵的“五一”长假全投入到了公司最新的信息化项目——个人数位助理器(Personal Digital Assistant,PDA)无线传输系统上。“北京分公司作为试点在两个月内实施完成,然后将 PDA 系统推广到全国 300 多个直营网点,到 2007 年年底全面实现宅急送业务与信息流的同步处理。”李红兵表示。

宅急送这些年一直在埋头飞奔。在经历了同城快递、取货送货、仓储配送等一系列业务摸索后,宅急送将重点锁定在了国内 24 小时“门到门”快递服务,由此开始了高速成长。2002 年其营业收入首次突破亿元大关,2004 年达到 6 亿元,2005 年更是达到 8 亿元。

然而这种风光背后藏有隐忧。一些宅急送的员工承认,公司近年来的快速扩张,确实在某些方面让宅急送产生了相当大的能力“瓶颈”。比较突出的问题之一就是,一线业务量的快速增加直接导致了业务效率相对下降,丢货、破损等情况不断发生,而延迟交货、服务质量下滑等问题也引起了客户的不满。面对业务增长但企业竞争力却没提高的情况,该公司总裁陈平非常着急,组织机构的调整,一线运营效率的改善成为当务之急。

2004 年宅急送痛下决心实行了扁平化管理,到 2005 年,宅急送的经营业绩开始回升,恶性事故得到了明显遏制。同时,公司也开始实施有助于业务提速的 PDA 项目。

令李红兵牵肠挂肚的 PDA 项目,其实本身并不复杂。根据宅急送的信息化规划,今年是公司的“挖潜年”,而挖掘潜力的目标,被指向了一线车辆的运送速度和各部门协作的效率提高。虽然目前 PDA 方案在全球快递行业应用比较成熟,在中国却只是崭露头角。经过初选,这一方案被推到了公司的管理会议上。

然而会上争论之激烈,还是超出了李红兵的预料。矛盾的焦点集中在 PDA 项目的投资上。“一台企业用的 PDA 价值一般都在 1 万元以上。以北京分公司为例,如果 100 多台车都安装,设备投入就需 100 多万元,还不包括无线布网的其他设备以及软件和相关服务,如果再拓展到全国,确实会是一笔不小的投资。”李红兵当时对这个项目能否通过确实不是很有把握。

“公司当时上马 PDA 项目是有考虑的。”据李红兵回忆,其实早在几年前,PDA 项目就曾摆上过陈平的桌面。但由于项目成本比较高,而当时公司正处于大规模扩张网点的阶段,车辆和人员等的投资更加紧迫,所以就搁了下来。几年后,国内快递市场的情况发生了很大变化,巨头之间的竞争都从当初的网点大战,逐步进入到提升服务质量的阶段。“如何有效地使用这些车辆和人员,比单纯增加其数量更重要。”李红兵表示。

最终还是总裁陈平拍了板。“真正让陈总下决心的原因是竞争对手的步步紧逼。”李红兵的判断并非空穴来风。国内快递市场上的重量级选手中外运敦豪,最近刚刚完成了全国第三期 PDA 项目的实施,目前在一些重要城市,该公司的快递司机已基本做到人手一部 PDA。无独有偶,宅急送的老对手中铁快运,也早在去年就完成了一期的 PDA 项目。“相比之下,我们还是很有些压力,尤其是来自客户的压力。”李红兵坦言。

宅急送选定的是一家美国公司的 PDA 解决方案,这一方案在四大国际快递公司中也有应用。除了无线网络环境应用,软件系统与公司 ERP 对接等功能外,这一系统的重点技术,就在于 PDA 的远程信息传输保障。该系统设计了两种通道,一种是采用 GPRS 技术传输数据,而另一个备用通道则是一旦 GPRS 出现故障,宅急送通过与中国移动合作架设的专线,也能保证将信息及时传回总部。

第六章 物流包装与流通加工管理

知识目标

- 能够了解包装和流通加工的概念；
- 能够掌握包装技术和流通加工技术的分类；
- 了解不合理的包装技术；
- 能够掌握包装合理化的手段；
- 能够掌握流通加工的合理化方式；
- 能够了解包装和流通加工的发展趋势。

能力目标

- 具备根据不同性质的物品选择合适包装的能力；
- 具备为典型产品选择合适的流通加工技法的能力。

绿色包装容器之折叠纸盒工艺再现

折叠纸盒，是一种应用非常广泛的绿色包装容器，不仅广泛用于药品、食品、香烟及工艺品的包装，也用于软饮料、洗涤用品、文教用品、小五金制品。

随着人们环保意识的进一步增强，折叠纸盒广泛应用于果汁、牛奶、熟食、点心、药品以及化妆品等产品的包装中。再加上其在折叠之前可以平板状进行堆码运输和储存，大大降低了储存和运输费用，近年来取得了飞速进展。

基于折叠纸盒这样的形势，越来越多的人开始关注折叠纸盒的生产工艺以及它的市场前景与产品创新。

折叠纸盒通常是使用较薄的纸板经过模切和压痕后通过折叠组合成型的。在装入商品之前，这种纸盒一般可以折叠成平板进行堆码、运输，因而能节省仓储空间和运输成本。充当商品外包装的折叠纸盒不仅要具有足够的强度、优秀的图案装潢设计，而且还应该有优良的表面印刷质量。只有这样，才能确保商品的运输安全，又起到美化商品、提高商品附加值、促进商品销售的作用。目前，折叠纸盒是应用范围最广、结构变化最多的一种商品销售包装容器。它已经广泛地用于食品、药品、电子产品以及化妆品等包装领域。

由于折叠纸盒具有加工成本低、储运方便、适用于各种印刷方式、便于销售和陈列、适用自动化包装、回收利用性好、有利于环境保护等特点，随着人们生活水平不断提高，对折叠纸盒的需求量将会不断增加，而且对纸盒的生产质量也提出了更高的要求。

（摘自 http://www.foods1.com/content/91704/）

案例点评：在包装材料中，纸的应用最为广泛，品种最多。由于纸具有价格低，质地细腻、均匀、耐摩擦、耐冲击，容易黏合等优点，所以，目前在世界范围内，纸占包装材料的比重比其他包装材料大。另外，用纸做成的包装容器不易受温度影响，无毒、无味，又可以回收利用，因此它是非常理想的绿色材料。用纸做成的折叠容器轻便、抗压性强、适于包装生产机械化，还可以有效提高物流仓储和运输的效率。

➤ 基本知识点

第一节　物流包装管理

一、物流包装的含义

物品生产出来以后，进入流通之前都要进行包装，只有包装好的物品才能走向市场，可以说包装是物品进入销售之前的一项重要工作。因此，包装是连接生产与流通的纽带，它既是生产物流的最后一个环节，也是销售物流开始的第一个环节。

《中华人民共和国国家标准物流术语》（GB/T 18354—2006）对包装的定义是：“为在流通过程中保护产品、方便储运、促进销售，按一定技术方法而采用的容器、材料及辅助物等的总体名称。也只为了达到上述目的而采用容器、材料及辅助物的过程中施加一定技术方法等的操作活动。”

从上述定义中，我们可以看出，包装包含两个方面的含义：一方面包装是指静态的用于盛装物品的物质载体；另一方面包装是指动态的将物品盛装起来的动作。

包装是现代物流发展过程中一个非常重要的环节，同时随着现代物流的发展，整个社会对包装的要求越来越高，用系统的观点考虑包装问题，注重物流过程的整体效率及效益。同时，在现代物流“整体最优”这一思想指导下，不断地对包装进行优化。

二、物流包装的种类与特点

现代产品的种类多种多样，性能和用途却千差万别，对包装的要求也各不相同。同理，不同部门和行业对包装分类的要求也不相同，分类的目的也不一样。一般来讲，产品流通部门会按照包装在流通中所起到的作用进行分类；包装工业部门多按包装材料、包装技法等进行分类；运输部门则按不同的运输方式、方法进行分类等。常见的包装种类有以下几种。

（一）按包装在流通中的作用分类

按照包装在商品流通中的作用作为分类标志，可分为运输包装和销售包装。

1. 运输包装

运输包装又称外包装，是指在商品运输、储存和装卸过程中使用的商品包装，是保护商品的较大单元的包装形式。其目的主要是强化输送、保护运输途中的各种商品。

运输包装一般体积较大，外形尺寸标准化程度高，坚固耐用，广泛采用集合包装，表面印有明显的识别标志。例如，纸箱、木箱、桶、集合包装等，如图 6－1 所示。

由于运输包装的坚固程度比较大，所以其在使用过程中主要起到保护商品、方便运输、装卸、储存、节省仓租等作用，同时由于其集合性的表现，在使用过程中便于对物品进行计数。

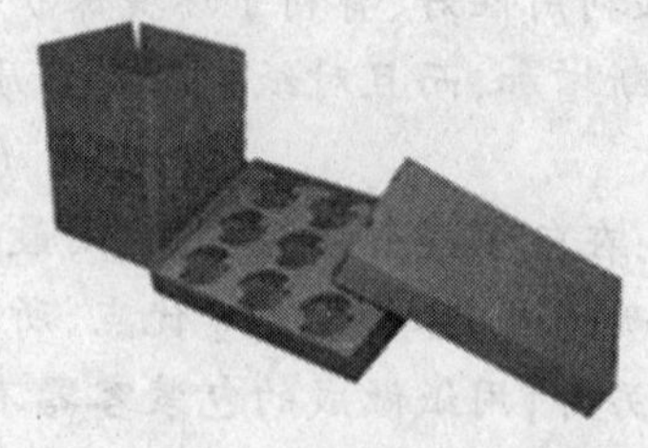

图6－1　运输包装

运输包装在使用过程中，要求在满足物流的基础上使包装费用越低越好，因此，在使用过程中尽量要在包装费用和物品价值损失两者之间寻找最优的效果。为了降低包装费，包装的防护性往往会随之降低，商品的流通损失就必然增加，这样就会降低经济效果。

2．销售包装

销售包装又称内包装，是指以容器或适当的材料盛装或包装商品，以便陈列销售的包装，是以一个商品为一个销售单元的包装形式，或若干个单体商品组成一个小整体的包装，是以促进销售为主要目的的包装。

对于销售包装来说，其特点是包装件小、外形美观、印刷装潢要求较高，包装单位适用于顾客的购买量以及商店陈设的要求。例如，盛装罐头食品的罐、听、盒；酒类商品的瓶和听装等，如图6－2所示。

图6－2　销售包装

（二）按包装制品材料的不同进行分类

按照包装制品的材料的不同，可将包装分为纸制品包装、塑料制品包装、金属包装、木质包装、玻璃与陶瓷包装和复合材料包装等。

1．纸制品包装

纸制品包装的用途比较广泛，是目前用量最多的一种包装，其品种复杂，包括牛皮纸、玻璃纸、瓦楞纸包装等，具有耐摩擦、耐冲击、质地细腻、易黏合、无味、无毒、价格低廉、可回收利用等特点。

2．塑料制品包装

塑料制品包装是以人工合成树脂为主要原料的高分子材料制成的包装。主要的塑料包装材料有聚乙烯（PE）、聚氯乙烯（PVC）、聚丙烯（PP）、聚苯乙烯（PS）、聚酯（PET）等。塑料包装主要有全塑箱、钙塑箱、塑料箱、塑料瓶等。其特点是质地较轻、能循环利用，但是要注意某些塑料薄膜袋和盒会造成白色污染的问题。

3. 金属包装

金属包装一般用作包装液体和气体。目前,主要应用的金属材料有镀锡薄板和铝合金。其特点是都具有隔绝水、汽及一般腐蚀性物质的能力,强度大,包装材料轻,无效包装较少,无毒,外观性能好,易装饰美化。

4. 木质包装

木质包装材料一般被使用于作为外包装,其具有抗压、抗震、抗挤、抗冲撞能力等特点。

5. 玻璃与陶瓷包装

玻璃及陶瓷包装材料具有抗腐蚀性,其强度较高,经常用于盛装食品、饮料、酒类、药品等,而且易于进行装潢和装饰。

6. 复合材料包装

复合材料是由多种材料复合而成,常见的符合材料有塑料与塑料复合、塑料与玻璃复合、塑料与纸复合、塑料与金属箔复合等。其特点是此包装材料同时具有复合的两种材料的特点。

(三) 按商品种类不同分类

包装可按商品种类的不同进行划分,可分为食品和饮料商品包装、轻工日用品商品包装、纺织品和服装商品包装、化工商品包装、医药商品包装、机电商品包装、电子商品包装、兵器包装等。

(四) 按包装在流通过程中的作用分类

1. 单件包装

单件包装是物品送到使用者手中的最小单位,用袋或其他容器对物体的一部分或全部包裹起来,并在包装上印有商品的标记或说明等信息资料。属于商业包装,起促进销售的作用,应注意包装的美观。

2. 内包装

将物品或单个包装,或数个归整包装,或置于中间容器中,目的是为了对物品及单个包装起保护作用。

3. 外包装

基于物品输送的目的,要起到保护作用并且考虑输送搬运作业方便,一般置于箱袋中。根据需要,对容器有缓冲防震、固定、防湿、防水的技术措施要求。

一般外包装有密封、增强功能,并有相应的标识说明。常见的有集装袋、集装箱和托盘。

(五) 按包装容器的软硬程度分类

按包装容器的软硬程度可分为硬包装、半硬包装和软包装。

(六) 按包装使用次数分类

按包装使用次数分类可分为一次用包装、多次用包装和周转包装。

三、物流包装的功能

尽管包装的类别多种多样,但人们通常会使用上文中的第一种分类方法,将包装分为运输包装和销售包装。一般情况下,运输包装也就是人们所说的物流包装。物流包装的功能有很多种,但是归纳起来,主要分为保护产品、方便储运、促进销售三种。

(一) 保护产品

保护产品是物流包装最重要的功能。产品从生产厂家到销售网点,往往要经过一定的时间和过程。在这个过程中,物流包装能够防止产品出现货损,防止产品发生化学变化(如化合、分解、氧化和锈蚀等),防止产品受鼠咬、虫蛀,还能防止异物混入和污染。物流包装对产品的保护功能一直到产品开始使用或者消费完毕之前都应该是有效的。

(二) 便利功能

物流包装的便利功能贯穿于产品流通的全过程中,可以说有了物流包装,便于产品的运输过程,便于产品的装卸,也便于产品的储存。同时,为产品的多次流转提供方便。

(三) 促进销售

物流包装也具有促进销售的功能,即商业功能。这是上述两种功能的扩展,只有容易识别、干净整洁、携带方便的物流包装才能吸引消费者、刺激消费,从而达到介绍和推销产品的目的。

第二节　物流包装合理化

所谓包装合理化,是指在包装过程中使用适当的材料和适当的技术,制成与物品相适应的容器,节约包装费用,降低包装成本,既满足包装保护商品、方便储运、有利销售的要求,又提高包装的经济效益的包装综合管理活动。它主要包含两个方面的内容,一是从经济层面考虑,要避免包装不足和包装过度,兼顾整体的物流效益与微观的包装效益;二是从技术层面考虑,合理地组合和运用各种包装材料、包装技术、包装方式,使其满足运输、仓储、装卸诸作业环节的需要,保证物流运作的质量。

一、物流不合理包装的表现

(一) 过度包装

过度包装是指包装功能与价值过剩的产品包装,其表现是:不合理地耗用了过多的包装材料,使包装体积过大,包装曾数过多或用奢华的包装装饰物来装点被包装得产品,超过了包装产品本身具有的保护商品、美化商品的功能要求,使消费者感觉名不副实,增加了消费者的负担,浪费了宝贵的包装资源。按照国际一般规定,包装成本不应超过产品出厂价格的15%,超过15%就属于“过度包装”。而现在一些产品,包装成本已超过30%。

(二) 包装不足

包装不足主要指包装的功能不能够有效地保护所盛产品的包装,主要有以下几种表现。

(1) 包装强度不足,从而使包装防护性不足,造成被包装物的损失。

(2) 包装材料水平不足。由于包装材料选择不当,材料不能很好承担运输防护及促进销售作用。

(3) 包装容器的层次及容积不足。缺少必要层次与不足所需体积造成损失。

(4) 包装成本过低。不能保证有效的包装。

(三) 包装设计不当

商品的外包装设计不合理,没有根据内装物的实际尺寸进行设计,造成包装空隙过大,本来能装八件商品的箱子可能只能盛装四件物品,使产品的运输成本、存放成本及包装材料等有不必要的浪费。

二、合理包装的原则

(一) 减量化原则(减少体积)

物流包装容器外部体积减少,材料费、运费就会相对下降。可以通过以下几种方式实现:

(1) 外部包装体积降低。

(2) 缓冲材料、固定材料的厚度降低。

(3) 单位容器的包装物品数量尽可能多。

(4) 容器内部物品的固定方式排列,积载效率就会相对提升。

(二) 轻量化原则

本着安全性考虑,尽量使用轻量化的材料,如木箱可以用加强型的纸箱替代,布托盘用纸盘代替等。必要场合需要对材料进行耐压、运输测试。

(三) 防治包装过剩的原则

充分考虑运输条件、保管条件,选择适当的材料。

(四) 标准化、通用化原则

标准化、通用化的包装,能够降低采购成本与管理成本。专用包装规格繁多,数量少、批量小是包装成本升高的主要原因之一。

(五) 搬运费用削减的原则

(1) 在选择包装时要考虑搬运、作业的效率。

(2) 包装的固定方法需要适合作业要求,能够提高作业效率。

(3) 最大限度做到通用化。

(4) 根据搬用所使用的台车、集装箱的积载、场内装卸、托盘的形状等因素综合考虑,最终设定包装外尺寸。

(5) 放弃选择不可重复使用的材料,优先使用可循环再利用的包装材料。

(六) 经济性原则

包装很重要,但是包装只能作为所盛物品的一个附属物质,消费者在购买产品的时候,都不希望包装占据过多的总价值,所以包装优化的过程中需要考虑到一定的成本问题,希望用最少的成本达到最好的效果。尽量不用或少用一次性包装,让包装的功能能够最大化。

(七) 环保性原则

包装是产生大量废弃物的环节,处理不好可能造成环境污染。包装材料最好可反复多次使用并能回收再生利用;在包装材料的选择上,还要考虑对人体健康不产生影响,对环境不造成污染,即所谓的"绿色包装"。

三、实现物流合理包装的途径

(一) 包装的轻薄化

由于包装只是起保护作用,对产品使用价值没有任何意义,因此在强度、寿命、成本相同的条件下,更轻、更薄、更短、更小的包装,可以提高装卸搬运的效率。

(二) 包装的单纯化

要求包装材料及规格、包装形状和种类应尽量单纯化,包装材料品种少,可使管理方便,包装形状和规格单一有利于提高作业效率,实现机械化。

(三) 包装的标准化

物流包装标准化是以整个物流环节的物流包装为对象,对包装的类型、规格、容量、使用材料,包装容器的结构类型、印数标志,产品的盛放方式、规格、缓冲措施、封装方法、名词术语、检验要求等给予统一的政策规定和技术指导。包装标准化的最终目标是实现国内包装国际标准化。我国已明确表示只要有条件就采用国际标准,但就我国目前物流的包装而言,完全用国际标准替代国内的各层次标准是不现实的。这其中既有国情因素,也有一个逐步与国际接轨的适应过程。

(四)包装的机械化。

为了提高作业效率和包装现代化水平,各种包装机械的开发和应用是很重要的。

(五)包装专业化

我国的物流包装业发展尚不成熟,主要由生产厂家直接采购进行产品的包装工作,并没有把包装作为一种外包服务而独立出去。在这种情形下,对产品的包装往往按照各自产品的特征来考虑,对运输空间和仓储空间的利用能够未必最佳。如果把包装环节从厂家剥离出来,交付给专业化的包装企业来完成,至少可以带来两方面的效益:一是把分散的包装业务集中到一起,可以产生一种规模效益;二是包装企业凭借其专业化,在包装过程中可以充分考虑仓库的堆码层数、运输过程的压力、机械操作过程,注意装卸、仓储、运输过程中的安全性,能够最大限度地提高物流效率。

(六)包装的绿色化

绿色包装(Green Package)又可称为无公害包装和环境之友包装,指对生态环境和人类健康无害,能重复使用和再生,符合可持续发展的包装。绿色包装在建设过程中首先要遵循4R原则。4R原则是指减量化(Reduce),即减少包装材料的消耗量;重复使用(Refill),即大型容器可再次填充使用;循环使用(Recycle);可回收使用(Recovery)。

日本90%的牛奶都是以有折痕线条包装出售,这是很好的教育,使小孩子自小就接触和使用有环保作用的"绿色"产品,这种容易压扁的包装不但生产成本较低,而且能够减少占用空间,方便运往循环并减少运输成本。还有日本常见的饮料Yakltt健康饮品也使用一种底部可以撕开,特别设计的杯形容器。在撕开底部后,人们能够轻易地把容器压扁,方便运往再循环。日本东京每年都举行包装设计比赛,一个叫Ecopac的获奖饮料包装,曾广泛使用。它的包装由100%再循环的纸板盒和盛饮料的袋子组成,这也就是所谓的衬袋盒(Bag in Carcon/Box)设计。其主要目的就是要人们能够轻易的把纸盒和袋子分开,送去再循环时就较容易处理。在日本市面上的饮料、酒类大多数采用这类包装。

第三节　物流流通加工管理

一、流通加工的含义

《中华人民共和国国家标准物流术语》(GB/T 18354—2006)对流通加工的定义为:"根据顾客的需要,在流通过程中对产品实施的简单加工作业活动(如包装、分割、计量、分拣、刷标志、栓标签、组装等)的总称。"也就是为了方便流通、方便储存、方便运输、方便销售、方便用户以及物资充分利用、综合利用而进行的加工活动。

流通加工起着生产与流通的桥梁和纽带的作用,是生产领域的延伸,也是流通领域的扩展,流通加工是流通中的一种特殊形式。

流通加工在物品从生产领域向消费领域流动的过程中,为了促进产品销售、维护产品质量和实现物流效率化、对物品进行加工处理、使物品发生物理或化学性变化的功能。作为一种辅助性的桥梁式的加工,可以弥补企业、物资部门、商业性部门的各种加工的程度不足的问题,更有效地根据顾客的要求来衔接生产和需求环节,使流通过程更加合理化,是物流活动中的一项重要的增值服务。

二、流通加工的方式

（一）流通加工的一般分类方法

由于流通加工的作用和目的不同，所以流通加工的方式也不相同，主要有以下几种。

1. 为弥补生产领域加工不足的深加工

有许多产品在生产领域的加工只能到一定程度，这是由于存在许多限制因素限制了生产领域不能完全实现终极的加工。例如，钢铁厂的大规模生产只能按标准规定的规格生产，以使产品有较强的通用性，使生产能有较高的效率和效益；木材如果在产地完成成材，制成木制品的话，就会造成运输的极大困难，所以原生产领域只能加工到圆木、板方材这个程度。进一步的下料、切裁、处理等加工则由流通加工完成。

这种流通加工实际是生产的延续，是生产加工的深化，对弥补生产领域加工不足有重要意义。

2. 为满足需求多样化进行的服务性加工

从需求角度看，需求存在着多样化和变化两个特点，为满足这种要求，经常是用户自己设置加工环节。例如，生产消费型用户的再生产往往从原材料初级处理开始。

就用户来讲，现代生产的要求，是生产型用户能尽量减少流程，尽量集中力量从事较复杂的技术性较强的劳动，而不愿意将大量初级加工包揽下来。这种初级加工带有服务性，由流通加工来完成，生产型用户便可以缩短自己的生产流程，使生产技术密集程度提高。

对一般消费者而言，则可省去繁琐的预处置工作，而集中精力从事较高级能直接满足需求的劳动。

3. 为保护产品所进行的加工

在物流过程中，直到用户投入使用前都存在对产品的保护问题，防止产品在运输、储存、装卸、搬运、包装等过程中遭到损失，使使用价值能顺利实现。和前两种加工不同，这种加工并不改变进入流通领域的“物”的外形及性质。比如，为了保证所运输的生鲜食品的质量，可采取冷冻、保鲜的方式；为了能够将大型机电产品安全的运送到使用地，可采用稳固、改装、涂油等方式。

4. 为提高物流效率，方便物流的加工

有一些产品本身的形态使之难以进行物流操作。例如，鲜鱼的装卸不太容易，储存操作困难，可采取冷冻保鲜的方式进行处理；过大设备搬运、装卸困难，可对其进行解体，以提高工作效率；气体物运输、装卸困难，可使用液化的方式，等等。这种加工往往改变“物”的物理状态，不改变其化学特性，并最终仍能恢复原物理状态。

5. 为促进销售的流通加工

流通加工可以从若干方面起到促进销售的作用。例如，将过大包装或散装物（这是提高物流效率所要求的）分装成适合一次销售的小包装的分装加工；将原以保护产品为主的运输包装改换成以促进销售为主的装潢性包装，以起到吸引消费者、指导消费的作用；将零配件组装成用具、车辆以便于直接销售；将蔬菜、肉类洗净切块以满足消费者要求，等等。这种流通加工可能是不改变“物”的本体，只进行简单改装的加工，也有许多是组装、分块等深加工。

6. 为提高加工效率的流通加工

许多生产企业的初级加工由于数量有限加工效率不高，也难以投入先进科学技术。流通加工以集中加工形式，解决了单个企业加工效率不高的弊病。以一家流通加工企业代替了若干生产企业的初级加工工序，促使生产水平有一个发展。例如，水泥的运输与使用，以往习惯上以粉状水泥供给用户，由用户在建筑工地现制现拌混凝土使用。而现在将粉状水泥输送到使用地区的流通加工据点（集中搅拌混凝土工厂或称生混凝土工厂，在那里搅拌成生混凝土，然后供给各个工地或小型构件厂使用。这是水泥流通加工的另一种重要方式。

7. 为提高原材料利用率的流通加工

流通加工利用其综合性强、用户多的特点，对木材与钢材等可以实行合理规划、合理套裁、集中下料的办法，这就能有效提高原材料利用率，减少损失浪费。

8. 衔接不同运输方式，使物流合理化的流通加工

在干线运输及支线运输的结点，设置流通加工环节，可以有效解决大批量、低成本、长距离干线运输多品种、少批量、多批次末端运输和集货运输之间的衔接问题，在流通加工点与大生产企业间形成大批量、定点运输的渠道，又以流通加工中心为核心，组织对多用户的配送，也可在流通加工点将运输包装转换为销售包装，从而有效衔接不同目的的运输方式。

9. 以提高经济效益，追求企业利润为目的流通加工

流通加工的一系列优点，可以形成一种"利润中心"的经营形态，这种类型的流通加工是经营的一环，在满足生产和消费要求基础上取得利润，同时在市场和利润引导下使流通加工在各个领域中能有效地发展。例如，从商场退回的衣服，一般在仓库或配送中心重新分类、整理、改换价签和包装，可再次进行销售；目前国内一些出版公司对某些书籍进行简单的装帧、套书壳、拴书签，可将书籍的销售价格提升不止一倍。

10. 生产—流通一体化的流通加工形式

依靠生产企业与流通企业的联合，或者生产企业涉足流通，或者流通企业涉足生产；形成的对生产与流通加工进行合理分工、合理规划、合理组织，统筹进行生产与流通加工的安排，这就是生产—流通一体化的流通加工形式。这种形式可以促成产品结构及产业结构的调整，充分发挥企业集团的经济技术优势，是目前流通加工领域的新形式。

（二）常见产品的流通加工的方式

1. 食品的配送加工

1）冷冻冷藏保鲜加工

一般而言，水产品和肉类在流通过程中需要注意产品的保鲜问题，而且鲜品的装卸搬运不是很方便，所以常使用冷冻的方法让水产品和肉类的形状能够稳固，这样既方便运输又方便储藏。同样对于某些对温度要求比较高的液体商品、药品，也可以采取同样的方式进行流通加工处理。

2）分选加工

所谓分选加工，是指通过人工或机械的分选方式对规格、质量差异较大的农副产品进行加工挑选，这样可以使不同品质的产品区分明确，方便在后续销售过程中换取更高的利润。这种方法常用于果类、瓜类、谷物和棉毛原料的处理。

3）精制加工

对于农、牧、副、渔等产品的鲜品运输不方便的问题，可采取在产地或成批运到销售地进行深加工的处理，这样不但方便购买者可以直接购买到完善的产品，还可以对加工的淘汰物进行综合利用。比如，成批处理的鱼类内脏可作为药物或饲料；鱼鳞可以制作成为生物粘合剂；蔬菜的剩余物作饲料、肥料等。超市货柜里摆放的各类洗净的蔬菜、水果、肉末、鸡翅、香肠和咸

菜,无一不是流通加工的产物,这些商品在摆进货柜之前,进行了包括分类、清洗、装袋、包装、贴商标和条形形码等多种加工工序。

4）分装加工

分装加工主要指像某些进口食品在销售的过程中可采取将原来的运输的大包装改成销售的小包装;将散装的物品进行简单包装,方便销售。这样,既可以节约运费,又安全保险,以较低的成本,卖出较高的价格,附加值大幅度增加。

2. 钢材的流通加工

钢材的流通加工,例如,钢板的切断,型钢的熔断、厚钢板的切割和线材加工等。其优点:一般规模的生产企业若单独剪切,难以解决因用料高峰和低谷的差异,容易引起设备忙闲不均和人员浪费的问题;专业钢板剪切企业能够利用专业的设备,按照用户的要求进行高精度、快速度、少费料、低成本的套裁加工;而且,钢材的流通加工企业还可以提供出售加工原材料和加工后的成品配送服务。因此,采用委托加工方式,用户省心、省力、省钱,简化生产环节,提高生产效率,有利于设备利用率最大、产生规模效益。

3. 木材的流通加工

1）磨制木屑、压缩输送

目前,很多木材的用途主要是制纸,或加工成制作家具的各种复合板材,而原木的运输并不是很方便,经常出现车辆满载率不高、运输途中容易滑落,造成交通事故等问题,所以可以将原木磨成木屑,压缩成容重较大、容易装运的形状,运至靠近消费地的造纸厂和板材厂。

2）集中开木下料

原木锯截成各种规格锯材,同时将碎木、碎屑集中加工成各种规格板,还可进行打眼、凿孔等初级加工,使原木利用率提高到95%,出材率提高到72%左右。

4. 平板玻璃的流通加工

设立若干个玻璃套裁中心,负责按用户提供的图纸统一套裁开片,向用户供应成品,用户可以将其直接安装到采光面上;从工厂到套裁中心的稳定、高效率、大规模的平板玻璃“干线输送”;从套裁中心到用户的小批量、多户头的“二次输送”。

5. 常见生活用品

自行车、助力车可采用生产地拆零装箱运输,销售地销售时组装的方式;目前很多服装制作企业开始采取集中套裁的方式,然后在店内根据顾客的身材,进行后续组装加工的销售方式;书籍可采用批量配送到销售地后,根据该地区人们的需求和消费情况进行不同档次的装帧和套书壳等操作;而对于酒、化妆品等开始用大量原液配送的方式,到达销售目的地之后再进行分装。

三、流通加工与生产加工的区别

流通加工和一般性的生产加工在加工方法、加工组织、生产管理方面并无显著区别,但在加工对象、加工程度方面有较大的差别,主要表现在下面五个方面:

(一) 加工对象的区别

流通加工的加工对象是进入流通环节的商品,具有商品的属性。生产加工的对象不是作为最终销售的商品,而是原材料、零配件和半成品。

(二) 加工程度的区别

流通加工大多是对商品的简单加工,是对完成大部分加工活动的商品的一个辅助和补充性的加工活动，主要包括解包分装、裁剪分割、组配集合、废物再生利用等。生产加工则多需要设立专门的生产车间、完成一系列的生产加工过程，多是复杂加工。特别需要指出的是，流通加工绝不是对生产加工的取消或代替。

（三）附加价值的区别

从价值观点看，生产加工目的在于创造价值及使用价值。流通加工则是在于不断完善产品的使用价值并在不作大改变的情况下提高产品的价值。

（四）加工责任人的区别

流通加工的组织者是从事流通工作的人，能密切结合流通的需要进行这种加工活动。生产加工是由生产企业负责的。

（五）加工目的的区别

流通加工多是以自身流通为目的，为方便流通创造条件。商品生产是为交换为消费而产生的，其目的在于创造物资的使用价值，使它们能成为人们所需要的商品。

四、实现流通加工合理化的途径

流通加工合理化的含义是实现流通加工的最优配置，不仅做到避免各种不合理，使流通加工有存在的价值，而且作出最优的选择。

为避免各种不合理现象，对是否设置流通加工环节，在什么地点设置选择什么类型的加工，采用什么样的技术装备等，需要作出正确的抉择。

（一）加工和配送相结合

这是将流通加工设置在配送点中，一方面按配送的需要进行加工，另一方面加工又是配送业务流程中分货、拣货、配货之一环，加工后的产品直接投入配货作业，这就无需单独设置一个加工的中间环节，使流通加工有别于独立的生产，而使流通加工与中转流通巧妙结合在一起。同时，由于配送之前有加工，可使配送服务水平大大提高。这种方法在煤炭、水泥等产品的流通中已表现出较大的优势，如图 6－3 所示。

图 6－3　配送加工结合图

（二）加工和配套相结合

产品配套包括产品规格系列配套和产品部件、零件配套。目前，社会化大生产的形式下，配送产品在对配套要求较高的流通中，配套的主体来自各个不同的生产单位，但是，完全配套有时无法全部依靠现有的生产单位，进行适当流通加工可以有效促成配套，大大提高流通的桥梁与纽带的能力。

（三）加工和合理运输相结合

流通加工能有效衔接干线运输和支线运输，促进两种运输形式的合理化。利用流通加工，在支线运输转干线运输或干线运输转支线运输这本来就必须停顿的环节，不进行一般的支转干或干转支，而是按干线或支线运输合理的要求进行适当加工，从而大大提高运输及转载水平。

(四)加工和合理商流相结合

通过加工有效促进销售,使商流合理化,也是流通加工合理化的考虑方向之一。加工和配送的结合,通过加工提高配送水平,强化销售,是加工与合理商流相结合的一个成功的例证。

此外,通过简单地改变包装加工,形成方便购买量,通过组装加工解除用户使用前进行组装、调试的难处,都是有效促进商流的例子。

(五)加工和节约相结合

节约能源、节约设备、节约人力、减少耗费是流通加工合理化考虑的重要因素,也是目前我国设置流通加工,重在减少分散的加工活动,以减少浪费的形式。

(六)确定合理的加工能力

通过生产加工,还是选择流通加工,决策的合理性不仅体现在加工成本的降低,更重要的是通过选择实现整体成本的降低,包括加工成本、物流成本、资金成本等的综合,如图6-4所示。

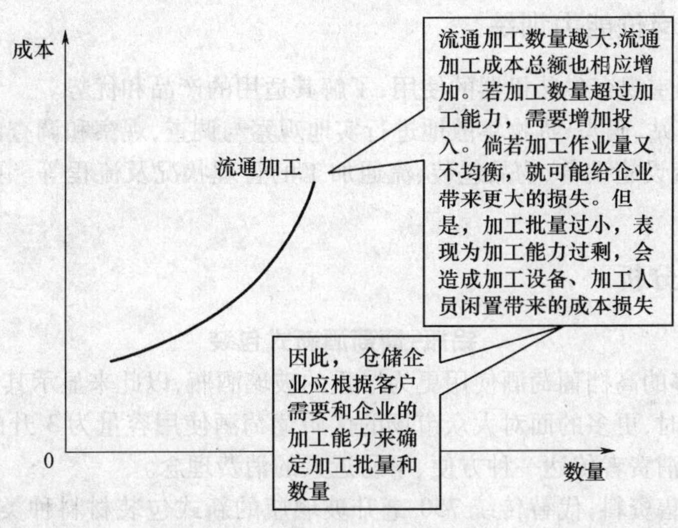

图6-4 加工成本优化图

➢ 基本技能训练

◉ 自我测试

(一)填空题

1. 包装具有保护商品、(　　　)和(　　　)的功能。

2. 按包装在流通过程中的作用分类,可分为(　　　)和(　　　)两类。

3. 流通加工与生产加工在加工方法、加工组织、生产管理等方面并无显著区别,但在(　　　)、(　　　)、(　　　)、(　　　)和(　　　)有区别。

(二)选择题

1. 流通加工满足用户的需求,提高服务功能,成为(　　　)的活动。

A 高附加值　　　B 附加加工

C 必要附加加工　　　D 一般加工

2. 按包装技术方法可分为(　　)。

A　防湿包装　　B　硬包装

C　运输包装　　D　出口包装

3. 下列不属于包装的目的和意义的是(　　)。

A　便于储运　　B　保护产品

C　价值增值　　D　促进销售

4. 流通加工主要是为促进与便利(　　)而进行的加工。

A　流通　　B　增值

C　流通与销售　　D　提高物流效率

(三) 思考题

1. 试分析不合理的包装方式有哪些？如何实现包装的合理化？

2. 绿色包装的含义是什么？试寻找生活中绿色包装的实例。

3. 列举你生活中所见到的集中典型的流通加工的例子,并分析它的作用与意义。

◉ 模拟职业岗位能力训练

1. 到学校实训室观察包装机器的使用,了解其适用的产品和优势。

2. 分小组到车站、码头、货物集散地进行实地观察与调查,观察和调查的内容包括这些场所的基本业务、物流设施设备、物品包装、流通加工的管理状况及流程等。要求撰写调查报告1000字以上。

◉ 应用案例分析

铝瓶:葡萄酒新式包装

时下,越来越多的高档葡萄酒使用更为厚重的玻璃酒瓶,以此来显示其消费群体奢华的葡萄酒消费理念。同时,更多的面对大众市场的优质葡萄酒使用容量为3升的盒装和独立包装的塑料、铝包装,向消费者传达一种方便、平易近人的消费理念。

根据最近的销售资料,代替传统750毫升玻璃瓶的新式包装材料种类繁多,让人大开眼界。AC尼尔森(ACNielsen)公司最新公布的食品、药物和酒类商店调查统计材料显示,3升装的葡萄酒销售总量从2005年9月份至今增加了42.5%,同期传统包装葡萄酒销售量增加了7%;187毫升独立塑料瓶包装的葡萄酒年销量增长了16.3%。

几十年前,螺旋盖盒装葡萄酒就已经开始面向大众销售。葡萄酒营销专家认为,当今的葡萄酒包装形式与以往并无大异,所不同的只是葡萄酒的质量在不断改进。究其原因,主要得益于葡萄酒种类的繁多以及不同的包装方式所传达的不同的消费理念。

2003年,黑盒葡萄酒公司(BlackBoxWines)以25美元的零售价发售3升箱装2001年份纳帕谷霞多丽葡萄酒,等同于每瓶6.25美元的传统瓶装葡萄酒。此举为零售价为16至20美元的盒装葡萄酒打开了新的市场份额。

2005年,白令酒业(Beringers)和菲泽酒业(Fetzer Vineyards)引进了187毫升装的塑料瓶包装。有关人士预测,不久的将来很可能风行铝瓶包装:宾夕法尼亚的CCL容器包装公司CCLContainer和俄亥俄州的伊科萨尔(Exal)包装公司都曾不断地被问及开发类似啤酒和功能饮料包装的铝瓶葡萄酒包装的可能性。伊科萨尔公司现正与盖斯威力(Geyserville)的托伊兰特形象公司(Yoy Rat Imagery)合作,共同致力于命名为"铝瓶联盟"(Aluminum Bot - tle Consortium)的项目。

位于海德堡(Heldsburg)的廷克奈尔(Tincknell)葡萄酒营销公司曾参与黑盒公司的市场运作,他正与当地的葡萄酒厂合作,研究使用独立的铝瓶盛装葡萄酒。

保罗说,铝瓶装葡萄酒预计今年内会进入市场。与传统的玻璃瓶包装相比,铝瓶包装重量轻、成本低廉,瓶体到瓶颈上可印刷6种颜色。制造玻璃瓶所需的模子造价高达50000美元,而制作铝瓶的成本却低得多。葡萄酒厂商现在需要解决的首要问题是塑料瓶的氧气渗透和为改换铝瓶更改生产线。

问题

1. 包装材料和包装方式在生产力不同的发展阶段上,有不同的变化。除了案例中铝瓶代替玻璃瓶的例子外,你还能举出其他有关包装材料变化的例子么?

2. 用铝瓶作为葡萄酒的容器有何好处?你认为铝瓶还可以做哪些产品的容器?

(摘自:http://www.21food.cn/html/news/9/107396.htm)

➤ 信息传递

◉ 相关链接

(一) 菠菜采后处理技术

菠菜耐寒能力强,能忍受-7℃左右的低温,解冻后仍可恢复新鲜状态。因此,菠菜冻藏就是要求温度降到菠菜冰点以下,细胞中的游离水开始冻结,当外界温度逐渐升高时,细胞的生活功能开始恢复,即要在不致丧失蔬菜组织细胞生活功能的前提下冻结。同时,在这样的低温下,抑制酶的活性和病菌的活动,从而使蔬菜能长期贮藏。

1. 采收

一般早秋菠菜播后40天~45天开始收获,冬季栽培的要60天~70天才可采收。用于贮藏的菠菜要注意控制浇水量,收获前1周停止浇水,减少植株含水量,使植株健壮、不徒长,叶片呈深绿色、厚实。采收宜在晴天进行,雨后过湿不宜采收。

2. 质量检测要求(外观)

菠菜应鲜嫩、翠绿,叶片光洁,无泥土及草,无白斑,无病虫害,无老叶、黄叶、子叶。切根后,根长不超过0.5厘米,净菜茎叶5根~7根,茎叶全长14厘米~20厘米。

3. 本地鲜销

菠菜从菜地采收后,在清水池中轻轻淋洗,去掉污泥,即放室内整理1遍,按质量检测要求分成等级,扎成0.5千克~1千克的小捆,而后整齐地装入菜筐,运至销售点,保持鲜嫩销售。

4. 采后预处理

用于采后贮藏的菠菜要进行预处理,收获后摘去黄枯烂叶,留部分短根,并处理干净,整理捆把,约0.5kg为1把,装筐,放置阴凉处预贮降温,或用冷藏设备预冷。

5. 包装与贮藏

菠菜储藏的适宜温度为0℃~2℃,相对湿度为90%~95%,氧气含量为11%~12%,二氧化碳含量为5%~6%,故宜采用塑料薄膜包装或人工气调储藏。将待储菠菜进行挑选、整理,剔除病株和单片叶后打捆(每捆以0.5千克为宜),然后装入筐内,每筐约装10千克,在0℃~10℃条件下预冷1天。预冷后的菠菜用0.04千克~0.06毫米厚的聚乙烯薄膜制成100厘米×75厘米规格的袋子包装,每袋装7.5千克,装袋时,将菠菜根朝袋的两端,叶对叶码3层,每层8捆，装袋后，松扎袋口，分层摆放在冷库的菜架上。为保护袋内气体成分稳定，每隔7天~10天测1次二氧化碳含量，可采用开袋换气1次，并擦去袋内凝结水。用以上储藏方法，菠菜可储存1个~2个月。也可用塑料筐或箱直接包装、堆码，码垛用塑料薄膜大帐覆盖封闭储藏。

（二）水泥的流通加工

1. 水泥熟料的流通加工

在需要长途运入水泥的地区，变运入成品水泥为运进熟料这种半成品，即在该地区的流通加工（磨细工厂）磨细，并根据当地资源和需要的情况掺入混合材料及外加剂，制成不同品种及标号的水泥供应给当地用户，这是水泥流通加工的一种重要形式。在国外，采用这种物流形式已有一定的比重。

在需要经过长距离输送供应的情况下，以熟料形态代替传统的粉状水泥有很多优点：

1）可以大大降低运费、节省运力

运输普通水泥和矿渣水泥平均约有30%上的运力消耗在矿渣及其他各种加入物上。在我国，水泥需用量较大的地区，工业基础大都较好，当地又有大量的工业废渣。如果在使用地区对熟料进行粉碎，可以根据当地的资源条件选择混合材料的种类，这样就节约了消耗在混合材料上的运力，节省了运费。同时，水泥输送的吨位也大大减少，有利于缓和铁路运输的紧张状态。

2）可按照当地的实际需要大量掺加混合材料

生产廉价的低标号水泥，发展低标号水泥的品种，就能在现有生产能力的基础上更大限度地满足需要。我国大、中型水泥厂生产的水泥，平均标号逐年提高，但是目前我国使用水泥的部门大量需要较低标号的水泥。然而，大部分施工部门没有在现场加入混合材料来降低水泥标号的技术设备和能力，因此，不得已使用标号较高的水泥，这是很大的浪费。

如果以熟料为长距离输送的形态，在使用地区加工粉碎，就可以按实际需要生产各种标号的水泥，尤其可以大量生产低标号水泥，以减少水泥长距离输送的数量。

3）容易以较低的成本实现大批量、高效率的输送

从国家的整体利益来看，在铁路输送中运力利用率比较低的输送方式显然不是发展方向。如果采用输送熟料的流通加工形式，可以充分利用站、场、仓库等地现有的装卸设备，又可以利用普通车皮装运，比散装水泥方式具有更好的技术经济效果，更适合于我国的国情。

4）可以大大降低水泥的输送损失

水泥的水硬性是在充分磨细之后才表现出来的，而未磨细的熟料抗潮湿的稳定性很强。所以，输送熟料也基本可以防止由于受潮而造成的损失。此外，颗粒状的熟料也不像粉状水泥那样易于散失。

5）能更好地衔接产需，方便用户

采用长途输送熟料的方式，水泥厂就可以和有限的熟料粉碎工厂之间形成固定的直达渠道，使水泥的物流更加合理，从而实现经济效果较优的物流。水泥的用户也可以不出本地区而直接向当地的熟料粉碎工厂订货，因而更容易沟通产需关系，大大方便了用户。

2. 集中搅拌混凝土

改变以粉状水泥供给用户，由用户在建筑工地现场拌制混凝土的习惯方法，而将粉状水泥输送到使用地区的流通加工点，搅拌成混凝土后再供给用户使用，这是水泥流通加工的另一种重要加工方法。这种流通加工方式，优于直接供应或购买水泥在工地现场搅拌制作混凝土的

技术经济效果。因此,这种流通加工方式已经受到许多国家的重视。

这种水泥流通加工方法有如下优点:

(1) 将水泥的使用从小规模的分散形态改变为大规模的集中加工形态,因此可以利用现代化的科技手段,组织现代化大生产;

(2) 集中搅拌可以采取准确的计量手段,选择最佳的工艺,提高混凝土的质量和生产效率,节约水泥;

(3) 可以广泛采用现代科学技术和设备,提高混凝土质量和生产效率;

(4) 可以集中搅拌设备,有利于提高搅拌设备的利用率,减少环境污染;

(5) 在相同的生产条件下,能大幅度降低设备、设施、电力、人力等费用;

(6) 可以减少加工据点,形成固定的供应渠道,实现大批量运输,使水泥的物流更加合理;

(7) 有利于新技术的采用,简化工地的材料管理,节约施工用地等。

◉ 前沿理念

国内外软包装市场的发展特点

目前以江苏、无锡、常州为例,无锡、常州已批准的外商独资、合资兴办的包装印刷企业已超过120家,注册资本已达6亿多元。这一发展势头要求我们必须重视包装印刷工业的发展,现代包装产业的四大支柱,纸、塑料、玻璃、金属中,纸制品、塑料软包装增长最快。

(一) 大力发展纸基包装印刷品

重点发展低克重、高强度、轻量化的高档纸箱、折叠纸盒,向礼品化、彩色化方向发展。首先是以折叠纸盒为主的纸制品包装将有较大的发展空间,其次是多层纸板复合材料应用越来越广泛。由于用户对纸制品的质量和性能要求越来越高,导致多层材料的用量有进一步增加的趋势。如酒盒和食品盒等大多采用2层~3层复合纸板材料,以纸张为基材的多层材料(4层~7层),在阻隔性要求较高的纸包装(如饮料纸盒)领域将得到越来越广泛的应用。

(二) 大力发展纸塑包装

纸和塑料是包装印刷工业中使用最广泛的两种材料,并将长期共存。在食品、医药(我国制药企业有6000多家,年销售额达1200亿元)、保健品、奶制品、化妆品、洗涤用品等许多领域,塑料软包装都扮演着越来越重要的角色。目前,世界塑料包装产品的发展呈现以下特点:新型聚酯包装更有发展前途;新型降解塑料受到关注;发泡塑料零污染得到重视。

国内塑料包装的发展重点有以下几个方面:提高保护性能,延长货架寿命的高阻隔包装材料,如高阻隔共挤复合薄膜的开发应用等;无菌包装材料、抗菌性包装膜、耐辐射包装膜的开发及应用;适用于电磁灶、微波炉加热性包装材料;适用于粮食等农产品储存的包装材料可控气调包装;电磁屏蔽用复合薄膜等;卷筒纸和单张纸凹印产品,根据市场需要将有较大的发展。

(三) 无污染绿色包装越来越受到社会重视

目前,我国的包装印刷企业正朝着健康有序的方向发展。

今天的美国市场上约有20%~30%消费品是以软包装形式出现。推动软包装市场份额不断扩大的因素,是片状结构阻断性能的先进性和经济高质的柔印效果。其中,软包装在商标印刷市场份额巨大,该市场金属和玻璃容器包装在不断让位于PET和其他硬质塑料等软包装材料。未来2年~3年,站立式小袋包装将是软包装行业最有活力的市场。

美国印刷界已把柔性版印刷作为软包装的首选,之所以选择柔性版印刷是因为在中小型印量中,总体花费比凹版少。驱动软包装发展的因素主要有以下几点:食品、化妆品和药品的铝塑复合膜包装已成为一种趋势;药品一次性使用包装的增长;消费者对家用方便食品需求日益上升。美国商家为了吸引潜在消费者购买同一类产品,会采取不同的包装形式。比如,金枪鱼、干谷类食品就有铝制、折叠纸盒、柔性版包装等多种形式,这样印刷量相对变小,使柔性版比凹版更容易接受。

中国包装联合会简介

中国包装联合会是经国务院批准成立的国家级行业协会之一,其前身中国包装技术协会成立于1980年,经民政部批准于2004年9月2日正式更名为"中国包装联合会"。联合会下设22个专业委员会,在全国各省、自治区、直辖市、计划单列市和中心城市均设有地方包协组织,拥有近6000个各级会员。

中国包装联合会与世界上20多个国家和地区的包装组织建立了联系与合作关系,并代表中华人民共和国参加了世界包装组织、国际瓦楞纸箱协会、亚洲包装联合会、亚洲瓦楞纸箱协会、欧洲气雾剂联盟等国际包装组织。

中国包装联合会是中国包装行业的自律性行业组织,其宗旨是:在国务院国有资产监督管理委员会的直接领导下,围绕国家经济建设的中心,本着服务企业、服务行业、服务政府的"三服务"原则,依托全国地方包装技术协会和包装企业,促进中国包装行业的持续、快速、健康、协调发展。

中国包装联合会的主要业务:

(1) 落实国家包装行业方针政策,协助国务院有关部门全面开展包装行业管理和指导工作;

(2) 制定包装行业国家五年发展规划;

(3) 开展全行业调查研究,提出有关经济发展政策和立法方面的意见和建议;

(4) 经政府主管部门同意和授权进行行业统计、发布行业信息;

(5) 创办刊物,开展咨询;

(6) 组织人才、技术、职业培训;

(7) 组织技术交流会、展览会等;

(8) 经政府部门同意,参与质量管理和监督工作;

(9) 指导、帮助企业改善经营管理;

(10) 组织科技成果鉴定和推广应用;

(11) 开展国内外经济技术交流与合作;

(12) 制定并监督执行行规行约,规范行业行为;协调同行价格争议,维护公平竞争;

(13) 反映会员要求,协调会员关系,维护会员的合法权益;

(14) 经政府部门授权和委托,参与国家投资或国家控股企业重大技术改造、技术引进、投资与开发项目的前期论证;

(15) 受政府有关部门委托,组织、修订国家标准和行业标准,并组织贯彻实施;

(16) 受政府有关部门委托,参与行业生产、经营许可证发放有关工作,参与企业产品从业人员的资质审查;

(17) 参与指导包装产品市场的建设;

(18) 发展行业和社会公益事业;

(19) 承担政府部门委托的其他任务等。

http://www.paper.com.cn 2008-09-08 中国包印联合网

➤归纳提高

◉ 本章简明小结

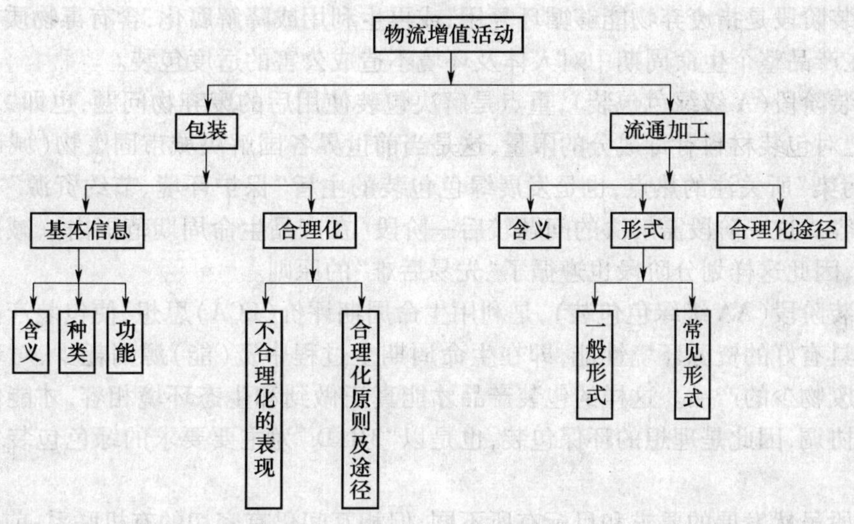

◉ 课后任务

资料阅读:我国绿色包装的发展方案研究

绿色包装的科学定义是根据生命周期思想确定的,其定义是:能够循环复用或再生利用或降解腐化,且在产品的整个生命周期中对人体及环境不造成公害的适度包装,称为绿色包装。

该定义较当前流行的"3R1D"更全面和严密,其内涵是:

1. 实行包装减量化(Reduce)

绿色包装在满足保护、方便、销售等功能的条件下,应是材料使用量最少的适度包装。

2. 包装应易于重复利用(Reuse)或回收再生(Recycle)

通过多次重复使用或通过回收废弃物,生产再生制品、焚烧利用热能、堆肥化改善土壤等措施,达到再利用的目的。

3. 包装废弃物可降解腐化(Degradable)

为不形成永久垃圾,不可回收利用的包装废弃物要能分解腐化,进而达到改善土壤的目的。

4. 包装材料对人体和生物应无毒无害

包装材料中不应含有毒性的元素、卤素、重金属或含有量应控制在有关标准以下。

5. 在包装产品的整个生命周期中,均不应对环境产生污染造成公害。

这就是说,包装产品从原材料采集、材料加工、产品制造、产品使用、废弃物回收再生,直至最终处理的生命全过程均不应对环境造成污染。

"3R1D"要求的重点是包装废弃后,而生命周期的定义则是对包括包装废弃后、废弃前的全过程提出的要求,是用系统工程的观点对绿色包装提出的最高要求。绿色包装系一种理想包装,完全达到它的要求需分为两个有程度区别、又有相互联系的级别;或者说分为两个阶段,实行"两步走"的方案。

1. 绿色包装阶段或 A 级绿色包装

绿色包装阶段是指废弃物能够循环复用、或再生利用或降解腐化,含有毒物质在规定限量范围内的适度包装。

2. 生态包装阶段或 AA 级绿色包装

生态包装阶段是指废弃物能够循环复用、或再生利用或降解腐化,含有毒物质在规定限量范围内,且在产品整个生命周期中对人体及环境不造成公害的适度包装。

绿色包装阶段(A 级绿色包装),重点是解决包装使用后的废弃物问题,也即"3R1D"考虑的内容,加上对包装材料有毒成分的限量,这是当前世界各国解决城市固废物(城市垃圾),尤其是"白色污染"所关注的热点,也是发展绿色包装的主旨"保护环境、节约资源"在当前要解决的主要内容。这一阶段需解决的问题较后一阶段(在产品生命周期范围内),减少或消除污染容易一些,因此这样划分阶段也遵循了"先易后难"的原则。

生态包装阶段(AA 级绿色包装),是利用生命周期评价(LCA)思想,使包装产品在生命周期全过程中具有好的资源环境性能,即在生命周期全过程中资(能)源消耗少、对环境排放的废气、废水、废物少的产品。这样的包装产品才能真正做到和生态环境相容,才能使包装的发展与环境相协调,因此是理想的环保包装,也是以"3R1D"为主要要求的绿色包装发展的高级阶段。

两个阶段虽然发展的要求和目标有所不同,但相互间仍有密切的有机联系:前一阶段是后一阶段的必要过程,为后一阶段的发展打下了坚实基础;而后一阶段需在前一阶段的基础上进行,并是前一阶段发展的最终目标。因此在前一阶段发展过程中,在解决本阶段重点问题的同时,如有条件,就应尽可能联系后一阶段实现最终目标的需要采取措施,如建立环境管理体系、实行清洁生产等。

(一)绿色包装的判据

(1)包装材料中有毒有害成分应在限量之内,特别是铅、镉、汞和六价铬 4 种重金属及有害物最小化,4 种重金属应达到国际上 100mg/kg(即 100ppm)的标准。

(2)包装材料实行减量化。

(3)包装废弃物能重复使用,或材料回收再生,或能源回收再生,或化学物回收再生。

(二)绿色包装阶段应采取的主要举措

1. 制定包装材料有毒有害成分的限量标准

一般标准应包括铅、镉、汞和六价铬 4 种重金属及氯、氟氯烃、苯等有害元素的限量标准;食品包装材料(包括主材、添加剂、色素、以及粘合剂、油墨、涂料等助剂)则应按塑料、纸、陶瓷、橡胶、马口铁等大类分别制定有害元素限量及比迁移极限的类别安全标准。实施包装材料有毒有害成分的限量标准是应对欧美绿色包装制度最重要的措施之一。

2. 实施包装减量化,制定过分包装标准

包装减量化能从源头上减少包装材料和包装废弃物数量,被欧美誉为包装绿色化的首选措施。实施包装减量化,首先是包装设计人员要有绿色环保、节约资源的意识,在选用材料、结构设计、工艺设计、装潢印刷设计中都应实施减量化。北京奥瑞金制罐有限公司通过改进工艺,将番茄罐罐身的马口铁薄板从0.2毫米减少到0.15毫米,1亿个罐能节约马口铁薄板278吨;将番茄罐上下底盖的马口铁薄板从0.18毫米减少到0.16毫米,1亿个罐能节约马口铁薄板134吨;合计共节约马口铁薄板412吨,获得了显著的经济效益。

过分包装耗材、耗能、耗时、耗人力,且使购买价格提高,废弃物增多,因此与绿色包装背道而驰,必须禁止。确定包装是否属于过分包装有三种判断方法:即按包装与商品的成本比或按包装内空隙占商品体积的比例来判断,欧盟“94/62/EC指令”考虑到适度包装的多种属性,提出需从满足保护功能、制造要求、填充灌装需要、物流管理要求等10种性能指标来判断包装是否“过分”。显然,欧盟“94/62/EC指令”虽考虑全面,但实际操作不便,故实际工作中仍常采用前两种方法,考虑到各类商品的属性差异大,所以按商品分类来确定“过分”的标准较为适宜。例如,国家标准委拟在《食品和化妆品限制商品过度包装要求》中规定:饮料酒、糕点、茶叶、化妆品这4类商品的包装层数必须不超过3层,粮食的包装层数必须不超过2层;在“包装空隙率”指标上,要求饮料酒、糕点的包装空隙必须不超出商品体积的55%,化妆品不超出50%,茶叶不超出25%,粮食不超出10%;不属于饮料酒、糕点、茶叶、粮食的其他食品包装空隙率应不大于45%,包装层数应不多于3层;此外,标准还拟规定,除初始包装之外的所有包装成本的总和不宜超过商品销售价格的12%。

3. 建设包装废弃物回收利用网络,发展包装后期产业,大力开展包装废弃物回收利用

发展绿色包装,关键是要做好研发绿色包装材料和回收利用包装废弃物两方面工作。从保护环境、节约资源考虑,后者量大面广,显得更重要。回收利用包装废弃物的关键又是建设包装废弃物回收利用网络,发展包装后期产业。我国目前的废物回收依靠个体承包者,存在的问题是回收站点无序发展和缺少回收利用一体化的龙头企业。今后应按照市场运作机制,并根据我国人多地大的国情,建立起由社区网络回收——集散市场交易——加工利用中心“三位一体”的回收利用运作体系;国家也应从财政、税收、建设用地、工商管理、车辆养路费、劳动保护、技术改造及创新等七个方面对再生资源回收体系建设给予优惠扶持政策。

回收利用运作体系的建设,将对我国绿色包装发展、建设循环经济社会产生重要影响。国家应尽快出台“包装废弃物(再生资源)回收利用网络体系建设及运作”的立法。

4. 大力开展包装重复利用

包装多次重复利用是充分利用资源、资源利用率最高以及降低使用成本、经济性能最好的一种运作方式。因此,凡是能重复利用的包装,均应重复利用。

(1) 设计时应选用能多次使用的材料(制品)。国务院办公厅近日已下发《关于限制生产销售使用塑料购物袋的通知》,禁止生产、销售、使用厚度小于0.025毫米、供一次性使用的塑料袋,倡导能多次使用的环保纸袋、布袋、和厚塑料袋;凡能满足使用功能,应不使用不易回收的复合材料。

(2) 大型包装容器采用模块化、可拆卸件设计。使在整件不能使用时,仍能将可再次使用的部件利用起来。

(3) 建立存储返还制度。许多国家规定:啤酒、软性饮料和矿泉水一律使用可循环包装。

(摘自《中国包装报》)

第七章　物流配送管理

知识目标

- 熟悉配送和配送中心的含义;
- 能够描述配送的功能;
- 能够认知配送中心的分类;
- 能够了解配送中心的一般作业流程。

能力目标

- 通过本章学习和基础素质训练,具备本专业高等应用性人才所必需的认知和评价能力,对配送及配送中心的作业有一个全方位的充分认识和综合性的了解;
- 通过模拟职业岗位能力训练,提高对配送管理相关角色的认知水平;
- 通过有关案例分析,进入学习情景,增强实践体验并培养团队精神和提高语言表达能力。

引导案例

沃尔玛的配送中心

沃尔玛公司是世界上最大的商业零售企业之一。到2005年,沃尔玛已连续4年名列全球500强企业的榜首。除了其在全世界拥有众多店铺进行规模化发展外,还有一个决定性的因素就是其拥有一个强大的物流配送与支撑系统。这种强大的后勤支撑系统大大降低了沃尔玛运营成本,扩大了其利润空间,是沃尔玛达到最大销售量和低成本存货周转的核心。沃尔玛前任总裁大卫·格拉斯曾说过:"配送设施是沃尔玛成功的关键之一,如果说我们有什么比别人干得好的话,那就是配送中心。"

沃尔玛创立之初,由于地处偏僻小镇,几乎没有哪个分销商愿意为它送货,于是不得不自己向制造商订货,然后再联系货车送货,效率非常低。在这种情况下,沃尔玛决定建立自己的配送组织。1970年,沃尔玛的第一家配送中心在阿肯色州的一个小城市本顿维尔建立,这个配送中心供货给4个州的32个商场,集中处理的商品占公司所销商品的40%。

沃尔玛配送中心的运作流程是:供应商将商品的价格标签和UPC条形码贴好,运到沃尔玛的配送中心;配送中心根据每个商店的需要,对商品就地分选,重新打包,从"配区"运到"送区”。由于沃尔玛的商店众多,每个商店的需求各不相同,沃尔玛的配送中心根据商店的需要,把商品分类放入不同的箱子当中。这样,员工就可以在传送带上取到自己所负责的商店所需的商品。那么在传送的时候,他们怎么知道应该取哪个箱子呢?传送带上有一些信号灯,有红的、绿的,还有黄的,员工可以根据信号灯的提示来确定箱子应被送往的商店,进而拿取这些箱子。这样,所有的商店都可以在各自所属的箱子中拿到需要的商品。

在配送中心内,货物成箱地被送上激光制导的传送带,在传送过程中,激光扫描货箱上的条形码,全速运行时,只见纸箱、木箱在传送带上飞驰,红色的激光四处闪射,将货物送到正确的卡车上。传送带每天能处理20万箱货物,配送的准确率超过99%。

20世纪80年代初,沃尔玛配送中心的电子数据交换系统已经逐渐成熟。到了20世纪90年代初,它购买了一颗专用卫星,用来传送公司的数据及其信息,这种以卫星技术为基础的数据交换系统,将配送中心与供应商及各个店面实现了有效连接。沃尔玛总部及配送中心任何时间都可以知道,每一个商店现在有多少存货,有多少货物正在运输过程中,有多少货物存放在配送中心等。同时,还可以了解某种货品上周卖了多少,去年卖了多少,并能够预测将来能卖多少。沃尔玛的供应商也可以利用这个系统直接了解自己昨天、今天、上周、上月和去年的销售情况,并根据这些信息来安排组织生产,保证产品的市场供应,同时使库存降低到最低限度。

由于沃尔玛采用了这项先进技术,配送成本只占其销售额的3%,其竞争对手的配送成本则占到销售额的5%,仅此一项,沃尔玛每年就比竞争对手节省近8亿美元。20世纪80年代后期,沃尔玛从下订单到货物送达各个店面需要30天,现在由于采用了这项先进技术,这个时间只需要2天~3天,大大提高了物流的速度和效益。

从配送中心的设计上看,沃尔玛的每个配送中心都非常大,平均占地面积约为11万m^2,相当于23个足球场。一个配送中心负责一定区域内多家商场的送货,从配送中心到各家商场的路程一般不超过一天行程,以保证送货的及时性。配送中心一般不设在城市里,而是设在郊区,这样有利于降低用地成本。

沃尔玛的配送中心虽然面积很大,但它只有一层,之所以这样设计,主要是考虑到货物流通的顺畅性。有了这样的设计,沃尔玛就能让产品从一个门进,从另一个门出。如果产品不在同一层就会出现许多障碍,如电梯或其他物体的阻碍,产品流通就无法顺利进行。

沃尔玛配送中心的一端是装货月台,可供30辆卡车同时装货,另一端是卸货月台,可同时停放135辆大卡车。每个配送中心有600名~800名员工,24小时连续作业,每天有160辆货车开来卸货,150辆车装好货物开出。

在沃尔玛的配送中心,大多数商品停留的时间不会超过48小时,但某些商品也有一定数量的库存,如化妆品、软饮料、尿布等日用品,配送中心根据这些商品库存量的多少进行自动补货。

沃尔玛的供应商可以把产品直接送到众多的商店中,也可以把产品集中送到配送中心,两者比较,集中送到配送中心可以使供应商节省很多钱。所以在沃尔玛销售的商品中,有87%左右是经过配送中心的,而沃尔玛的竞争对手仅能达到50%的水平。由于配送中心使物流成本降低50%左右,因此沃尔玛能向顾客提供更廉价的商品,这正是沃尔玛迅速成长的关键所在。

(资料来源:www.56abc.cn)

案例点评：全球最大零售商沃尔玛由于建立了一整套的科学配送体系，并且能以顾客为核心做到信息的准确对接，低成本化，才使其迅速成长真正成为零售业的“老大”。而什么是配送？配送具有什么功能？配送中心的运作流程是什么？怎样建立科学合理的配送系统？正是本章要学习的内容。

➤ 基本知识点

第一节　配送概述

一、配送的含义

社会经济生活中有许多配送现象，比如面向居民、学校、写字楼的纯净水配送，面向居民的液化气配送，面向居民的粮油配送；再比如连锁经营的零售业总部向各个加盟连锁店铺的物品配送，生产企业的原材料、零件、部件和组件的配送等。那么，何谓配送？在不同的国家或地区，在理论界、企业界有着不同的定义，本书采用《中华人民共和国国家标准物流术语》(GB/T 18354—2001)给出的定义：“在经济合理区域范围内，根据客户要求，对物品进行拣选、加工、包装、分割、组配等作业，并按时送达指定地点的物流活动。”

(一) 配送实质是送货

配送是一种送货，但和一般送货有区别：一般送货可以是一种偶然的行为，而配送却是一种有确定组织、确定渠道，有一套装备和管理力量、技术力量，有一套制度的体制形式。所以，配送是高水平的现代送货形式。

(二) 配送是一种“中转”形式

配送是从物流结点至用户的一种特殊送货形式。从送货功能看，其特殊性表现为：从事送货的是专职流通企业，而不是生产企业；配送是“中转”型送货，而一般送货尤其是从工厂至用户的送货往往是直达型的。一般送货是生产什么，有什么送什么，配送则是用户需要什么送什么。所以，要做到需要什么送什么，就必须在一定的中转环节筹集这种需要，从而使配送必然以中转形式出现。

(三) 配送是“配”和“送”有机结合的形式

配送与一般送货的重要区别在于，配送利用有效的分拣、配货等理货工作，使送货达到一定的规模，以利用规模优势取得较低的送货成本。如果不进行分拣、配货，有一件运一件，需要一点送一点，那就会大大增加成本。所以，追求整个配送的优势，分拣、配货等项工作是必不可少的。

(四) 配送是以用户要求为出发点进行的送货

配送是从用户利益出发、按用户要求进行的一种活动。因此，在观念上必须明确“用户第一”、“质量第一”。配送企业的地位是服务地位而不是主导地位，因此不能从本企业利益出发，更不能把配送作为部门分割、行业分割、市场割据的手段，而应从用户利益出发，在满足用户利益基础上取得本企业的利益。

(五) 配送要选择最合理的方式送交用户

概念中“以最合理方式”的提法，是基于这样一种考虑，过分强调“按用户要求”是不妥的，用户要求受用户本身的局限，有时实际会损害自我或双方的利益。对于配送者来讲，必须以“要求”为据，但是不能盲目；应该追求合理性，进而指导用户，实现共同受益的商业原则。

（六）配送是物流中一种特殊的、综合的活动形式

配送是商流与物流的紧密结合，包含了商流活动和物流活动，也包含了物流中若干功能要素的一种形式。配送几乎包括了所有的物流功能要素，是物流的一个缩影或在某小范围中物流全部活动的体现。因此经常有人把配送叫做物流配送。处于末端物流的配送，具有提高物流经济效益，优化和完善物流系统，改善物流服务，降低成本等功能，在物流系统中占有重要的地位。因此，配送逐渐成为挖掘利润源泉的突破口，随着人们对它研究的深入越发显示出它的重要性。

（七）配送是实现资源最终配置的经济活动

从经济学资源配置的角度理解，配送是以现代送货形式实现资源的最终配置的经济活动。也就是说，配送是资源配置的一部分，是"最终配置"，因而是接近顾客的配置。另一方面，配送是处于接近用户的那一段流通领域，因而有其局限性，尽管配送是一种重要的方式，但是它并不能解决流通领域的所有问题。

此外，与配送相近的词汇还有"交货"、"运送"、"输送"、"供应"、"供给"等，但这些词都没有对配送作出精确的解释。

配送是物流中一种特殊的、综合的活动形式，是商流与物流紧密结合，包含了商流活动和物流活动，也包含了物流中若干功能要素的一种形式。

在配送管理实践中，配送经常与仓储和运输联系在一起，比如仓储与配送管理、运输与配送管理。要正确理解配送的含义，应注意比较配送与运输、配送与仓储的联系与区别，如表7－1、7－2所列。配送、运输、仓储作为物流系统的三个功能要素，在物流功能上有相似性，都可以使物品发生空间或时间位置的转移，从而创造物品的场所或时间效用，同时它们之间又各有侧重。

表7－1　配送与运输的区别

内容	运　输	配　送
运输性质	干线运输	支线运输、区域内运输、末端运输
货物性质	少品种、大批量	多品种、小批量
运输工具	大型货车或铁路/水路运输	小型货车
管理重点	效率优先	服务优先
附属功能	装卸、捆包	装卸、保管、包装、分拣、流通加工、订单处理等

表7－2　配送与仓储的区别

内容	仓　储	配　送
主要功能	主要目的是储存货物	以配送为主，储存为辅
主要环节	包括接收、存储、保管、盘点、装运等环节	包括进货、接收、存储、加工、拣货配货、配装、装运等环节
附加值	低附加值活动	高附加值活动
数据处理	成批收集数据	实时地收集数据

二、配送的功能要素

配送是物流系统中一个涉及多环节的物流活动，它有许多不同的功能。

（一）集货

集货，即将分散的或小批量的物品集中起来，以便进行运输、配送的作业。

集货是配送的重要环节，为了满足特定客户的配送要求，有时需要把从几家甚至数十家供应商处预订的物品集中，并将要求的物品分配到指定容器和场所。

集货是配送的准备工作台或基础工作，配送的优势之一，就是可以集中客户进行一定规模的集货。

（二）储存

为了提高配送的客户服务水平，必须尽量减少配送的缺货次数和缺货数量。

（三）分拣

分拣是将物品按品种、出入库先后顺序进行分门别类堆放的作业。

分拣是配送不同于其他物流形式的功能要素，也是配送成败的一项重要支持性工作。它是完善送货、支持送货准备性工作，是不同配送企业在送货时进行竞争和提高自身经济效益的必然延伸。也可以说分拣是送货向高级形式发展的必然要求。有了分拣，就会大大提高送货服务水平。

（四）配货

配货是使用各种拣选取设备和传输装置，将存放的物品，按客户要求分拣出来，配备齐全，送入指定发货地点。

（五）配装

在单个客户配送数量不能达到车辆的有效运载负荷时，就存在如何集中不同客户的配送货物，进行搭配装载以充分利用运能、运力的问题，这就需要配装。跟一般送货不同之处在于，通过配装送货可以大大提高送货水平及降低送货成本，所以配装是配送系统中有现代特点的功能要素，也是现代配送不同于以往送货的重要区别之一。

（六）送货

送货是配送过程中利用自备运输工具或借助社会运输力量来完成的业务活动。送货有时按照固定时间和路线进行，有时不受时间和路线的限制。

（七）送达服务

将配好的货运输到客户还不算配送工作的结束，这是因为送达货和客户接货往往还会出现不协调，使配送前功尽弃。因此，要圆满地实现运到之货的移交，并有效地、方便地处理相关手续并完成结算，还应讲究卸货地点、卸货方式等。送达服务也是配送独具的特殊性。

（八）配送加工

配送加工是按照配送客户的要求所进行的流通加工，指为了扩大经营范围和提高配送服务水平，通过切割、分装和分选等方式，将集货的货物加工成一定规格、尺寸和形状，从而提高货物的价值。

在配送中，配送加工这一功能要素不具有普遍性，但往往是有重要作用的功能要素。这是因为通过配送加工，可以大大提高客户的满意程度。配送加工是流通加工的一种，但配送加工有它不同于流通加工的特点，即配送加工一般只取决于客户要求，其加工的目的较为单一。

三、配送的意义

（一）推行配送有利于物流运动实现合理化

配送不仅能促进物流的专业化、社会化发展，还能以其特有的运动形态和优势调整流通结构，促使物流活动向“规模经济”发展。从组织形态上看，它是以集中的、完善的送货取代分散性、单一性的取货。在资源配置上看，则是以专业组织的集中库存代替社会上的零散库存，衔接了产需关系，打破了流通分割和封锁的格局，很好地满足社会化大生产的发展需要，有利于实现物流社会化和合理化。

（二）完善了运输和整个物流系统

第二次世界大战之后，由于大吨位、高效率运输力量的出现，使干线运输无论在铁路、海运还是公路方面都达到了较高水平，长距离、大批量的运输实现了低成本化。但是，在所有的干线运输之后，往往都要辅以支线或小搬运，这种支线转运或小搬运成了物流过程的一个薄弱环节。这个环节有和干线运输不同的许多特点，例如，要求灵活性、适应性、服务性。配送环节正处于支线运输，灵活性、适应性、服务性都比较强，能将支线运输与小搬运统一起来，使运输过程得以优化和完善。

（三）提高了末端物流的效益

采用配送方式，通过增大经济批量来达到经济地进货，又通过将各种商品用户集中一起进行一次发货，代替分别向不同用户小批量发货来达到经济地发货，提高了末端物流的效益。

（四）通过集中库存使企业实现低库存或零库存

实现了高水平配送之后，尤其是采取准时制配送方式之后，生产企业可以完全依靠配送中心的准时制配送而不需要保持自己的库存。或者，生产企业只需保持少量保险储备而不必留有经常储备，这就可以实现生产企业多年追求的“零库存”，将企业从库存的包袱解脱出来，同时解放出大量储备资金，从而改善企业的财务状况。实行集中库存，集中库存总量远低于不实行集中库存时各企业分散库存之总量。同时，增加了调节能力，也提高了社会经济效益。此外，采用集中库存可利用规模经济的优势，使单位存贷成本下降。

（五）简化事务，方便用户

采用配送方式，用户只需要从配送中心一处订购就能达到向多处采购的目的，只需组织对一个配送单位的接货便可替代现有的高频率接货，因而大大减轻了用户工作量和负担，也节省了订货、接货等的一系列费用开支。

（六）提高供应保证程度

生产企业自己保持库存、维持生产，供应保证程度很难提高（受库存费用的制约）。采取配送方式，配送中心可以比任何企业的储备量都大，因而对每个企业而言，中断供应、影响生产的风险便相对缩小，使用户免去短缺之忧。

（七）配送为电子商务的发展提供了基础和支持

配送主要涉及从供应链的制造商到终端客户的运输和储存活动。运输的功能在于完成产品空间上的物理转移，克服制造商与客户之间的空间距离，从而产生空间效用；而储存的功能就是将产品保存起来，客户产品供应与需求在时间上的差距，创造时间效用。所以，配送创造了时间效用和空间效用。

第二节　物流中心与配送中心

一、物流中心的概念

物流中心是处于枢纽或重要地位、具有较完善的物流环节，并能实现物流集散和控制一体化运作的物流网络的节点，具有物流网络节点的系列功能。

国家标准《物流术语》将物流中心定义为：“从事物流活动的场所或组织，应基本符合以下要求：主要面向社会服务；物流功能健全；完善的信息网络；辐射范围大；少品种、大批量；存储吞吐能力强；物流业务统一经营管理。”

物流中心一词是政府部门、许多行业、企业在不同层次物流系统化中应用得十分频繁，而不同部门、行业、企业的人们对其理解又不尽一致。概括起来，对物流中心的理解可以归纳为以下几种表述：

(1) 物流中心是从国民经济系统要求出发，所建立的以城市为依托、开放型的物品储存、运输、包装、装卸等综合性的物流业务基础设施。

(2) 物流中心是为了实现物流系统化、效率化，在社会物流中心下所设置的货物配送中心。

(3) 物流中心是组织、衔接、调节、管理物流活动的较大的物流据点。

(4) 物流中心是以交通运输枢纽为依托，建立起来的经营社会物流业务的货物集散场所。

(5) 国际物流中心是指以国际货运枢纽（如国际港口）为依托、建立起来的经营开放型的物品储存、包装、装卸、运输等物流作业活动的大型集散场所。

二、物流中心的类型

根据现有的物流设施，物流中心主要分为以下几种类型。

（一）集货中心

集货中心是将分散生产的零件、生产品、物品集中成大批量货物的物流据点。集贸中心通常多分布在小企业群、农业区、果业区、牧业区等地域。

（二）送货中心

送货中心是将大批量运抵的货物换装成小批量货物并送到用户手中的物流据点。送货中心运进的多是集装的、散装的、大批量、大型包装的货物，运出的是经分装加工转换成小包装的货物。

送货中心多分布在产品使用地、消费地或车站、码头、机场所在地。

（三）转运中心

转运中心是实现不同运输方式或同种运输方式联合（接力）运输的物流设施，通常称为多式联运站、集装箱中转站、货运中转站等。

转运中心多分布在综合运网的节点处、枢纽站等地域。

（四）加工中心

加工中心将运抵的货物经过流通加工后运送到用户或使用地点。

这类物流据点侧重于对原料、材料、产品等的流通加工需要，配有专用设备和生产设施。

（五）配送中心

配送中心是将取货、集货、包装、仓库、装卸、分货、配货、加工、信息服务、送货等多种服务功能融为一体的物流据点，也称为配送中心（城市集配中心）。配送中心是物流功能较为完善的一类物流中心。

配送中心分布于城市边缘且交通方便的地带。

（六）物资中心

物资中心是依托于各类物资、商品交易市场，进行集货、储存、包装、装卸、配货、送货，信息咨询、货运代理等服务的物资商品集散场所。

一些集团企业的物流中心，就是依托于各类物资交易市场而形成的。全国一些有影响的小商品市场、时装市场、布匹市场等也初步形成了为用户提供代购、代储、代销、代运及其他一条龙相关服务的场所和组织；有的已经成为全国性的小商品、布匹、时装等的专业性物流中心。

众多不同类型的物流中心，说明社会经济背景不同，经济地理、交通区位特征不同，物流对象、性质不同，所形成的物流中心模式也不同，强求用同一模式限定物流中心的功能和基础设施建设是不切合实际的。但是，不同类型的物流中心应当充分履行其在物流系统化中的功能，既要满足各层次物流的需要，又要避免物流设施重复建设的浪费。

对第三方物流经营者而言，以货运枢纽站场、货运站为依托，建立区域物流中心、城市集配中心，是借助原货运业优势展开延伸服务的基本方式。将原单一功能的集货、送货、中转、贸易中心因地制宜地加以完善，使其成为具有衔接干线运输，能进行城市、厂区配送作业等多功能的物流中心，也是较有利的选择。

三、配送中心的概念

配送中心是从事配送业务的物流场所或组织。应基本符合下列要求：主要为特定的客户服务；配送功能健全；完善的信息网络；辐射范围小；多品种、小批量；以配送为主，储存为辅。

四、配送中心的类型

（一）按照配送中心承担的流通职能分类

1．供应型配送中心

配送中心执行供应的职能，专门为某个或某些用户（如连锁店或生产企业）组织供应的配送中心。供应型配送中心担负着向多家用户供应商品，起着供应商的作用。因此，这类配送中心占地面积比较大，一般建有大型的现代化仓库并储存一定数量的商品。例如，为大型连锁超市组织供应的配送中心，上海地区六家造船厂的钢板配送中心也属于供应型配送中心。

供应型配送中心的主要特点是配送的用户有限且稳定，用户的配送要求范围也比较确定，属于企业型用户。因此，配送中心集中库存的品种比较固定，进货渠道也比较稳固，同时，可以采用效率比较高的分货式工艺。

2．销售型配送中心

销售型配送中心是指以销售经营为目的，以配送为手段的配送中心。

这类配送中心主要有以下类型：一种是生产企业将其产品直接给消费者的配送中心，在国外，这种类型的配送中心很多；另一种是流通企业作为本身经营的一种方式，建立配送中心以扩大销售，我国目前拟建的配送中心大多属于这种类型，国外也很多。

销售型配送中心的用户一般是不确定的，而且用户的数量很多，每一个用户购买的数量又较少，属于消费者型用户。这种配送中心很难像供应型配送中心一样实行计划配送，计划性较差。

销售型配送中心集中库存的库存结构也比较复杂，一般采用拣选式配送工艺。销售型配送中心往往采用共同配送方法才能取得较好的经营效果。

（二）按配送中心归属分类

1．自有型配送中心

自有型配送中心是指隶属于某一个企业或企业集团，通常只为本企业提供配送服务。

连锁经营的企业常常建有这类配送中心，如美国沃尔玛公司所属的配送中心，辽宁成大方圆连锁公司的配送中心等就是公司独资建立并专门为本公司所属的连锁企业提供商品配送服务的自有型配送中心。

2．公共型配送中心

公共型配送中心是以赢利为目的，面向社会开展后勤服务的配送组织。其特点是服务范围不限于某一个企业。配送中心总量中,这种配送组织占有相当大的比例,并随着经济的发展其比例还会提高。

3. 合作型配送中心

合作型配送中心是由几家企业合作兴建,共同管理,为这几家企业服务。例如,我国上海六家船厂共同组建的钢材配送中心就属于合作型配送中心。

(三)按配送中心辐射服务范围分类

1. 城市配送中心

城市配送中心是向城市为范围内的用户提供配送服务的物流组织。由于城市范围一般处于汽车运输的经济里程,这种配送中心可直接配送到最终用户,一般都使用载货汽车。此种配送中心配送的对象多为连锁零售企业的门店和最终消费者。例如,我国很多城市的食品配送中心、菜蓝子配送中心等都属于城市配送中心。城市配送中心配送的特点为多品种、小批量,配送距离短,要求反应能力强,提供"门到门"的配送服务。

2. 区域配送中心

区域配送中心以较强的辐射能力和库存准备,向省(州)际、全国乃至国际范围的用户提供配送服务。这种配送中心配送规模较大,一般而言,用户也较大,配送批量也较大。配送对象通常是下一级的配送中心、营业所、商店、批发商或企业用户,虽然也从事零星的配送,但不是主体形式。如前所述的美国沃尔玛公司的配送中心,建筑面积 12 万平方米,每天可为 6 个州 100 家连锁店配送商品;荷兰的"国际配送中心",在接到订单后,24 小时内即可将货物装好,3 天 ~4 天时间内就可以把货物运送到欧盟任一成员国用户手中。

(四)按照配送中心的功能分类

1. 储存型配送中心

储存型配送中心具有很强的储存能力,一般来讲,在买方市场下,企业成品销售需要有较大库存支持;在卖方市场下,企业原材料、零部件供应也需要有较大库存支持。大范围配送的配送中心,需要有较大库存,也就是储存型配送中心。

我国目前拟建的配送中心,都采用集中库存形式,库存量较大,多为储存型。瑞士 GIBA - GEIGY 公司的配送中心拥有世界上规模居于前列的储存库,可储存 4 万个托盘;美国福来明公司的食品配送中心的建筑面积为 7 万平方米,其中,包括 4 万平方米的冷库、3 万平方米的杂货仓库,经营商品达 8 万多种,可见其储存能力之大。

2. 流通型配送中心

流通型配送中心基本上没有长期储存功能,仅以暂存或随进随出方式进行配货、送货,具体包括通过型和转运型配送中心。这种配送中心的典型方式是,大量货物整进并按一定批量零出,采用大型分货机,进货时直接进入分货机传送带,分送到各用户货位或直接分送到配送汽车上,货物在配送中心仅做少许停滞。例如,日本的阪神配送中心,中心内只有暂存,大量储存则依靠一个大型补给仓库。

3. 加工型配送中心

加工型配送中心是以配送和加工为主要业务的配送中心。在这种配送中心内,有分装、包装、初级加工、集中下料、组装产品等加工活动。

例如,世界著名连锁服务店肯德基和麦当劳的配送中心就属于这种类型。在我国一些城市已广泛开展的配煤配送、水泥配送等都属于加工型配送中心。

(五) 按照配送中心的性质分类

1. 专业配送中心

专业配送中心大体上有两个含义:

第一,配送对象、配送技术属于某一专业范畴,在某一专业范畴具有一定的综合性,综合这一专业的多种物资进行配送。例如,我国目前石家庄、上海等地建的制造业配送中心大多采用这一形式。

第二,配送为专业化职能,基本不从事经营的服务型配送中心。

2. 柔性配送中心

在某种程度上和专业配送中心相对立的配送中心。这种配送中心不向固定化、专业化方向发展,而是服务方向能随时变化,对用户要求有很强适应性,不固定供需关系,向不断发展配送用户和改变配送用户的方向发展。

不同种类、不同行业形态的配送中心,其作业内容、设备类型、营运范围可能完全不同,但是就系统规划分析的方法与步骤来说有其共同之处。配送中心正逐渐向信息化、自动化、专业化方向发展。本书将配送中心的类别汇总,如表 7-3 所列。

表 7-3 配送中心的类型

分类方法	配送中心类型
按照配送中心承担的流通职能分类	供应型配送中心
	销售型配送中心
按配送中心归属分类	自有型配送中心
	公共型配送中心
	合作型配送中心
按照配送中心辐射服务范围分类	城市配送中心
	区域配送中心
按照配送中心的功能分类	储存型配送中心
	流通型配送中心
	加工型配送中心
按照配送中心的性质分类	专业配送中心
	柔性配送中心

第三节 配送作业管理

一、配送作业模式

(一) 配送的一般作业流程

配送的一般流程如图 7-1 所示。

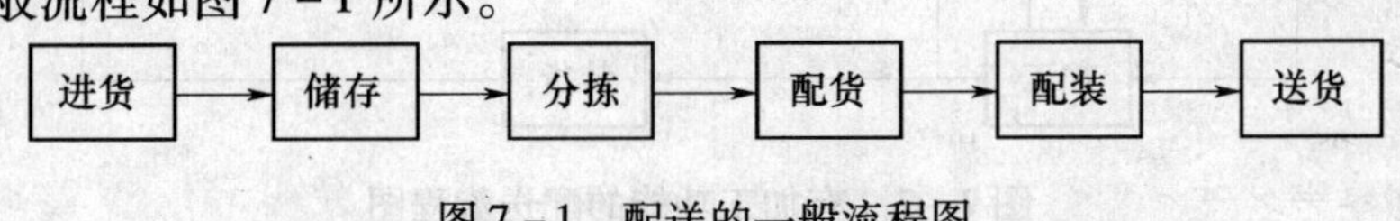

图 7-1 配送的一般流程图

1. 进货

进货是指组织货源。进货方式有两种:一是订货或购货,表现为配送主体向生产厂商订购货物,由生产厂商供货;二是集货或接货,表现为配送主体收集货物,或接收用户所订购的货物。前者的货物所有权(物权)属于配送主体,后者的货物所有权属于用户。

2. 储存

储存是指按用户提出的要求并依据配送计划对购到或收集到的各种货物进行检验,然后分门别类地储存在相应的设施或场所中,已备拣选和配货。

储存作业的程序是:运输→卸货→验收→入库→保管→出库。储存作业依产品性质、形状不同而形式各异,有的是利用仓库进行储存,有的是利用露天场地进行储存,液体、气体则须储存在特制的设备中。

3. 分拣、配货

分拣和配货是同一个流程中有着密切关系的两项活动。有时候,这两项活动是同时进行和同时完成的(如散装货物的分拣和配货)。在进行分拣、配货作业时,少数场合是以手工方式操作的,更多的场合是采用机械化或半机械化方式操作。如今,自动化分拣、配货系统已在很多国家的配送中心建立起来,并且发挥了重要作用。

4. 送货

在送货流程中,包括配装、运输和交货作业。

送货的作业程序是:配装→运输→交货。交货是配送的终点,在送货流程中除了要圆满地完成货物的移交任务以外,还必须及时进行货款(或费用)结算。在送货程序中,运输是一项主要的经济活动,选择合理的运输方式和使用先进的运输工具,对于提高送货质量至关重要。就运输而言,应选择直线运输、配载运输(即充分利用运输工具的载重量和容积合理安排装载货物的一种运输方式)方式进行作业。

上述是配送的一般作业流程,但并不是所有的配送都按图 7-1 所示的流程进行。不同产品的配送可能有独特之处,如燃料油的配送就不存在配货、配装工序,水泥及木材配送又多出了一些流通加工过程。

配送的一般流程适用于干货为主的配送,例如,服装、鞋帽、日用品等小百货,家用电器等机电产品,图书和印刷品及其他杂品的配送。这类产品的特点是有确定的包装、商品的尺寸不大,可以对它们进行混装、混载,适用于多品种、少批量、多批次、多用户配送需要,它们的配送过程是一种适用范围较宽的配送工艺流程结构。

具体到不同类型、不同功能的配送中心或结点的配送活动,其流程可能有些不同,而且不同的商品,由于其特性不一样,其配送流程也会有所区别。

(二) 有加工功能的配送作业流程

有加工功能的配送流程如图 7-2 所示。

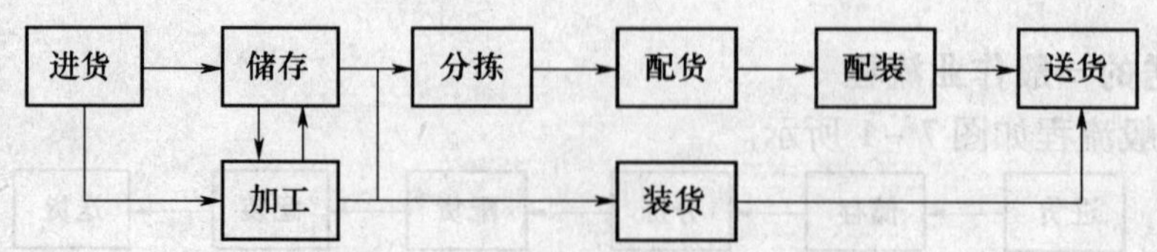

图 7-2　有加工功能的配送流程图

为了完善配送的整体功能，满足用户需要，增加了加工作业。由于配送加工的组织形式和加工内容不同，形成多种配送流程组合形式，包括在储存前加工和在储存后加工，加工后直接装车和加工后经储存直接装车及与其他未加工货物一同经储存、理货、配货后送货。此流程形式比较复杂，因为它包含了几种流程形式。

此种配送流程，既适用于以大规模加工为主的配送组织形式，也适用于小规模部分加工的配送组织形式。例如，木材和金属的加工配送就是一种灵活的满足用户多种需要的配送流程组织形式。

（三）无分拣、配货、配装功能的配送流程

无分拣、配货、配装功能的配送流程如图7－3所示。

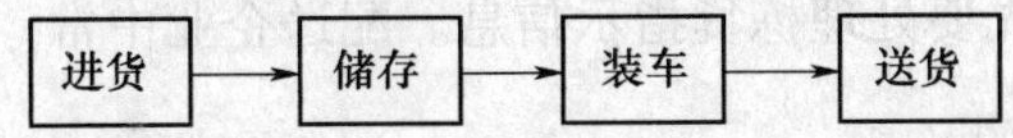

图7－3　无分拣、配货、配装功能的配送流程图

由于货物形态特点不适宜与其他货物混运、混放，或单品种配送批量很大，不需要配装就可以达到满载，其流程没有分拣、配货、配装等作业环节，可进库在货位组织装车送货。该种配送流程简单、作业环节少，不需要过多设备，组织作业也较容易，是配送效率较高的配送流程结构，也是大量货物配送的主要形式（如燃油、煤炭及大批量钢材、木材等的配送）。

（四）"四就"配送流程

"四就"配送流程如图7－4所示。

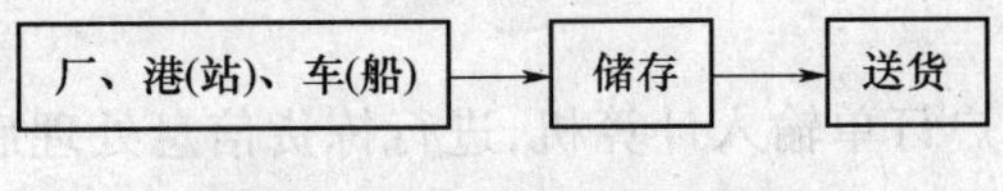

图7－4　"四就"配送流程图

"四就"配送即采用就厂、就港（站）、就车（船）、就库直接配送方式。

为了减少倒装转运次数和环节，提高商品的周转速度和效率，保证作业安全，减少损失，对本地区生产的大批量物资配送、危险品配送，一般采用在生产仓库装车配送的办法；对于外地及国外大批量到港到站的专业物资，凡是明确用户的，一般采用就港、就站以及利用仓库专用线等直接装车、倒装转运送货方法。

这种配送多是生产资料配送，由于用户多以企业为主，在城市配送范围内距离不太大。因此，配送流程结构不应过分强调标准规范，也不应强调一定实行集中库存配送，而是在充分发挥各种配送流程优势的同时，结合购销关系、货物形态特点以满足用户多方面的需要，提高配送的效率和经济效益。

二、分拣作业

（一）分拣作业的含义

分拣作业是依据客户的订货要求或配送中心的送货计划，迅速、准确地将商品从其储位或其他区域拣取出来，并按一定的方式进行分类、集中，等待配装送货的作业过程。在配送作业的各环节中，拣货作业是非常重要的一环，它是整个配送中心作业系统的核心工序。

每份客户订单中都至少包含一项以上的物品，拣货作业的目的就是正确而迅速地集合客户所订购的物品。拣货作业在配送中心作业流程里扮演着重要的角色。

从成本分析的角度来看，物流成本约占物品最终售价的20% ~30%，其中包括配送、搬运、储存等成本，而拣货成本占物流搬运成本的绝大部分。若要降低物流搬运成本，拣货作业成本的降低显得更为重要。

从人力需求的角度来看，目前大多数的配送中心仍具有劳动力密集型的特点，其中与拣货作业直接相关的人力占50%以上，且拣货作业的时间投入也占整个配送中心的30% -40%。由此可见，规划合理的拣货作业方法，对日后配送中心的运作效率具有决定性的影响。

（二）拣货作业的流程

拣货作业流程如图7-5所示。

1. 形成拣货资料

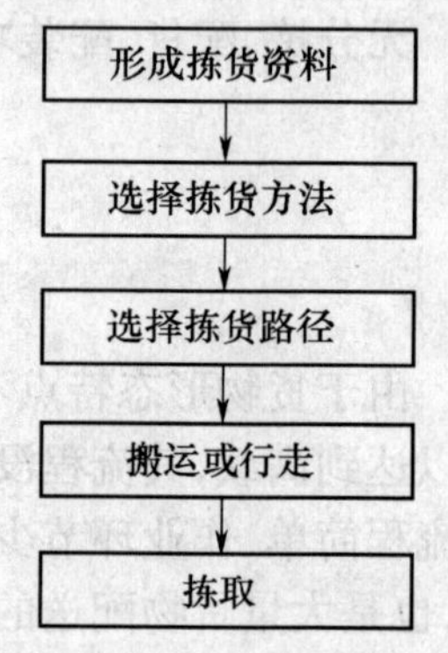

图7-5　拣货作业流程图

分拣作业开始前，首先要处理拣货指示信息。配送企业中常用的拣货资料有：

1）传票

这是直接利用客户订单或公司的交货单作为拣货指示依据。

由于无法利用电脑等设备处理拣货信息，因此传票始于订购品项数甚少或小量订单的情况。但是，传票易在拣货过程中受污染，或因存货不足、缺货等注记直接写在传票上，导致作业过程发生错误，甚至无法判别确认。另外，未标示储位的产品，必须靠拣货人员的记忆在储区中寻找存货位置，增加许多无谓的搜寻时间及行走距离。

2）拣货单

配送企业把原始的客户订单输入计算机，进行拣货信息处理后打印出拣货单，作为拣货资料。

拣货单可以避免传票在拣取过程中受污损；货物的储位编号显示在拣货单上，同时可按路径先后次序排列储位编号，引导拣货员按最短路径拣货；还可充分配合分批、分区、订单分割等拣货策略，提高拣货效率。但是，拣货单处理打印工作耗费人力、时间，另外拣货完成后仍需检验，以确保正确无误。

3）无线通信

在堆高机上承载无线通信设备，通过该套无线通信设备，把应从哪个货架位置哪个托盘的拣货信息传递给拣货人员。

4）计算机随行指示

在堆高机或台车上设置辅助拣货的计算机终端，在拣取前先将拣货资料输入此计算机，拣货人员即可根据计算机屏幕的指示至正确位置拣取正确货品。

5）自动拣货系统

拣取的动作由机械自动完成，信息输入后自动完成拣货作业，无需人工作业。

6）灯光显示器

这种方式最初为在货架上安装灯号来显示出拣货位置，而后发展成在货架上设液晶显示器，可同时显示出应拣取多少数量的方式。采用这种方式适合以人手来拣货的场合，可防止拣货错误，提高拣货效率。

2. 选择拣货方法

在选取拣货方法时，需要从多方面对其进行明确。

例如，在确定每次分拣的订单数量时，可以对订单进行单一分拣，也可以进行批量拣取；在人员分配上，可以采用一人分拣法，也可以采用数人分拣或分区分拣；在货物分拣单位确定上，可以按要求进行托盘、整箱或单品为单位的分拣；在人货互动方面，可以采用人员固定、货物移动的分拣方法，也可以采用货物固定、人员行走的分拣方法等。

3. 选择拣货路径

通常有两种类型的路径可供选择：

1）无顺序的拣货路径

无顺序的拣货路径就是由拣货人员自行决定在配送企业各通道内拣货顺序的方式。采用这种方式，拣货人员完成一次拣货任务可能要在同一路径上来回行走多次，增加行走路程和时间，因而易产生疲劳，而且要花大量时间来寻找商品所在位置。因此，这种拣货路径效率较低。

2）顺序的拣货路径

顺序拣货路径是指按产品所在货位号的大小从储存区域的入口到出口的顺序来确定拣货路径，是一种最常用的拣货路径。按这种拣货路径，拣货人员首先拣取储存区域内某一通道上所需要的产品，从通道的一端向另一端行进时，下一个要拣出的产品的货位离上一个最近，这样走完全程就一次性地把所有商品拣出。按这种拣货路径拣货的优点是缩短拣货人员的拣货时间和拣货里程，减少疲劳和拣货误差，提高拣货效率。

无论采用何种拣货路径，均要考虑如何准确、快速、低成本地将货物拣出，同时还要考虑到操作方便、缩短行走路径等问题。

4. 搬运或行走

拣货时，拣货人员或机器必须直接接触并拿取货物，因此形成拣货过程中的货物搬运或行走。这一过程有两种方式完成：

1）人至物的方式

拣货人员步行或搭乘拣货车辆到达货物储存位置。这一方式的特点是货物处于静止储存方式，如托盘货架、轻型货架等，主要移动方为拣取者。

2）物至人的方式

这与人至物的拣货方法相反，拣货员只需要停在某一固定位置，等待设备把货物运到拣货员面前的作业方式。即拣货者处于静态状态，而货品为动态的储存方式。

5. 拣取

当货品出现在拣取者面前时，一般采取的两个动作为拣取与确认。

拣取是抓取物品的动作，确认则是确定所拣取的物品、数量是否与指示拣货的信息相同。在实际的作业中多采用读取品名与拣货单据对比的确认方式，较先进的作业方法是利用无线传输终端机读取条形码后，再由计算机进行确认。

通常对小体积、小批量、搬运重量在人力范围内且出货频率不是特别高的货品，采取手工式拣取；对体积大、重量大的货物，利用升降叉车等搬运机械辅助作业；对于出货频率很高的货品则采用自动拣货系统进行拣货。

三、配货作业

配货作业是指把拣取分类完成的货品经过配货检查过程后，装入容器和做好标示，再运到配货准备区，待装车后发送。

配货作业需按一定步骤进行，其流程如图 7－6 所示。

图7-6 配货作业流程图

(一) 分货

分货作业是在拣货作业完成之后,将所拣选的货品根据不同的顾客或配送路线进行分类,对其中需要经过流通加工的商品拣选集中后,先按流通加工方式分类,分别进行加工处理,再按送货要求分类出货的过程。该作业承接的是分拣作业的最后一个环节——货物集中。

若配送中心采用播种式拣货作业方式时,在拣取完毕后则需要根据订单类别、客户地理位置、送货要求、配送路线等相关信息对货物进行分类和集中处理,在开展分货作业时,物流人员需要根据实际情况选择不同的分货方式,如表7-4所列。

表7-4 分货方式一览表

分货方式	分货步骤简介	效率分析
人工分货	指所有分货作业过程全部由人根据订单或拣货单自动完成,而不借助任何电脑或自动化的辅助设备	效率较低,适用于品种单一,规模较小的仓库
自动分类机分货	指利用自动分类机及分辨系统完成分货工作,其步骤如下: 1. 将有关货物及分类信息通过信息输入装置输入自动控制系统; 2. 自动识别装置对输入的货物信息进行识别; 3. 自动分类机根据识别结果将货物分类后送至不同的分类系统	快速、省力、准确,适用于多品种、业务繁忙的配送中心
旋转货架分货	指利用旋转货架完成分货工作,其步骤如下: 1. 将旋转货架的每一格当成相应客户的出货箱; 2. 作业人员在计算机中输入各客户的代号; 3. 旋转货架自动将货架转至作业人员面前	半自动化操作,节省成本

(二) 配货检查

拣取的货物经过分类、集中后,需要根据客户、车次对象等拣选作业进行产品号码及数量的核对,以及产品状态及品质的检验,以保证发运前货物的品种正确、数量无误、质量及配货状态不存在问题。配货检查属于确认拣货作业是否产生错误的处理作业,如果能事先找出拣货作业不会发生错误的方法,就能避免事后检查,或只对少数容易出错的货品做检查。

配货检查的方法有:人工检查、条形码检查、声音输入检查及重量计算检查法。

(三) 包装、打捆

配货作业的最后一环,对配送货物进行重新包装、打捆、以保护货物,提高运输效率,以及便于配送用户时客户识别各自的货物等。

配送作业的包装主要是指物流包装,其主要作用是保护货物并将多个零散包装物品放入大小合适的箱子中,以实现整箱集中装卸、成组化搬运等,同时减少搬运次数,降低货损,提高配送效率。另外,包装也是产品信息的载体,通过在外包装上书写产品名称、原料成分、重量、生产日期、生产厂家、产品条形码、储运说明等,可以便于客户和配送人员识别产品,进行货物的装运。通过扫描包装上的条形码还可以进行货物跟踪,配货人员可以根据包装上的装卸搬运说明对货物进行正确操作。

四、送货作业

送货作业是指利用配送车辆把用户订购的物品从配送中心送到用户手中的过程。

送货作业流程如图 7－7 所示：

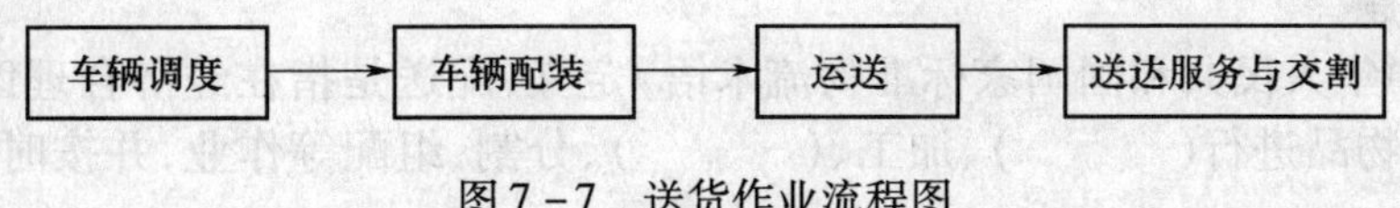

图 7－7　送货作业流程图

（一）车辆调度

1．车辆安排

车辆安排要解决的问题是安排什么类型、吨位的配送车辆进行最后的送货。

2．配送线路

知道了每辆车负责配送的具体客户后，如何以最快的速度完成这些货物的配送，即如何选择配送距离短、配送时间短、配送成本低的路线，需要根据客户的具体位置及沿途的交通情况等作出优化选择和判断。

3．调度配送人员及车辆

货物配好以后，物流人员应根据事先制定的配送计划分配配送任务，进行配送调度作业。即根据所确定的货物数量、理化特性、客户地址、送货路线、行驶趟次等内容，指派送货车辆与装卸、运送等作业人员，下达送货作业指示和公布车辆配载方案，安排具体的装车与送货任务，并将出货明细单交给送货人或司机。

4．出车

送货人员必须完全根据物流人员的送货作业指示执行出车送货作业任务。当送货人员接到出车指示后，将车辆开到指定的装货地点，与仓库管理员、出货人员在出货区清点、交接货物。

（二）车辆配装

根据不同配送要求，在选择合适的车辆的基础上对车辆进行合理配装，以达到最大限度利用空间及载重的目的。

车辆配装应遵循以下原则：

（1）重的货物在下，轻的货物在上，即“重下轻上”。

（2）后送先装，即按客户的配送顺序，后送的、远距离的客户的货物先装车，装在里面，先送的、近距离的货物后装车，装在外侧，即“先外后内”。

根据货物的特性选择配载，不相容的货物不用同一辆车送货，需要不同送货条件的货物也不用同一辆车送货。例如，应注意散发臭味的货物不能与具有吸臭性的食品混装，渗水货物不能与易受潮货物一同存放等。

外观相近、容易混淆的货物尽量分开装载。

（三）运送

物流人员根据配送方案所确定的最优路线，在规定的时间内及时、准确地将货物运送到客户手中，在运送过程中要注意加强运输车辆的考核与管理。

（四）送达服务与交割

当货物送达到指定的交货地点后，送货人员应根据双方合同的约定，协助货方将货物卸下车，放到指定位置，并与收货方一起清点货物，做好送货完成确认和送货单签回工作。

➢ 基本技能训练

◉ 自我测试

(一) 填空题

1. 根据《中华人民共和国国家标准物流术语》定义，配送是指在经济合理区域范围内，根据客户要求，对物品进行(　　　)、加工、(　　　)、分割、组配等作业，并按时送达指定地点的物流活动。

2. (　　　)是指从事配送业务的物流场所或组织。

3. 配送中心按照功能可分为(　　　)、流通型配送中心和(　　　)。

4. (　　　)指把拣取分类完成的货品经过配货检查过程后，装入容器和做好标示，再运到配货准备区，待装车后发送。

(二) 不定项选择题

1. 配送的功能要素有(　　)等。

A 集货　　B 储存　　C 分拣　　D 配送加工

2. 拣货作业的方式有(　　)。

A 订单拣取　　B 批量拣取

C 复合拣取　　D 集中拣取

3. (　　)是由几家企业合作兴建，共同管理，为这几家企业服务。

A 自由型配送中心　　B 公共型配送中心

C 城市配送中心　　D 合作型配送中心

4. 日用百货适用的配送流程是(　　)。

A 配送的一般作业流程

B 有加工功能的配送作业流程

C 无分拣、配货、配装功能的配送流程

D "四就"配送流程

◉ 模拟职业岗位能力训练

实训项目：配送中心认知实训

实训目的：

1. 通过认知实训了解配送中心主要作业流程；
2. 通过认知实训了解配送中心主要设施设备；
3. 通过认知实训了解配送中心作业场地布局；
4. 通过认知实训了解配送中心组织结构及岗位设置。

实训方式：实地参观某配送中心。

实训内容：到物流配送实训室或大型超市物流配送中心，参观各种标准的物流设施设备，以物流配送作业流程为顺序，由教师或配送中心管理人员为学生讲解配送中心主要业务流程及布局，了解配送中心组织结构及岗位设置情况。

◉ 应用案例分析

梅林正广和的配送系统

2000年2月22日下午，上海新闸路1124弄的一户人家拨通"85818"电话，报出自己在正广和购物网络的用户编号，要求订购两桶纯净水、一袋免淘米，并说明第二天上午家里留人，支付支票。几秒种之内，这份定单被接线人员输入正广和的计算机系统，系统根据用户编号从数据库中调出用户住址，在根据地址和送货时间自动把这份定单配置到第二配送站次日上午的送货单。当天晚上 9 时，位于上海繁荣地带静安区康定东路 16 号的正广和销售网络第二配送站里，经理罗方敏准时打开电脑，接收从总部传过来的送货单。这份送货单的用户遍布在第二配送站辖区静安东区之内，送货时间是 23 日上午，用户地址、电话、编号、所需货物、数量、应收款等已经被清楚地列出来。

几乎与此同时，一份相同的送货单也传到公司配送中心和运输中心。第二天一大早，运输中心派出车辆，到配送中心仓库提出已配好的货物，发往第二配送站。

第二配送站墙上贴着一张静安东区详细到门牌号的地图，签收完货物后，罗经理根据这张地图和自己的经验排好送货路线，把上午的单子分派给 7 个送货工人。整个上午，这些揣着送货单的工人蹬着有“梅林正广和”和“85818”字样的三轮车，在静安东区的弄堂里出出进进，完成送货到家的“最后一公里”。

中午 12 时 30 分，所有小工送货和收款的情况被汇总成表，由第二配送站的电脑传送至总部。个别没有送到的，汇总表中的“原因”一栏会注明“01”、“02”、“03”，分别代表“地址错误”、“家中无人”等。

各配送站每天上午 10 时 30 分、下午 2 时 30 分、晚上 9 时 30 分共三次接收总部的送货指令，分别安排当天下午、晚上和次日上午的送货计划，然后在每天的下午 6 时 30 分、次日上午 8 时 30 分、下午 2 时 30 分把每天下午、晚上和次日上午的送货完成情况传回总部。每天收回的支票和现金也交至总部结算。根据这些信息，总部再决定是否有必要给配送站及时补货。

有 4 名职能管理人员、7 名送货工人、1 辆货车和 7 辆“黄鱼车”、房屋月租金 7000 元的第二配送站，每天大概要送出大桶纯净水 300 多桶、袋装米 30 多包，还有饮料、鲜花、罐头等其他几十种物品。在正广和遍布上海的大约 100 个配送站里，第二配送站规模算是中等。据说，每个配送站的年利润都在 15 万元～20 万元。

三个配送中心、100 个配送站、200 辆小货车、1000 辆“黄鱼车”、1000 名配送人员，构成了正广和在上海的整个配送网络。这个号称上海市区“无盲点”的网络组织严密而有序，截止到 1999 年年底，上海市已经有 60 万户市民依靠这个配送网完成日常饮水和其他日用消费品的采购。

梅林正广和集团作为中国最大的综合食品集团之一，在实施名牌战略的过程中逐步形成了一套思路和体系，确立了丰富的内涵和独到的创意；以“梅林”“正广和”和“光明”三大名牌产品和名牌企业为龙头，以资产为纽带，以收购、兼并、参股、控股或定牌加工为手段，以扩大国内外市场占有份额为目标，把梅林正广和集团建设成为具有竞争力的大型综合性企业集团。

梅林正广和坚持“有所为，有所不为”原则，推出以“梅林”“正广和”“光明”三大国有名牌为中心的品牌战略，强化以三大品牌为核。动的集团行业和集团意识，加强集团整体形象和配套服务功能。清晰的思想，明确的大品牌概念；利用集聚效应，发挥综合优势，提升科技含量，做强以梅林、正广和、光明为主的三大品牌，联动其他民族品牌。

问题

1．根据案例，画出梅林正广和的配送系统配送流程图，并指明每个环节的负责部门及其主要职责。

2．分析梅林正广和配送体系的最大特点及其优势。

3．分析这样的配送体系是否具有普遍意义，为什么？

➤ 信息传递

◉ 相关链接

上海联华生鲜食品加工配送中心物流案例

联华生鲜食品加工配送中心是我国国内目前设备最先进、规模最大的生鲜食品加工配送中心,总投资6000万元,建筑面积35000平方米,年生产能力20000吨,其中肉制品15000吨,生鲜盆菜、调理半成品3000吨,冷冻品以及南北货的配送任务。连锁经营的利润源重点在物流,物流系统好坏的评判标准主要有两点:物流服务水平和物流成本。联华生鲜食品加工配送中心就是其中在这两个方面都做得比较好的一个物流系统。本案例中的软件系统,是由上海同振信息技术有限公司开发完成的。

生鲜商品按其秤重包装属性可分为:定量商品、秤重商品和散装商品;按物流类型分:储存型、中转型、加工型和直送型;按储存运输属性分:常温品、低温品和冷冻品;按商品的用途可分为:原料、辅料、半成品、产成品和通常商品。生鲜商品大部分需要冷藏,所以其物流周期必须很短,节约成本;生鲜商品保值期很短,客房对其色泽等要求很高,所以在物流过程中需要快速流转。两个评判标准在生鲜配送中心通俗的归结起来就是"快"和"准确",本文下面分别从几个方面来说明一下联华生鲜配送中心是如何做的。

(一)订单管理

门店的要货订单通过联华数据通讯平台,实时的传输到生鲜配送中心,在订单上制定各商品的数量和相应的到货日期。生鲜配送中心接受到门店的要货数据后,立即生成到系统中生成门训要货订单,按不同的商品物流类型进行不同的处理:

1. 储存型的商品

系统计算当前的有效库存,比对门店的要货需求以及日均配货量和相应的供应商送货周期自动生成各储存型商品的建议补货订单,采购售货员根据此订单再根据实际的情况作一些修改即可形成正式的供应商订单。

2. 中转型商品

此种商品没有库存,直进直出,系统根据门店的需求汇总按到货日期直接生成供应商的订单。

3. 直送型商品

根据到货日期,分配各门店直送经营的供应商,直接生成供应商直送订单,并通过EDI系统直接发送到供应商。

4. 加工型商品

系统按日期汇总门店要货,根据各产成品/半成品的BOM计算物料耗用,比对当前有效的库存,系统生成加工原料的建议订单,生产计划员根据实际需求做调整,发送采购部生成供应商原料订单。

各种不同的订单在生成完成或手工创建后,通过系统中的供应商服务系统自动发送给各供应商,时间间隔在10分钟内。

(二)物流计划

在得到门店的订单并汇总后,物流计划部根据第二天的收货、配送和生产任务制定物流计划。

1. 线路计划

根据各线路上门店的订货数量和品种,做线路的调整,保证运输效率。

2. 批次计划

根据总量和车辆售货员情况设定加工和配送的批次，实现循环使用资源，提高效率；在批次计划中，将各线路分别分配到各批次中。

3. 生产计划

根据批次计划，制定生产计划，将量大的商品分批投料加工，设定各线路的加工顺序，保证和配送和运输协调。

4. 配货计划

根据批次计划，结合场地及物流设备的情况，做配货的安排。

储存型物流运作

商品进货时先要接受订单和品种和数量的预检，预检通过方可验货，验货时需进行不同要求的品质检验，终端系统检验商品条形码和记录数量。在商品进货数量上，安量的商品的进货数量不允许大于订单的数量，不定量的商品提供一个超值范围。对于需要重量计量的进货，系统和电子秤系统连接，自动去皮取值。

拣货采用播种方式，根据汇总取货，汇总单标识从各个仓位取货的数量，取货数量为本批配货的总量，取货完成后系统预扣库存，被取商品从仓库仓间拉到待发区。在待发区配货分配售货员根据各路线各门店配货数量对各门店进行播种配货，并检查总量是否正确，如不正确向上校核，如果商品的数量不足或其他原因造成门店的实配量小于应配量，配货售货员通过手持终端调整实发数量，配货检验无误后使用手持终端确认配货数据。

在配货时，冷藏和常温商品被分置在不同的待发区。

（四）中转型的物流运作

供应商送货同储存型物流先预检，预检通过后方可进行验货配货；供应商把中转商品卸货到中转配货区，中转商品配货员使用中转配货系统按配货指令的指定执行，贴物流标签。将配完的商品采用播种的方式放到指定的路线门店位置上，配货完成统计单个商品的总数量/总重量，根据配货的总数量生成进货单。

中转商品以发定进，没有库存，多余的部分由供应商带回，如果不足在门店间进行调剂。

三种不同类型的中转商品的物流处理方式：

1. 不定量需秤重的商品

设定包装物皮重；由供应商品将单件商品上秤，配货售货员负责系统分配及其他控制性的操作；

电子秤秤重，每箱商品上贴物流标签。

2. 定量的大件商品

设定门店配货的总件数，汇总打印一张标签，贴于其中一件商品上。

3. 定量的小件商品

在供应商送货之前先进行虚拟配货，将标签贴于周转箱上；供应商送货时，取自己的周转箱，按箱标签上的数量装入相应的商品；如果发生缺货，将未配到的门店（标签）作废。

（五）加工型物流运作

生鲜的加工按原料和成品的对应关系可分为两种类型：组合和分割，两种类型在 BOM 设置和原料计算以及成本核算方面都存在着很大的差异。在 BOM 中每个产品设定一个加工车间，只属于唯一的车间，在产品上区分最终产品、半成品和配送产品，商品的包装分为定量和不定量的加工，对于秤重的产品/半成品需要设定加工产品的换算率（单位产品和标准重量），原料的类型区分为最终原料和中间原料，设定各原料相对于单位成品的耗用量。

生产计划/任务中需要对多级产品链计算嵌套的生产计划/任务，并生成各种包装生产设备的加工指令。对于生产管理，在计划完成后，系统按计划内容出标准领料清单，指导生产人员从仓库领取原料以及生产时的投料。在生产计划中考虑产品链中前道与后道的衔接，各种加工指令、商品资料、门店资料、成分资料等下发到各生产自动化设备。

加工车间人员根据加工批次加工调度，协调不同量商品间的加工关系，满足配送要求。

（六）配送运作

商品分捡完成后，都堆放在待发库区，按正常的配送计划，这些商品在晚上送到各门店，门店第二天早上将新鲜的商品上架。在装车时按计划依路线门店顺序进行，同时抽样检查准确性。在货物装车的同时，系统能够自动算出包装物（笼车、周转箱）的各门店使用清单，装货人员也据此来核对差异。在发车之前，系统根据各个配载情况出各运输的车辆随车商品清单，各门店的交接签收单和发货单。

商品到门店后，由于数量的高度准确性，在门店验货时只要清点总的包装数量，退回上次配送带来得包装物，完成交接手续即可，一般一个门店的配送商品交接只需要5分钟。

（资料来源：中国物流与采购网）

◉ 前沿理念

城市物流配送信息化——智能配送决策支持系统

智能配送决策支持系统是指利用地理信息技术、多目标决策技术、路径优化模型、数据库技术等技术，依托高精度电子地图，对物流配送调度业务进行订单处理、优化分析、可视化调度报表输出、订单动态查询等，而建立的智能化、可视化的新型配送系统，旨在降低物流成本，提高客户服务水平，减轻调度人员和司机劳动强度，满足城市配送、电子商务、电话购物等现代城市物流配送业务的发展需要。

城市配送物流是一个较新的行业，是伴随电子商务、网络化、人们购物习惯改变而产生的现代服务业。在城市物流成本中，运输和车辆配送的费用占有很大比重。我国的物流业起步较晚，在车辆调度方面的技术比较薄弱，基本上还处于凭经验进行调度的阶段。伴随连锁商业、大型卖场等现代流通业、电子商务和电话购物等业态的发展，城市物流配送面临着诸多问题：城市道路网日趋复杂、交通管制、交通拥堵、客户订单数量增长、客户地点不断变动、客户收取货时间窗变化、配送车辆增多等，造成运输资源管理难度大、车辆利用率低、员工工作强度增加、成本日益升高、盈利水平下降等难题。

智能配送决策支持系统以满足客户配送要求为前提，以车辆最少、里程最少、运输费用最低、时间最快、满意度最高等因素为目标，把配送订单科学地分配给可用的车辆，生成装车单和派车作业单，协同仓库部门一起配送任务。系统提供了配载订单的明细列表、装货顺序、车型、送货顺序、上下货时间窗、任务完成时间表等，为城市物流配送业务提供有力的支持，配送业务透明可控，降低总成本，提高客户满意度，为企业创造持久的竞争力。

城市物流配送以DC（Delivery Center）为中心，提供仓储、运输等职能，负责串接买家、卖家，及时达成买卖双方的物流约定。DC需要完成仓储运输部门协同订单管理、货物接收、货物分拣、货物集拼、运输资源管理、派车等业务，同时需要把相关作业信息及时反馈给客户。城市物流配送的成本主要发生在运输环节，通过图7－8可以简单了解：

如何在满足客户要求的前提下，即能降低物流成本，又能获得比较好的收益？DC每天要

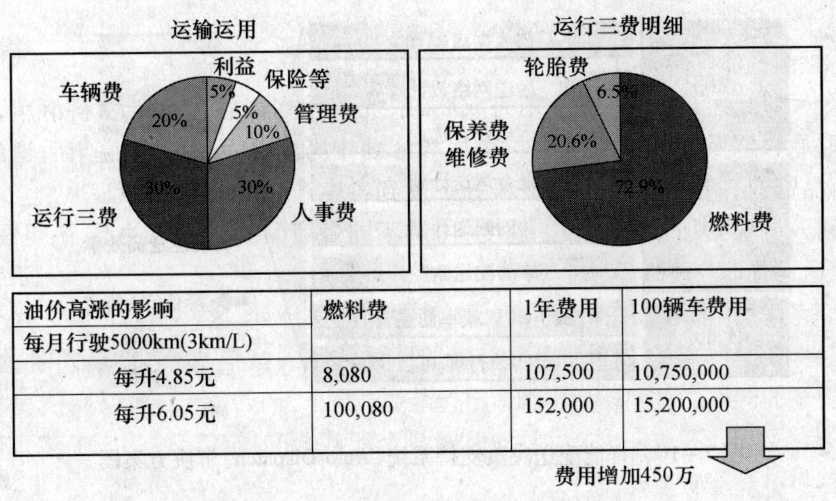

油价高涨的影响 每月行驶5000km(3km/L)	燃料费	1年费用	100辆车费用
每升4.85元	8,080	107,500	10,750,000
每升6.05元	100,080	152,000	15,200,000

图 7－8　运输费用比例构成图

处理数千张订单，协调安排大量的车辆，只有建立合理运输计划，提高配送效率，才能发挥 DC 的作用，降低运输成本，如图 7－9、图 7－10 所示。

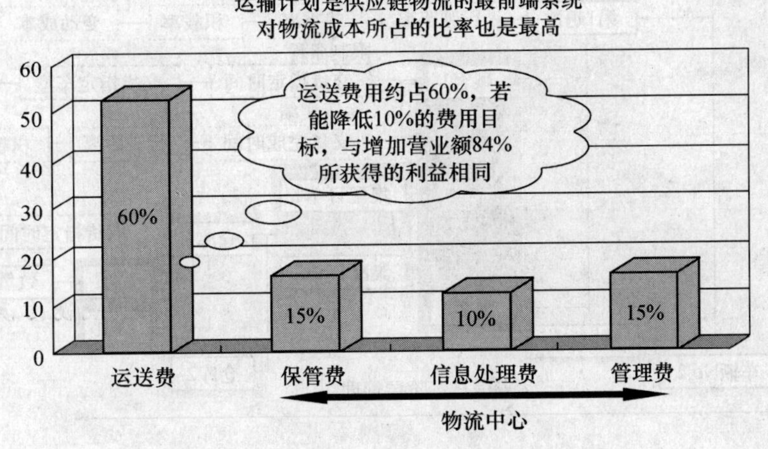

图 7－9　运输费用计划图

如图 7－10 所示，从智能配送决策支持系统的特点分析城市物流配送：

一般配送业务是由 DC 拣货后，车辆依顺序配送到各个顾客点的单点装载配送作业。Auto Dispatch 支持车辆从出货仓库装货后，再到下一个出货仓库装货，再依顺序将货物配送到各个顾客点的多仓库装载共同配送作业（包含出货仓库间的回程车应用），实现配送业务的一体化管理，如图 7－11 所示。

1．支持配送途中，同时进行送货与取货

在配送途中希望同时建立送货与收货计划时，有效运用装载空间增加车辆装载量。Auto Dispatch 可以将送货订单与收货订单自动分配给最适当的车辆来执行作业，支持同一张订单中同时有送货与收货的业务要求，可由同一车辆在顾客点同时进行送货与收货。

2．支持由远到近的配送顺规划需求

为了让较远的顾客先执行作业，来避开交通拥塞或在早晚时道路或区域的管制时间等，Auto

图 7-10　智能配送决策支持系统(Auto Dispatch)解决方案图

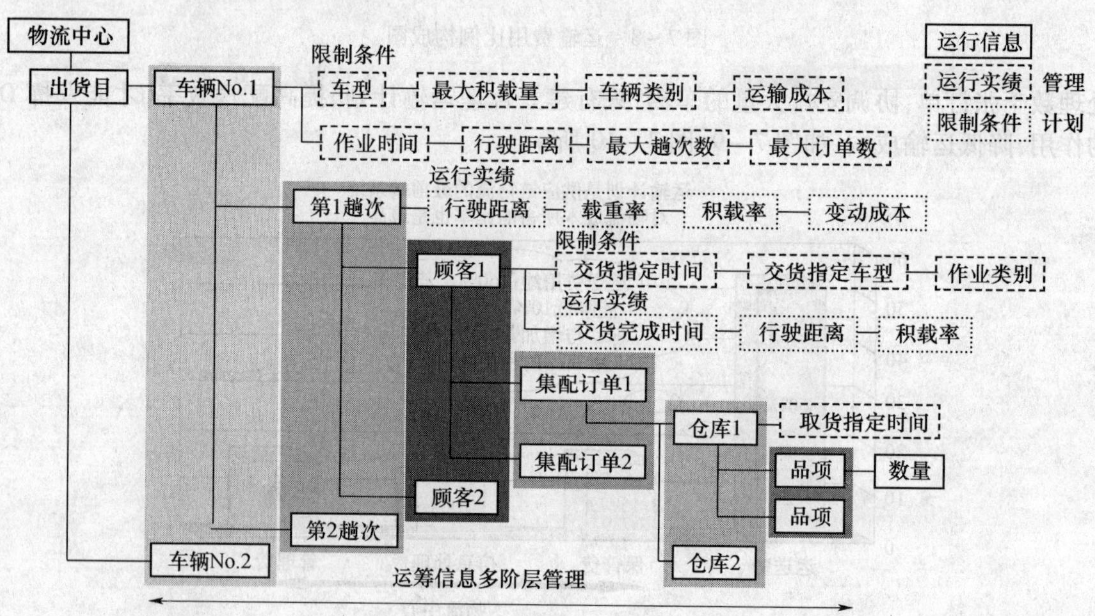

图 7-11　支持多种物流配送的业务规划模式

Dispatch 可以自动判断由最远的顾客点进行优先配送,在返回 DC 的路顺中进行其他顾客配送的距离限制条件的考虑,规划最佳配送顺的巡回 径,确实反映到实际配车作业的实际要求。

3. 支持多种限制条件与配送条件

车辆的可使用时间、指定车型、指定车辆、指定车队(运输公司)、物品可否混合装载、指定送达时间,以及顾客指定多个时段时,自动选择最适当配送时间带进行送取货等的多种配送限制条件。当车辆装载货物时,装载重量、装载体积两者同时计算考虑,支持复数装载尺寸(材积、栈板数、货笼数、箱子数等,包含双温层与多槽位的槽车应用)的自由设定,完全展现实务作业逻辑的限制条件要求。

4. 支持多日的预定配送计划建立

在月历中选择配送日期,即可建立当天或隔天的配送计划,以及连续多日的预定配送计划建立。与现有 ERP、OMS 等系统进行无缝集成,当计划受到需求、产能及存货状态影响时,可快速调整配送计划,迅速获得顾客的交货时间,实现延展性最高的营运现况洞察力与物流决策执行力。

5. 智能型的城市道路网络分析技术

Auto Dispatch 先进创新的多维式道路网络时间运算技术提供多种行车速率模式(时间带、季节、气候),可针对各种道路等级(市区道路、高速公路、快速道路)的不同路段自动分析时间。支持对经常性塞车的路段指定,以及禁行路段等的道路封闭与高速公路是否使用的指定。同时考虑数千个顾客地点的配送距离、配送时间的最合理的组合条件,自动规划最适当配送顺的巡访路径。

6. 可视化的配送排程计划

Auto Dispatch 可视化的排程结果画面,有直觉化设计的甘特图表,能呈现多样丰富的格式,并以阶层式的数据加以展现。通过鼠标的拖、拉、点、选的操作,迅速有效地即刻满足调度人员所有工作上所需的配送决策分析信息需求。弹性化的排程编辑功能(Drag and Drop),能将各车辆的配送顾客以鼠标拖曳相互交换,以及配送顺序先后的弹性调整,编辑调整时甘特图与地图上的路径同时自动连动显示,并同步显示是否有违反条件的自动警告,创造最流畅的实时决策分析。

Auto Dispatch 能以最经济的方式与企业内部现有系统进行无缝的整合,支持多个道路网络数据,各自建立不同的配送计划。

7. 超高速的全自动运算核心引擎

Auto Dispatch 的智能型运算核心引擎,能同时满足多种配送模式、多种限制条件与配送条件的最佳求解。当公司产能策略或客户需求有临时增加时,调度人员可在计划建立后,利用固定车辆再计算功能,在不改变已经计划完成的车辆安排结果下,快速地进行自动再排程计算。

应用 Auto Dispatch 后,可以实现以下目标。

(1) 自动选择配置最经济的必要车辆数、自动规划最佳配送顺序的巡访路径,降低整体物流配送费用 10% ~25%。

(2) 自动生成各车辆配送顺的货物装载顺序的拣货明细指示,提升拣货作业效率,缩短车辆装货作业时间。

(3) 自动计算预定到达时间、预定离开时间、货物上下货时间,事先掌握运作效率。

(4) 按照顾客的指定条件(到达时间指定、车型、车辆指定等),提升装载率的同时实现物流服务差异化。

(5) 推动配车、配送规划作业的标准化管理,消除配车业务中的人为问题。

➢ 归纳提高

◉ 本章简明小结

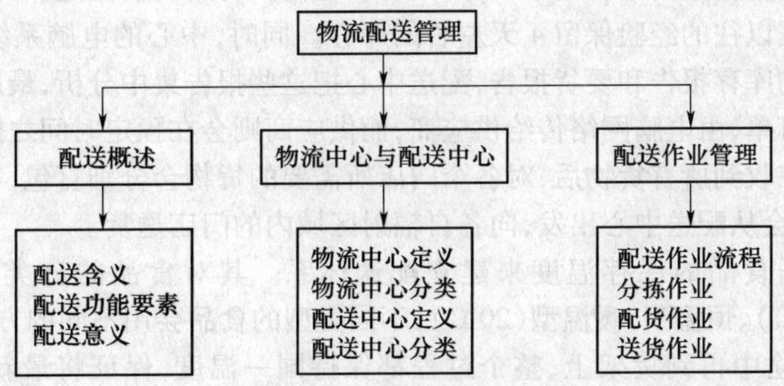

◉ 课后任务

阅读材料:日本 7 – 11 便利店的高效物流配送

“7 – 11”原是美国一个众所周知的便利店集团的名字。因为这家集团在建立初期,营业时间是从早上 7 点到晚上 11 点。后来集团经营不善,1973 年被日本的零售商伊藤洋华堂收购,从此成为其下属子公司。“7 – 11”便利店作为新型连锁零售商,因其便捷、新鲜、时尚等特点受到年轻一代的欢迎,从而急速扩张。它无疑是便利店特许经营的成功典范,它的成功,一方面有赖于完善的特许经营体系,另一方面也得益于高效的物流配送系统。

(一) 物流配送系统的演进

“7 – 11”便利店的面积一般只有 100 平方米 ~ 200 平方米,却要提供约 2000 种 ~ 3000 种食品。不同的食品来自不同的供应商,运送和储藏的要求也各不相同。每一种食品都不能短缺或过剩,而且还要根据顾客的不同需要随时调整货物的品种,这就给便利店的物流配送提出了很高的要求。它的物流配送模式先后经历了 3 个阶段的变革。

第一阶段是批发商送货。早期,日本“7 – 11”的供应商都有自己的批发商,而且每个批发商一般都只代理一家供应商的产品。这个批发商就是联系“7 – 11”和其供应商间的纽带,也是它们之间传递货物、信息和资金的通道。供应商把自己的产品交给批发商以后,对产品的销售就不再过问,所有的配送和销售都由批发商来完成。在这种体系下,如果“7 – 11”经营一系列商品的话,就必须同许多不同的批发商打交道,每个批发商都要单独用卡车向门店送货,送货效率极低,而且送货时间不确定。

第二阶段是集约化配送。上述分散化的由各个批发商分别送货的方式无法满足规模日渐扩大的连锁商店的需要,在分销渠道上进行改革已经是迫在眉睫。于是,通过整合和重组,在新的分销系统下,由某一个固定的批发商负责若干销售活动区域,管理来自不同制造商的产品。也就是说,通过和批发商、供应商签署协议,不再是多家批发商分别向各个门店送货,而是一家在一定区域内的特定批发商统一管理该区域内的同类供应商,然后向“7 – 11”统一配货,这种方式称为集约化配送。集约化配送有效降低了批发商的数量,减少了配送环节,节省了物流费用。

第三阶段是自建配送中心。配送中心代替了特定批发商,分别在不同的区域统一收货、统一配送。配送中心的优点还在于让“7 – 11”从批发商手上取回了配送的主动权,能随时掌握在途商品、库存货物等数据,对财务信息和供应商的其他信息也能全部掌握,对于一个零售企业来说,这些数据都是至关重要的。

(二) 配送系统的具体运作

配送中心有一个电脑网络配送系统,分别与供应商及各家门店相连。为了保证不断货,配送中心一般会根据以往的经验保留 4 天左右的库存。同时,中心的电脑系统每天都会定时收到各个门店发来的库存报告和要货报告,配送中心把这些报告集中分析,最后形成一张张向不同供应商发出的订单,由电脑网络传给供应商,而供应商则会在预定时间之内向配送中心派送货物。配送中心在收到所有货物后,对各个门店所需要的货物会分别打包,等待发送。第二天一早,配送车辆就会从配送中心出发,向各自辐射区域内的门店送货。

“7 – 11”根据食品的保存温度来建立配送体系。其对食品的分类是:冷冻型(零下 20℃)、微冷型(5℃)、恒温型、暖温型(20℃),不同类型的食品会用不同的方法和设备配送,食品从出场到送货途中再到货架上,整个过程都保持同一温度,保证将最新鲜的商品提供给顾客。

除了配送设备,不同种类的食品对配送时间和配送频率的要求也不同。对于有特殊要求的食品,如冰激凌,会绕过配送中心,由配送车辆早、中、晚三次直接从生产厂家运送到各个门店。对于其他商品,实行一天三次的配送制度。凌晨3点~早7点,配送前一天晚上生产的一般食品;上午8点~11点,配送的是前一天晚上生产的特殊食品,如牛奶、蔬菜;下午3点~6点,配送当天上午生产的食品。这样的配送频率在保证了商店不缺货的同时,也保证了食品的新鲜度。为了确保各门店供货万无一失,配送中心还建立了特别配送制度,如门店碰到特殊情况,导致缺货,可以通知配送中心,配送中心会用安全库存对门店实施紧急配送,如安全库存告警,中心会转向供应商紧急要货,并且在第一时间送到缺货的门店中。每天,整个配送过程循环往复,支撑着"7-11"各家门店的正常运行。

第八章 物流信息技术及运用

知识目标

- 了解物流信息技术的基本概念;
- 能够熟知常见的物流信息技术;
- 能够了解条形码技术、POS 技术、EDI 技术、GPS 技术以及 GIS 技术在物流中的应用。

能力目标

- 通过本章学习和基础素质训练,能够初步认识和掌握条形码技术、POS 技术、EDI 技术、GPS 技术以及 GIS 技术在物流中的应用,并能对计算机物流信息处理进行基本的操作;
- 通过模拟职业岗位能力训练,提高对物流信息处理基本操作的能力;
- 通过有关案例分析,进入学习情景,增强实践体验并培养团队精神和提高语言表达能力。

引导案例

沃尔玛的"新式武器"——RFID

2003 年 6 月 19 日,在美国芝加哥召开的"零售业系统展览会"上,沃尔玛宣布将采用 RFID 技术以最终取代目前广泛使用的条形码技术,成为第一个公布正式采用该技术的企业。能坐上零售业的头把交椅,沃尔玛的成功宝典上写满了有关搭建高效物流体系的密技,以保证竞争中的成本优势。可以看出,所有技术无一例外地都是围绕着改善供应链与物流管理这个核心竞争能力展开的。沃尔玛建立了全球最大的移动计算网络,并推动沃尔玛引进电子标签。

如果 RFID 计划实施成功,沃尔玛闻名于世的供应链管理将又朝前领先一大步。它可以即时获得准确的信息流,完善物流过程中的监控,把消费者的消费偏好及时地报告出来,以帮助沃尔玛调整优化商品结构,进而获得更高的顾客满意度和忠诚度。

案例点评:沃尔玛宣布采用 RFID 技术以最终取代目前广泛使用的条形码技术,成为第一个公布正式采用该技术的企业。目前,企业物流信息技术的应用已成为企业提升核心竞争力的重要手段。沃尔玛利用物流信息技术——RFID 技术不仅能准确获得完整信息,还能及时报告消费者的需求,优化商品结构,最终获得顾客满意度和忠诚度。

➢ 基本知识点

第一节　物流信息技术概述

一、物流信息技术的含义

物流信息技术(Logistics Information Technology, LIT)是指运用于物流领域的信息技术。物流信息技术是物流现代化的重要标志,也是物流技术中发展最快的领域之一。从物流数据自动识别与采集的条形码系统到物流运输设备的自动跟踪;从企业资源计划的优化到各企业间的电子数据交换;从办公自动化系统中的微型计算机、互联网、各种终端设备等硬件到各种物流信息系统软件都在日新月异的发展。同时,物流信息技术的不断发展,产生了一系列新的物流理念和物流经营方式,推进了物流的改革。

二、物流信息技术的内容

目前,常见的物流信息技术主要有:条形码技术(Bar code)、POS技术、射频技术(RFID)、电子数据交换技术(EDI)、全球卫星定位系统(GPS)和地理信息系统(GIS)。

(一) 条形码技术

条形码技术是在计算机的应用实践中产生和发展起来的一种自动识别技术。它是为实现对信息的自动扫描而设计的,是一种实现快速、准确而可靠的采集数据的有效手段。条形码是由一组按特定规则排列的条、空及其对应字符组成的,表示一定信息的符号。条形码技术的应用解决了数据录入和数据采集的"瓶颈"问题,使用条形码技术能够快速、准确而可靠地采集数据,为现代物流及供应链管理提供了有效的技术支持。

条形码技术为我们提供了一种对物流中的物品进行标示和描述的方法,借助自动识别技术等现代技术手段,企业可以随时了解有关产品在供应链上的位置,并及时作出反应。

(二) POS技术

POS,即销售时点信息(Point of Sale)系统,是指通过自动读取设备(如收银机)在销售商品时直接读取商品销售信息(如商品名、单价、销售数量、销售时间、销售店铺、购买顾客等),并通过通信网络和计算机系统传送至有关部门进行分析加工以提高经营效率的系统。它包括前台POS系统和后台MIS系统两大基本部分。POS系统最早应用于零售业,以后逐渐扩展至金融、旅馆等服务性行业,利用POS系统信息的范围也从企业内部扩展到整个供应链。现在,POS系统不仅仅局限于电子收款技术,还考虑把计算机网络、电子数据交换技术、条形码技术、电子监控技术、电子收款技术、电子信息处理技术、远程通信、自动仓储配送技术、自动售货、备货技术等一系列科技手段融为一体,从而形成一个综合性的信息资源管理系统。

(三) 无限射频识别技术

无限射频识别(Radio Frequency Identification, RFID)即射频识别,俗称电子标签,是20世纪90年代开始兴起的一种自动识别技术,可通过无线电信号识别特定目标并读写相关数据,而无需识别系统与特定目标之间建立机械或光学接触。由于其识别距离比光学系统远,且不局限于视线;射频识别卡具有读写能力,可携带大量数据,难以伪造,且具有智能等优点,被广泛应用在物流等行业。

由于射频标签具有可读写能力,尤其适用于需要频繁改变数据内容或要求非接触数据采集和交换的场合。目前,RFID 技术被应用于物料跟踪、运载工具和货架识别等多个领域,如门禁管制、停车场管制、生产线自动化和物料管理等方面。

(四) 电子数据交换技术

电子数据交换(Electronic Data Interchange,EDI)是按照通信协议、依据各行各业的事务处理模式形成一个公认的信息标准,经数据通信网络在计算机应用系统之间以电子的方式交换商业文件,减少甚至取消了纸张、票据等书面文件的来往,因而也被称为“无纸贸易”。

在物流企业应用 EDI 技术,可以实现快速响应,减少商场库存量与空架率,以加速商品资金周转,降低成本,建立物资配送体系,还可以完成产、存、运、销一体化的供应链管理。EDI 技术应用获益最大的是零售业、制造业和配送业。在这些行业中的供应链上应用 EDI 技术使得传输发票、订单达到了很高的效率。

(五) 全球定位系统技术

全球定位系统(Global Positioning System,GPS)具有在海、陆、空进行全方位、实时三维导航与定位能力,并具有全天候、高精度、自动化、高效益等显著特点,广泛应用于大地测量、工程测量、航空摄影测量、运载工具导航和管制、地壳运动监测、工程变形测量、资源勘查等多种学科。

(六) 地理信息系统技术

地理信息系统(Geographical Information System, GIS)的基本功能是将表格型数据转换成地理图形显示,然后对显示结果进行浏览、操作和分析。其显示范围可以从洲际地图到非常详细的街区地图,显示对象包括人口、销售情况、运输线路以及其他内容。

在物流业中,主要是利用 GIS 技术强大的地理数据功能来完善物流分析技术。GIS 技术物流分析软件包括车辆路线模型、最短路径模型、网络物流模型、分配集合模型和设施定位模型等。

三、物流信息技术的功能

据统计,物流信息技术的应用,可为传统的运输企业带来如下实效:降低空载率 15% ~20%;提高对在途车辆的监控能力,有效保障货物安全;网上货运信息发布及网上下单可增加商业机会 20% ~30%;无时空限制的客户查询功能,有限满足客户对货物在运情况的跟踪监控,可提高业务量 40%;对各种资源的合理综合利用,可减少运营成本 15% ~30%。

对传统仓储企业带来的实效表现在:配载能力可提高 20% ~30%;库存和发货准确率可超过 99%;数据输入误差减少,库存和短缺损耗减少;可降低劳动力成本 50%;提高生产力 30% ~40%;提高仓库空间利用率 20%。

因此,物流信息技术在现代企业的经营战略中占有越来越重要的地位。建立物流信息系统,充分利用各种现代信息技术,提供迅速、及时、准确、全面的物流信息是现代企业获得竞争优势的必要条件。

(一) 信息是物流的重要功能

在物流活动中,信息是重要的要素。物流信息对于物流活动来讲,犹如灵魂和生命一样的重要。可以说,物流活动中没有信息的支撑,就如同没有物流系统,这是因为信息提高了物流各个功能环节的效率。在运输环节中,由于使用了 GPS,对地面运输车辆和水运船只进行精确的跟踪定位,同时还提供交通气象信息、异常情况报警信息和指挥信息,不仅确保了车辆、船只的运营质量和安全,而且也能进行各种运输工具的优化组合、运输网络的合理编织,大幅度提高了运输效率；在货物保管环节中，由于使用了条形码信息技术，使商品的出入库、库存保管、商品统计查寻、托盘利用等所有保管作业实现了自动检测、自动操作和自动管理，大幅度降低了保管成本，提高了仓储效率；在装卸搬运和包装环节中，由于使用了电子数据信息和条形码信息技术，实现了自动化装卸搬运、模块化单元包装、机械化分类分拣和电子化显示作业，大幅度提高了装卸搬运和包装作业效率，加强了服务效率。

（二）信息提升物流系统的整体效益

由于使用了电子数据交换系统（EDI），使运输、保管、装卸搬运、包装等各环节功能之间实现了数据的快速、批量传送，特别是各部门、各种运输工具、各种类型单位之间的横向数据交换。这就把物流的各个环节功能有效地衔接和整合起来，发挥了物流系统整体和综合优势。

由于有了互联网，充分利用事务处理系统（TPS）、管理信息系统（MIS）、决策支持系统（DSS）、销售时点信息系统（POS）等信息系统，把生产企业、批发零售企业、供应商、分销商、物流企业、金融信贷企业等通过现代信息技术联系在一起，及时、准确、批量地交换有关数据，并使商流、物流和资金流有机地连接起来，提升了整体效益。同时，使生产、流通和消费能动地协调起来，克服了横向阻隔，实现了良性循环，避免了大量无谓的浪费，提高了经济和社会效益。

（三）信息是物流系统计划决策的依据

计划是任何一个企业最基本的职能。计划决策是为了确定经营管理活动的目标。编制计划是预先决策需要做什么，以及如何去实现目标。编制计划的一个重要依据就是各类可靠的信息。物流系统的计划决策信息一般包括市场信息、环境信息和内部信息。这些是编制物流系统计划的重要依据，对物流活动有着全局性的影响。

（四）信息是进行物流控制的手段

在物流系统的控制过程中必须掌握反映标准和执行情况的信息，以期对物流活动进行控制。控制的方法有两种：一是利用指挥调度，使物流活动按照预定的计划以及各项标准顺利进行；另一种是利用信息的反馈作用。利用在物流活动中产生的信息反馈，了解物流活动状态，并与标准信息相比较，找出偏差，及时对物流活动进行调节或是修正计划，从而实现对物流过程的控制。

第二节　物流信息技术应用

一、条形码技术在物流领域中应用

（一）条形码含义

条形码是利用光电扫描阅读设备识读并实现数据输入计算机的一种特殊代码，是由一组按特定规则排列的条、空及其对应字符组成的表示一定信息的符号。如图 8-1 所示，条形码中的条、空分别由深浅不同且满足一定光学对比要求的两种颜色（通常为黑、白色）表示。“条”是指对光线反射率较低的部分（一般表现为黑色），“空”是指对光线反射率较高的部分（一般表现为白色），这些条和空组成的标记，能够用特定的设备（如光电扫描器等）识读，以标识物品的各种信息，如名称、单价、规格等。

由于白色反射率比黑色高很多，而且黑白条粗细不同，在用光电扫描器进行扫描后，通过光电转换设备将条形码中这些不同的反射效果转换为不同的电脉冲，形成可以传输的电子信息。当经过转换的与计算机兼容的二进制条形码信息传输到计算机时，通过计算机数据库中

图 8-1　条形码

已建立的条形码与商品信息的对应关系,条形码中的商品信息就被读出。条形码不仅可以用来标识物品,还可以用来标识资产、位置和服务关系等。

(二)条形码种类

条形码可分为一维条形码和二维条形码。一维条形码按照应用又可分为:商品条形码和物流条形码。二维条形码也可分为两类:堆叠式二维条形码和矩阵式二维条形码。

1. 商品条形码

商品条形码是由国际物品编码协会(EAN)和统一代码委员会(UCC)规定的、用于标识商品标志代码的条形码,包括 EAN 商品条形码和 UPC 商品条形码。国际物品编码协会和统一代码委员会已经从 2005 年 1 月 1 日起,在全球范围内统一以 EAN/UCC-13 作为代码标志。以下主要介绍 EAN 商品条形码。

EAN 商品条形码是国际上通用的、企业最常用的商品代码,我国通用的商品条形码标准也采用 EAN 条形码结构。一般情况下,不选用 UPC 商品条形码。EAN 码有标准版(EAN-13)(图 8-2)和缩短版(EAN-8)(图 8-3)两种。

标准版 EAN 由 13 位数字和条形码符号组成,其代码结构由前缀码、厂商识别代码、商品项目代码和校验码。以条形码 6936983800013 为例,此条形码分为 4 个部分,从左到右分别为:

1-3 位:共 3 位,对应该条形码的 693,是中国的国家代码之一(690~695 都是中国的代码,由国际上分配);

4-8 位:共 5 位,对应该条形码的 69838,代表着生产厂商代码,由厂商申请,国家分配;

9-12 位:共 4 位,对应该条形码的 0001,代表着厂内商品代码,由厂商自行确定;

第 13 位:共 1 位,对应该条形码的 3,是校验码,依据一定的算法,由前面 12 位数字计算而得到。

2. 物流条形码

物流条形码是随着国际贸易的不断发展,贸易伙伴对各种信息的不断增加应运而生的,其应用不断扩大,内容也不断丰富。物流条形码主要采用 UCC/EAN-128 码制,是一个可变长度,可表示多种含义、多种信息的条形码,是货运包装的唯一标识,可表示货物的体积、重量、生产日期等信息。

物流条形码主要包括 25 条形码、交叉 25 条形码、39 条形码、ITF 条形码和库德巴条形码等。

3. 二维条形码

一维条形码所携带的信息量有限,如商品上的条形码仅能容纳 13 位阿拉伯数字,更多的信息只能依赖商品数据库的支持,离开了预先建立的数据库,这种条形码就没有意义了,因此在一定程度上也限制了条形码的应用范围。基于这个原因,在20世纪90年代发明了二维条形码。二维条形码除了具有一维条形码的优点外,同时还有信息量大、可靠性高、保密性好、防伪性强等优点。目前二维条形码主要有PDF417条形码、CODE49条形码、Code 16K条形码、QR Code条形码等。

(三) 条形码技术的特点

在信息输入技术中,采用的自动识别技术种类很多。条形码作为一种图形识别技术,它与其他识别技术相比具有如下特点:

1. 简单

条形码符号制作简单,扫描操作简单易行。

2. 信息采集速度快

普通计算机的键盘录入速度是200字符/分钟,而利用条形码扫描录入信息的速度是键盘录入的20倍。

3. 采集信息量大

利用条形码扫描,依次可以采集十几位字符的信息,而且可以通过选择不同码制的条形码增加字符密度,使采集的信息量成倍增加。

4. 可靠性高

键盘录入数据,误码率为三百分之一,而利用光学字符识别技术,误码率约为万分之一。采用条形码扫描录入方式,误码率仅有百万分之一,首读率可达98%以上。

5. 灵活、实用

条形码符号作为一种识别手段可以单独使用,也可以和有关设备组成识别系统实现自动化识别,还可和其他控制设备联系起来实现真个系统的自动化管理。同时,在没有自动识别设备时,也可实现手工键盘输入。

6. 自由度大

识别装置与条形码标签相对位置的自由度要比光学字符识别大得多。条形码通常只在一维方向上表达信息,而同一条形码上所表示的信息完全相同并且连续,这样即使标签有部分缺欠,仍可以从正常部分输入正确的信息。

7. 设备结构简单、成本低

与其他自动识别技术相比,条形码技术所需的费用较低。

二维条形码除了具有以上特点外,还具有保密防伪性好、译码可靠性高、修正错误能力强、容易制作且成本低、条形码符号的形状可变等特点。

(四) 条形码技术在物流中的应用

条形码技术是物流自动跟踪的最有力工具,并在全球范围内被广泛应用。由于条形码技术具有制作简单、信息收集速度快、准确率高、信息量大、成本低和条形码设备方便易用等特点。条形码技术被广泛应用于仓储、运输、配送以及生产过程中。具体来看,作为物流管理的工具,条形码的应用主要集中在以下环节。

1. 物料管理

通过将物料编码,并且打印条形码标签,不仅便于物料跟踪管理,而且也有助于做到合理的物料库存准备,提高生产效率,便于企业资金的合理运用。

对于生产型企业,物料管理是企业资源计划的重要内容,在物料管理中应用条形码带来的好处是多方面的。首先,条形码可以作为在制品(WIP)状态的标识,准确的确定目前物料的消耗与供给情况;其次,条形码对物料的标识为建立产品档案奠定了基础。

2. 配送中心管理

订货信息先利用计算机网络从终端向计算机中心输入,然后通过打印机打印,以条形码及拣货单的形式输出。操作人员将条形码贴在拣选周转箱的侧面,并将拣货单放入拣选周转箱内。在拣选过程中,周转箱一旦到达指定的货架前,自动扫描装置会立即读出条形码的内容,并自动进行分货。工作人员根据拣货单的要求,将拣选好的货物放入周转箱内,待作业结束后,只要按一下"结束"钮,装有货物的周转箱便会按顺序地向另一个货架以东。等到全部作业结束后,有关人员利用自动分拣系统将贴有条形码的集装箱运到指定的出货口,转入发运工序。由此可见,在配送中心运用条形码技术,极大地提高了配送的运作效率和运行速度。

3. 仓储管理

仓储管理实际上是条形码应用的传统领地,其应用已经贯穿出入库、盘点、库存管理等多方面。

在出入库过程中,条形码可以加快出入库的速度,也能减少出入库操作的差错。

条形码在仓储管理中带来的最大的变化是在盘点业务,传统的手工方式盘点一般是利用纸笔记录,效率不高同时存在数据失实的可能。在利用了条形码后,就有可能采用自动化技术。例如,在某仓库中使用了手持终端,现在的盘点方式只需要利用手持终端扫描箱体,所有盘点数据都会记录在手持终端中,手持终端也会自动处理盘点重复等错误。手持终端数据可以很方便地导入到管理系统中去。

在库存管理中,条形码的上要意义在于货位保证。我们知道物流管理系统在做资源计划时,常常需要引用货位信息,但是传统方式下的货架操作,难于避免货物与货位信息的脱节。往往出现的情况就是,物流管理信息系统指示在某处出库某样物品,但操作工将叉车开到货位后却发现并不存在这样的物品。条形码技术不仅可以标识所有物品,同样也可以标识货位。要求只有扫描了货位条形码和货物条形码后才能完成上下架过程,就可以确保货物的货位信息总是准确的。

4. 货物运输

随着条形码技术的不断发展,条形码在包裹、货物运输上扮演了越来越重要的角色,特别是近几年来,许多国家的运输公司纷纷采用一维条形码和二维条形码 PDF417 相结合的标签,来实现货物运输中的条形码跟踪和信息传递。国际运输协会已作出规定:货物运输中,货物的包装上必须贴上条形码符号,以利于对所运货物进行自动化统计管理。此外,铁路、公路客运的自动化售票及检票系统,货运仓库、货栈的物流自动化管理等,都必须用条形码技术来采集数据。

二、POS 技术在物流领域中应用

(一) POS 含义

POS,即销售时点信息(Point of Sale)系统,是指通过自动读取设备(如收银机)在销售商品时直接读取商品销售信息(如商品名、单价、销售数量、销售时间、销售店铺、购买顾客等),并通过通信网络和计算机系统传送至有关部门进行分析加工以提高经营效率的系统。它包括前台 POS 系统和后台 MIS 系统两大基本部分。POS 系统最早应用于零售业,以后逐渐扩展至金融、旅馆等服务性行业,利用 POS 信息的范围也从企业内部扩展到整个供应链。现代 POS

系统不仅仅局限于电子收款技术，还考虑把计算机网络、电子数据交换技术、条形码技术、电子监控技术、电子收款技术、电子信息处理技术、远程通信、自动仓储配送技术、自动售货、备货技术等一些列科技手段融为一体，从而形成一个综合性的信息资源管理系统。

前台POS系统是指通过自动读取设备（如收银机），在销售商品时直接读取商品销售信息（如商品名、单价、销售数量、销售时间、销售店铺、购买顾客等），实现前台销售业务的自动化，对商品交易进行实时服务管理，并通过通信网络和计算机系统传送至后台。通过后台计算机管理信息系统的计算、分析与汇总等掌握商品销售的各项信息，为企业管理者分析经营成果、制定经营方针提供依据，提高经营效率的系统。

后台MIS系统负责整个商场进行进、销、存系统的管理以及财务管理、库存管理、考勤管理等。它可以根据商品进货信息对厂商进行管理，又可根据前台POS提供的销售数据，控制进货数量，合理周转资金，还可以分析各种销售报表，快速准确地计算成本和毛利，也可对售货员、收款员业绩进行考核。它是分配直供工资、奖金的客观依据。因此，商场现代化管理系统中前台POS与后台MIS是密切相关的，两者缺一不可。

（二）POS系统的运行步骤

以零售商（末端物流）为例，POS系统的运行有以下五个步骤。

（1）店头销售商品都贴有表示该商品信息的条形码或光学识别（OCR）标签。

（2）在顾客购买商品结账时，收银员使用扫描读数仪自动读取商品条形码标签或OCR标签上的信息，通过店铺内的微型计算机确认商品的单价，计算顾客购买总金额等，同时返回给收银机，打印出顾客购买清单和付款总金额。

（3）各个店铺的销售时点信息通过VAN以在线联结方式即时传送给总部或物流中心。

（4）在总部，物流中心和店铺利用销售时点信息来进行库存调整、配送管理、商品订货等作业。通过对销售时点信息进行加工分析来掌握消费者购买动向，找出畅销商品和滞销商品，并以此为基础，进行商品品种配置、商品陈列、价格设置等方面的作业。

（5）在零售商与供应链的上游企业（批发商、生产厂家、物流业者等）结成协作伙伴关系（也称为战略关系）的条件下，零售商利用VAN在线联结的方式把销售时点信息即时传送给上游企业。这样上游企业可以利用销售现场的最及时准确的销售信息制定经营计划，进行决策。例如，生产厂家利用销售时点信息进行销售预测，掌握消费者购买动向，找出畅销商品和滞销商品，把销售时点信息和订货信息（EOS信息）进行比较分析来把握零售商的库存水平，以此为基础制定生产计划和零售商库存连续补充计划（Continuous Replenishment Program，CRP）。

（三）POS技术在物流中的应用

1. 自动读取销售时点的信息

在顾客购买商品结账时，POS系统通过扫描器自动读取商品条形码标签上的信息，在销售商品的同时获得实时的销售信息，这是POS系统的最大作用。

2. 信息的集中管理

在各个POS终端机获得的销售时点信息以在线联接方式汇总到企业总部，与其他部门的有关信息一起由总部的信息系统加以集中并进行分析加工，如把畅销商品以及新商品的销售倾向，对商品的销售量和销售价格、销售量和销售时间之间的相关关系进行分析，对商品店铺陈列方式、促销方式、促销时间、竞争商品的影响进行相关分析。

3. 单品管理、员工管理和顾客管理

1）单品管理

零售业的单品管理是指对店铺陈列展示销售的商品以单个商品为单位进行销售跟踪和管理。由于POS信息系统能及时、准确地反映单个商品的销售信息，因此，POS系统的应用能提高单品管理的效率。

2）员工管理

员工管理是指通过POS终端机上的计时器记录，依据每个员工的出勤状况、销售状况进行考核管理。

3）顾客管理

顾客管理是指在顾客购买商品结账时，通过收银机自动读取零售商发行的顾客ID卡或顾客信用卡来把握每个顾客的购买品种和购买额，从而对顾客进行分类管理。

4. 连接供应链的有力工具

供应链与各方合作的主要领域之一是信息共享，而销售时点信息是企业经营中最重要的信息之一，通过它能及时把握顾客的需求信息，供应链的参与方可以利用销售时点信息并结合其他的信息来制定企业的经营计划和市场营销计划。目前，领先的零售商正在与制造商共同开发一种整合的物流系统CFAR（Collaboration Forecasting and Replenishment，整合预测和库存补充），各方利用该系统不仅分享POS信息，而且一起联合进行市场预测，分享预测信息。

三、EDI技术在物流领域中应用

（一）EDI含义

EDI是英文Electronic Data Interchange的缩写，中文可译为“电子数据交换”。它是一种在公司之间传输订单、发票等作业文件的电子化手段。它通过计算机通信网络将贸易、运输、保险、银行和海关等行业信息，用一种国际公认的标准格式，实现各有关部门或公司与企业之间的数据交换与处理，并完成以贸易为中心的全部过程，它是20世纪80年代发展起来的一种新颖的电子化贸易工具，是计算机、通信和现代管理技术相结合的产物。

EDI的定义至今没有一个统一的规范，但有三个方面的内容是相同的。

（1）资料用统一标准。

（2）利用电信号传递信息。

（3）计算机系统之间的连接。

国际标准化组织（ISO）将EDI描述成“将贸易（商业）或行政事务处理按照一个共认的标准变成结构化的事务处理或信息数据格式，从计算机到计算机的电子传输”。而ITU－T（原CCITT）将EDI定义为“从计算机到计算机之间的结构化的事务数据互换”。又由于使用EDI可以减少甚至消除贸易过程中的纸面文件，因此EDI又被人们通俗地称为“无纸贸易”。

总之，EDI指的是按照协议对具有一定结构特征的标准经济信息，经过电子数据通信网，在商业贸易伙伴的计算机系统之间进行交换和自动处理的全过程。

（二）EDI的基本结构

从EDI的定义不难看出，EDI的基本结构包含了三个方面的内容，即计算机应用、通信网络和数据标准化。其中计算机应用是EDI的条件，通信环境是EDI应用的基础，标准化是EDI的特征。这三方面相互衔接、相互依存，构成EDI的基础框架。

1. 用户接口模块

业务管理人员可用此模块进行输入、查询、统计、中断、打印等,及时地了解市场变化,调整策略。

2. 内部接口模块

这是 EDI 系统和本单位内部其他信息系统及数据库的接口,一份来自外部的 EDI 报文,经过 EDI 系统处理之后,大部分相关内容都需要经内部接口模块送往其他信息系统,或查询其他信息系统才能给对方 EDI 报文以确认的答复。

3. 报文生成及处理模块

该模块有两个功能:一是接受来自用户接口模块和内部接口模块的命令和信息,按照 EDI 标准生成订单、发票等各种 EDI 报文和单证,经格式转换模块处理之后,由通信模块经 EDI 网络发给其他 EDI 用户;二是自动处理由其他 EDI 系统发来的报文。在处理过程中要与本单位信息系统相联,获取必要信息并给其他 EDI 系统答复,同时将有关信息送给本单位其他信息系统。如因特殊情况不能满足对方的要求,经双方 EDI 系统多次交涉后不能妥善解决的,则把这一类事件提交用户接口模块,由人工干预决策。

4. 格式转换模块

所有的 EDI 单证都必须转换成标准的交换格式,转换过程包括语法上的压缩、嵌套、代码的替换以及必要的 EDI 语法控制字符。在格式转换过程中要进行语法检查,对于语法出错的 EDI 报文应拒收并通知对方重发。

5. 通信模块

该模块是 EDI 系统与 EDI 通信网络的接口。包括执行呼叫、自动重发、合法性和完整性检查、出错报警、自动应答、通信记录、报文拼装和拆卸等功能。

(三) EDI 的功能特点

EDI 系统具有快速、及时、廉价、安全可靠、使用方便及不受时空限制等诸多优点。其通信机制是在 EDI 系统上,通信双方需申请各自的信箱,通信过程就是把文件传到对方的信箱中,文件交换由计算机自动完成,用户只需进入信箱系统中自己的信箱,即可完成信息的接、发、收全过程。

EDI 用户将订单、发票、提货单、海关申报单、进出口许可证等日常往来的“经济信息”,按照协议,通过通信网络对标准化文件进行传送。报文接收方按国际统一规定支持系统,对报文进行处理,通过信息管理系统和支持作业管理,以及决策功能的决策支持系统,完成综合的自动互换和处理。

(四) EDI 技术在物流中的应用

EDI 最初由美国企业应用在企业间的订货业务活动中,其后 EDI 的应用范围从订货业务向其他的业务扩展,例如,POS 销售信息传送业务、库存管理业务、发货送货信息和支付信息的传送业务等。近年,EDI 在物流中广泛应用,被称为物流 EDI。

所谓物流 EDI 是指货主、承运业主以及其他相关的单位之间,通过 EDI 系统进行物流数据交换,并以此为基础实施物流作业活动的方法。物流 EDI 参与单位有货主(如生产厂家、贸易商、批发商、零售商等)、承运业主(如独立的物流承运企业等)、实际运送货物的交通运输企业(铁路企业、水运企业、航空企业、公路运输企业等)、协助单位(政府有关部门、金融企业等)和其他的物流相关单位(如仓库业者、专业报送业者等)。

企业与客户之间的商业行为大致可以分为接单、出货、催款及收款作业,其间往来的单据包括采购进货单、出货单、催款对账单以付款凭证等。

企业使用EDI的目的是为了改善作业，降低成本，减少差错。企业可以将EDI与企业内部的MIS对接，实现一体化管理。与企业物流管理有关的作业活动由于采用了EDI技术，效率得到了提高，主要表现在以下几个方面：

1. 引入采购进货单

采购进货单是整个交易流程的开始，接到EDI订单就不需要重新输入，从而节省了订单输入的人力资源，保证了数据的正确性；开发检查程序，检查收到的订单是否与客户的交易条件相符，从而节省核查订单的人力资源，减少检查的错误率；与库存系统、拣货系统集成，自动生成拣货单，加快拣货与出货速度，提高服务质量。

2. 引入出货单

在出货前事先用EDI发送出货单，通知客户出货的品种及数量，以便客户事先打印验货单并安排仓库，从而加快验收速度，节省双方交货、收货的时间。EDI出货单也可供客户与内部订购数据进行比较，缩短客户验收后人工确认计算机数据的时间，降低日后对账的困难；客户可用出货单验货，使出货单成为日后双方催款对账的凭证。

3. 引入催款对账单

开发对账系统，并与出货系统集成，从而减轻财务部门每月对账的工作量，降低对账错误率以及节约业务部门催款的人力和时间。

4. 引入转账系统

开发对账系统后，可以引入银行的EDI转账系统，由银行直接接受客户的EDI汇款再转入企业的账户内，这样可以加快收款作业，提高资金利用率。转账系统与对账系统、会计系统集成后，除实现自动转账外，还可将后续的会计作业自动化，节省人力。

下面我们看一个应用物流EDI系统的实例，是一个由发送货物业主、物流运输业主和接收货物业主组成的物流模型。这个物流模型的动作步骤如下：

(1) 发送货物业主(如生产厂家)在接到订货后制定货物运送计划，并把运送货物的清单及运送时间安排等信息通过EDI发送给物流运输业主和接收货物业主(如零售商)，以便物流运输业主预先制定车辆调配计划和接收货物业主制定货物接收计划。

(2) 发送货物业主依据顾客订货的要求和货物运送计划下达发货指令、分拣配货、打印出物流条形码的货物标签(即SCM标签，Shipping Carton Marking)并贴在货物包装箱上，同时把运送货物品种、数量、包装等信息通过EDI发送给物流运输业主和接收货物业主并依据请示下达车辆调配指令。

(3) 物流运输业主在向发货货物业主取运货物时，利用车载扫描读数仪读取货物标签的物流条形码，并与先前收到的货物运输数据进行核对，确认运送货物。

(4) 物流运输业主在物流中心对货物进行整理、集装、做成送货清单并通过EDI向收货业主发送发货信息。在货物运送的同时进行货物跟踪管理，并在货物交纳给收货业主之后，通过EDI向发货物业主发送完成运送业务信息和运费请示信息。

(5) 收货业主在货物到达时，利用扫描读数仪读取货物标签的条形码，并与先前收到的货物运输数据进行核对确认，开出收货发票，货物入库。同时通过EDI向物流运输业主和发送货物业主发送收货确认信息。

物流EDI的优点在于供应链组成各方基于标准化的信息格式和处理方法，通过EDI共同分享信息、提高流通效率、降低物流成本。例如，对零售商来说，应用EDI系统可以大大降低进货作业的出错率，节省进货商品检验的时间和成本，能迅速核对订货与到货的数据，易于发现差错。

应用传统的EDI成本较高，一是因为通过VAN进行通信的成本高，二是制定和满足EDI标准较为困难，因此过去仅有大企业因得益于规模经济能从利用EDI中得到利益。近年来，互联网的迅速普及，为物流信息活动提供了快速、简便、廉价的通信方式，从这个意义上说互联网将为企业进行有效的物流活动提供坚实的基础。

四、GPS技术在物流领域中应用

（一）GPS含义

GPS又称全球定位系统，是利用卫星、地面控制部分和信号接收机对对象进行动态定位的系统。GPS能对静态、动态对象进行动态空间信息的获取，快速、精度均匀、不受天气和时间的限制反馈空间信息。

GPS系统是美国从20世纪70年代开始研制，历时20余年，耗资200亿美元，于1994年全面建成，具有海陆空全方位实时三维导航与定位能力的新一代卫星导航与定位系统。

GPS系统由三部分组成：空间部分—GPS卫星；地面控制部分—地面监控系统；用户设备部分—GPS信号接收机。

1．空间部分

GPS的空间部分是由24颗工作卫星组成，它位于距地表20200千米的上空，均匀分布在6个轨道面上（每个轨道面4颗），轨道倾角为55°。此外，还有4颗有源备份卫星在轨运行。卫星的分布使得在全球任何地方、任何时间都可观测到4颗以上的卫星，并能保持良好定位解算精度的几何图像。这就提供了在时间上连续的全球导航能力。

2．地面控制部分

地面控制部分由一个主控站，5个全球监测站和3个地面控制站组成。监测站均配装有精密的铯钟和能够连续测量到所有可见卫星的接受机。监测站将取得的卫星观测数据，包括电离层和气象数据，经过初步处理后传送到主控站。主控站从各监测站收集跟踪数据，计算出卫星的轨道和时钟参数，然后将结果送到3个地面控制站。地面控制站在每颗卫星运行至上空时，把这些导航数据及主控站指令注入到卫星，对每颗GPS卫星每天注入一次，并在卫星离开地面控制站作用范围之前进行最后的注入。如果某地面控制站发生故障，那么在卫星中预存的导航信息还可用一段时间，但导航精度会逐渐降低。

3．GPS信号接收机

其主要功能是能够捕获到按一定卫星截止角所选择的待测卫星，并跟踪这些卫星的运行。当接收机捕获到跟踪的卫星信号后，即可测量出接收天线至卫星的伪距离和距离的变化率，解调出卫星轨道参数等数据。根据这些数据，接收机中的微处理计算机就可按定位解算方法进行定位计算，计算出用户所在地理位置的经纬度、高度、速度、时间等信息。

（二）GPS的特征

1．全球地面连续覆盖

由于GPS卫星数目较多且分布合理，所以在地球上任何地点均可连续同步观测到至少4颗卫星，从而保障了全球、全天候连续实时导航与定位的需要，并不受恶劣气候的影响。

2．定位精度高

应用实践已经证明，GPS相对定位精度在50千米以内可达10米~6米，100千米~500千米可达 10 米 ~7 米,1000 千米可达 10 米 ~9 米。在 300 米 ~1500 米工程精密定位中,1 小时以上观测的解其平面其平面位置误差小于 1 毫米,与 ME－5000 电磁波测距仪测定得边长比较,其边长校差最大为 0.5 毫米,校差中误差为 0.3 毫米。

3. 功能多,应用广

随着人们对 GPS 认识的加深,GPS 不仅在测量、导航、测速、测时等方面得到广泛的应用,而且应用领域还在不断扩大。例如,汽车自定位、跟踪调度、陆地救援、内河及远洋船最佳航程和安全航线的实时调度,还有大地测量、工程测量、航空摄影测量、地壳运动测量、工程变形测量、资源勘察和地球动力学等。

4. 抗干扰性能好、保密性强

由于 GPS 采用扩频技术和伪码技术,用户只接收而不必发射信号,因而 GPS 卫星所发送的信号具有良好的抗干扰性和保密性。

(三) GPS 技术在物流中的应用

1. 车辆跟踪

利用 GPS 和电子地图可以实时显示车辆的实际位置,并可任意放大、缩小、还原、换图;可以随目标移动,使目标始终保持在屏幕上;还可实现多窗口、多车辆、多屏幕同时跟踪。利用该功能可对重要车辆和货物进行跟踪运输。

2. 提供货物配送路线规划和导航

提供出行路线规划是汽车导航系统的一项重要的辅助功能,它包括自动线路规划和人工线路设计。自动线路规划是由驾驶者确定起点和目的地,由计算机软件按要求自动设计最佳行驶路线,包括最快的路线、最简单的路线、通过高速公路路段次数最少的路线的计算。人工线路设计是由驾驶员根据自己的目的地设计起点、终点和途经点等,自动建立路线库。线路规划完毕后,显示器能够在电子地图上显示设计路线,并同时显示汽车运行路径和运行方法。

3. 信息查询

GPS 可以为用户提供主要物标、如旅游景点、宾馆、医院等数据库,用户能够在电子地图上显示其位置。同时,监测中心可以利用监测控制台对区域内的任意目标所在位置进行查询,车辆信息将以数字形式在控制中心的电子地图上显示出来。

4. 交通指挥

装备了 GPS 的车辆,通过 GPS 可以随时明确自己的位置,而且可通过通信装置把信息传递到交通指挥中心。GPS 指挥中心将这些信息在电子地图上显示出来用以分析,并用文本、代码或语音等对被监控车辆进行合理的调度指挥,实现了交通的实时监控和高效率的交通指挥、调度。例如,GPS 指挥中心实时监测区域内车辆的运行状况,实时发布堵车信息、管制信息、道路向导及停车信息等,驾驶员据此可回避堵车,选择最佳路线,GPS 还可以根据路况设计出其他的替代路线。

5. 紧急援助

通过 GPS 定位和监控管理系统可以对遭遇险情或发生事故的车辆进行紧急援助。监控台的电子地图可显示求助信息和报警目标,公安、消防、医疗救济通过 GPS 迅速确定各辆警车、消防车、救护车的位置,在第一时间制定达到目的地的最快路线,缩短反应时间,制定出最优援助方案,并以报警声、光提醒值班人员进行应急处理,以化解险情,减少损失。当车辆遇到抢劫、偷盗时,车辆报警系统感应器北激活,车载系统自动寻呼车主并向监控中心报警。监控中心接到报警后,可以根据警情遥控熄火或锁门等,从而控制车辆的运行状态,并立刻与公安

110、急救120网络连接。

通过在车、货运行中应用GPS，增强了对货物和司机的安全保证，便于货主随时了解货物的运行状态信息及货物运达目的地的全过程，增强了物流企业和货主之间的相互信任度，保证了物流企业充分了解车辆信息，通过配货、调度等途径提高企业的经济效益和管理水平。

五、GIS技术在物流领域中应用

（一）GIS含义

地理信息系统（Geographic Information System，GIS）是一种特定的十分重要的空间信息系统。它是一种以地理空间数据库为基础，在计算机硬、软件系统支持下，对整个或部分地球表层（包括大气层）空间中的有关地理分布数据进行采集、管理、操作、分析、模拟和显示，并采用地理模型分析方法，适时提供多种空间和动态的地理信息，为地理研究、综合评价、科学管理、定量分析和决策服务而建立的一类计算机应用系统。

GIS由五个部分组成，即硬件、软件、数据、人员和方法。

（二）GIS的特征

（1）具有采集、管理、分析和输出多种地理空间信息的能力，具有空间性和动态性。

（2）以地理研究和地理决策为目的，以地理模型分析方法为手段，具有区域空间分析、多要素综合分析和动态预测能力，可产生高层次的地理信息。

（3）由计算机系统支持，进行空间地理数据管理，并由计算机程序模拟常规的活专门的地理分析方法，作用于空间数据，产生有用信息，完成人类难以完成的任务。

（三）GIS技术在物流中的应用

GIS技术应用于物流分析，主要是利用GIS强大的地理数据功能来完善物流分析技术。通过GIS物流分析技术，在实际物流中可以进行诸如车辆路线确定、客户定位、分配集合、设施定位等物流活动。

1. 车辆路线确定

通过GIS进行运输线路的分析，可以为有一个起始点、多个终点的货物运输选择一条最佳的运输线路，并且决定使用多少辆车，这样可以有效降低物流作业费用，保证物流服务水平。

2. 客户定位

由于地理地图已具有地理坐标，因而通过对地理坐标的描述，可以在地图上对新客户进行地理位置的定位或者修改老客户的地理位置，从而在地理地图坐标中最终确定客户的地理位置。

3. 空间查询

利用GIS的空间查询功能，可以查询以某一商业网点为圆心某半径内配送点的数目，以此判断哪一个配送中心距离最近，为安排配送做准备。

4. 分配集合模型

它可以根据各个要素的相似点把同一层上的所有或部分要素分为几个组，用以解决确定服务范围和销售市场范围等问题。例如，某一公司要设立几个分销店，要求这些分销店要覆盖某一地区，而且要使每个分销店的顾客数目大致相等。

5. 设施定位模型

它用于确定一个或几个设施的位置。在物流系统中，仓库和运输线路共同组成了物流网络,仓库处于网络的节点上,节点决定着线路。根据供求的实际需要并结合经济效益等原则,在既定区域内设立仓库,确定每个仓库的位置和规模,以及仓库之间的物流关系等,运用此模型均能很容易地解决。

➢ 基本技能训练

◉ 自我测试

(一) 选择题

1. 全球定位系统的英文缩写是(　　)。

   A　EDI　　B　EOS　　C　GIS　　D　GPS

2. 物流管理中主要采用的条形码是(　　)。

   A　EAN13 码　　B　交叉 25 码　　C　EAN128 码　　D　库德巴条形码

3. 一维条形码技术的优点体现在(　　)。

   A　制作简单　　B　信息采集速度快

   C　信息的准确性高　　D　具有纠错能力　　E　成本低廉

4. 条形码技术在物流中的应用主要体现在(　　)。

   A　销售时点管理　　B　仓储管理　　C　分拣配送系统　　D　货运作业

5. RFID 技术的优势体现在(　　)。

   A　读取速度快　　B　体积小巧　　C　可重复使用

   D　较强的穿透能力　　E　安全性好

6. EDI 技术在物流中的应用包括(　　)。

   A　物流单证处理　　B　国际货运

   C　运输管理　　D　海关业务

7. 地理信息系统的构成包括(　　)。

   A　硬件　　B　软件　　C 数据

   D　人员　　E　方法

8. 对车辆的定位可使用 GPS 系统来完成,实现准确定位最少需要获得(　　)颗卫星信号。

   A　3　　B　4　　C　5　　D　6

◉ 模拟职业岗位能力训练

试应用电子地图查询并分析某两地之间的运输路线。请描述主要的操作步骤,完成一篇实训总结报告。

◉ 应用案例分析

沃尔玛成功的奥秘:物流信息技术

沃尔玛是全球第一个发射物流通信卫星的企业,物流通信卫星使得沃尔玛产生了跳跃性的发展,很快就超过了美国零售业的龙头——凯玛特和西尔斯。沃尔玛从乡村起家,而凯玛特和西尔斯在战略上以大中小城市为主。沃尔玛通过便捷的信息技术急起直追,终于获得了成功。

建立全球第一个物流数据的处理中心,沃尔玛在全球第一个实现集团内部 24 小时计算机物流网络化监控，使采购库存、订货、配送和销售一体化。例如，顾客到沃尔玛店里购物，然后通过 POS 机打印发票，与此同时负责生产计划、采购计划的人以及供应商的电脑上就会同时显示信息，各个环节就会通过信息及时完成本职工作，从而减少了很多不必要的时间浪费，加快了物流的循环。物流如何借助 IT？沃尔玛物流如何借助信息技术？20 世纪 70 年代沃尔玛建立了物流的信息系统 MIS（Management Information System），也叫管理信息系统，这个系统负责处理系统报表，加快了运作速度。20 世纪 80 年代沃尔玛与休斯公司合作发射物流通信卫星，1983 年的时候采用了 POS 机，全称 Point of Sale，就是销售始点数据系统。1985 年建立了 EDI，即电子数据交换系统，进行无纸化作业，所有信息全部在电脑上运作。1986 年的时候沃尔玛又建立了 QR，称为快速反应机制，对市场快速拉动需求。凭借这些信息技术，沃尔玛如虎添翼，取得了长足的发展。沃尔玛使用的信息技术：

（1）射频技术/RF，在日常的运作过程中可以跟条形码结合起来应用。

（2）便携式数据终端设备/PDF。传统的方式到货以后要打电话、发 E－mail 或者发报表，通过便携式数据终端设备可以直接查询货物情况。

（3）物流条形码/BC。这里要注意物流条形码与商品条形码的区别。

思考题

1. 你认为沃尔玛的成功奥秘是什么？
2. 沃尔玛使用了哪些物流信息系统？

➤ 信息传递

◉ 相关链接

（一）自动分拣系统

自动分拣系统（Automated Sorting System）是第二次世界大战后在美国、日本的物流中心中广泛采用的一种自动分拣系统，该系统目前已经成为发达国家大中型物流中心不可缺少的一部分。该系统的作业过程可以简单描述如下：物流中心每天接收成百上千家供应商或货主通过各种运输工具送来的成千上万种商品，在最短的时间内将这些商品卸下并按商品品种、货主、储位或发送地点进行快速准确的分类，将这些商品运送到指定地点（如指定的货架、加工区域、出货站台等），同时，当供应商或货主通知物流中心按配送指示发货时，自动分拣系统在最短的时间内从庞大的高层货存架存储系统中准确找到要出库的商品所在位置，并按所需数量出库，将从不同储位上取出的不同数量的商品按配送地点的不同运送到不同的理货区域或配送站台集中，以便装车配送。

（二）EPC

EPC 的全称是 Electronic Product Code，中文称为产品电子代码。

EPC 的载体是 RFID 电子标签，并借助互联网来实现信息的传递。

EPC 旨在为每一件单品建立全球的、开放的标识标准，实现全球范围内对单件产品的跟踪与追溯，从而有效提高供应链管理水平、降低物流成本。EPC 是一个完整的、复杂的、综合的系统。

（三）CPR

自动补货系统 CRP 是一种利用销售信息、订单经由 EDI 连接合作伙伴的观念，合作伙伴之间必须有良好的互动关系，并且利用电子信息交换等方式提供信息给上下游。也就是说，

CRP 是一种库存管理方案,是以掌控销售信息和库存量,作为市场需求预测和库存补货的解决方法,由销售信息得到消费需求信息,供应商可以更有效地计划、更快速地反应市场变化和用户需求,因此 CRP 可以用来作为降低库存量、改善库存周转,进而维持库存量的最佳化,而且供应商与批发商以分享重要信息双方都可以改善需求预测、补货计划、促销管理和运输装载计划等。

◉ 前沿理念

关于物流信息平台的主要形态有几种?

(一) 关于封闭式的平台系统

封闭式平台虚脱依附于线下实体,为组织内或组织间提供封闭式的信息服务。此种模式的主要代表有:电子口岸系统、物流原物监管系统、贸易集散地的交易系统。封闭式平台系统拥有特定的公共用户群体,为转移目标服务,不同的平台系统之间不存在市场竞争的情况。封闭式平台系统模式稳定,并有特定的目标服务群体。

(二) 关于公共物流信息门户

公共物流信息门户以平台模式出现,属于门户类的物流信息平台,具有较高的开放性。同时,在服务范围上更趋向多样化,更大范围的信息交互。此种模式的主要代表有锦城物流网、物流天下全国物流信息网等。公共物流信息门户有两种不同的价值趋向:一种是政府主导投资的公益性信息门户,不以盈利为目标;另一种是企业主导投资的盈利性信息门户,存在明显的市场化竞争。其商业模式将持续变化,并向多样化方向发展。

物流信息平台由以上两种主要形态。由于两种总形态之间并不冲突,因此大多企业用户可以同时使用两种形态提供的服务。封闭式平台系统产生于不同组织内部,其投资取决于所依附的线下实体,因此具有很强的个性化特征,并拥有稳定的收入来源。而公共物流信息门户则具有更高的开放性、信息来源具有多样化特征。

(三) RFID 是物联网发展的排头兵

RFID 技术是一项利用射频信号通过空间耦合(交变磁场或电磁场)实现无接触信息传递并通过所传递的信息达到识别目的的技术,最简单的 RFID 系统由电子标签(Tag)、读写器(Reader).和天线(Antenna)三部分组成,在实际应用中还需要其他硬件和软件的支持。

RFID 卡和卡相关基础设备将占今年市场的 57.3%,达 30.3 亿美元。来自金融、安防行业的应用,如非接触支付、门禁控制将推动 RFID 卡类市场的增长。

全球标签使用数将达到 21.6 亿个,2007 年为 17.4 亿个,而 2006 年仅为 10.2 亿个。

在所有 21.6 亿个标签使用量中,强制性的货盘和货箱贴标应用的标签将为 3.25 亿个,即占总量的 15%。IDTechEx 也指出,除零售商强制要求应用外,零售业标签的总体应用量都呈上升趋势。英国零售商 Marks&Spencer 至今已采用了 1 亿个标签。

动物贴标应用快速增长,特别是中国和澳大利亚、新西兰等国家。IDTechEx 预测今年动物贴标应用将消费 900 万个标签。智能纸质标签是最主要的标签应用形式,占标签总数的 62.4%。这个比例在接下来 10 年内还会不断增长,IDTechEx 预测到 2018 年,RFID 纸质标签将占标签总数的 99.1%。

易观国际预测,2009 年中国 RFID 市场规模将达到50 亿元,年复合增长率为 33%,其中电子标签超过 38 亿元、读写器接近 7 亿元、软件和服务达到 5 亿元的市场格局。

➤ 归纳提高

◉ 本章简明小结

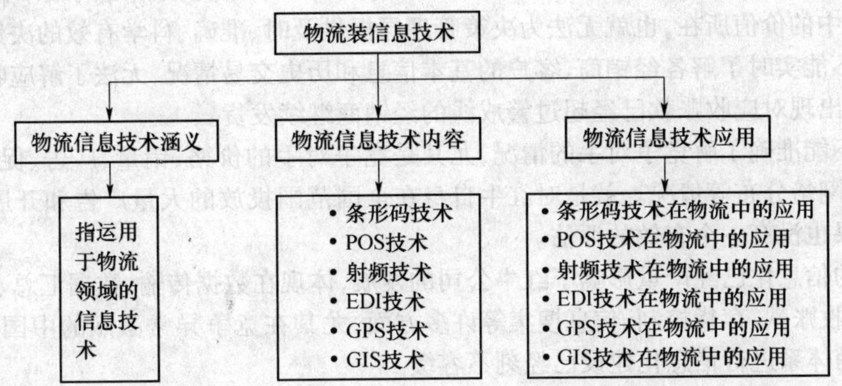

◉ 课后任务

资料阅读:中国红牛信息化——分销管理系统案例

(一) 红牛公司简介

40 年前,“红牛”功能饮料在泰国诞生,如今已成为行销世界 50 多个国家和地区的著名饮料品牌。2001 年全球销售额达到 4.5 亿英镑。1995 年 12 月,中国红牛维他命饮料有限公司在深圳成立。1997 年 10 月,总部迁至北京。至今,已建立由 20 多个分公司、50 多个办事处和 500 多家大型经销商组成的全国营销网络,拥有北京和海南两个生产基地,年生产能力达到 5 亿罐,占据了中国功能饮料市场的最大份额。

(二) 红牛业务组织架构

(1) 总部。集团管理机构,全面把握企业采购、生产、销售的总体业务和调控。

(2) 分公司。按不同区域设立的管理机构,主要按照省、自治区、直辖市的行政区划设立,负责当地市场营销活动的管理和调控。

(3) 办事处。隶属于各地分公司,负责辖区内经销商、大客户的管理与监控,搜集市场信息。

(4) 经销商。包含一、二、三级经销商,通过他们,红牛饮料被送达到全国各地的零售点和最终消费者手中。

(三) 红牛分销信息化动因分析

虽然红牛公司总部搭建了内部局域网,并给各地分公司办事处购置了电脑,但由于没有建立包括总部、分公司、办事处、各级经销商、大客户以及第三方物流公司在内的统一的营销平台和使用相应的管理软件系统,公司也就不可避免地面临以下问题:

(1) 无论是经销商、客户向上一级分支机构订货,还是各分支机构向总部订货,均采用电话或传真的方式,不仅传输速度慢,而且数据量大,需重复录入,汇总困难,出错率高,直接导致订单处理效率低、发货迟缓。

(2) 在手工管理模式下,每周只能进行一、二次销售汇总数据的统计和报告,无法实现对分公司、办事处销售、存货、客户应收账款等明细数据的实时额度控制,也就无法采取有效的措施,尤其在销售旺季,经常出现断货情况,如果凭过时的销售数据或仅凭感觉发货,又会出现存货积压,数量巨大时就会影响资金周转。

(3) 由于没有统一的平台进行各种数据的采集和整理,数据时效性往往很差,数据质量也参差不齐,造成数据根本无法分析或分析结果无价值。没有科学的决策分析工具,面对大量而分散的数据和信息,无法进行有效的统计汇总和分析,难以察觉数据之间最细微的变化与联系,找到其中的价值所在,也就无法为决策管理层提供及时、准确、科学有效的决策依据。

(4) 不能实时了解各经销商、客户的基本信息和历史交易情况,无法了解应收账款和信用额度,经常出现对应收账款已经超过警戒线的经销商继续发货。

(5) 不能准确了解竞争对手的情况,尤其是竞争对手的价格、销量、广告、促销、对经销商政策、营销网络分布等情况。就是对红牛自身在全国范围投放的大量广告和开展的大量促销活动的效果也没有一个有效的评估。

落后的信息化已经严重影响了红牛公司的发展,体现在数据传输、数据汇总、订单处理、集团配送、应收账款、存货控制、信息搜集等许多方面,尤其在竞争异常激烈的中国饮料市场上,对整个分销体系进行信息化建设已经刻不容缓。

(四) 红牛分销管理系统解决方案

红牛采用的分销管理系统主要由:订单处理、库存管理、物流配送、应收账款、销售业绩排行、经销商信用等级控制、财务汇总、统计查询组成。

考虑到红牛的实际情况与其他分销企业的差异,应用后的分销业务流程如下:

经销商或客户通过 Internet 登陆分销系统,直接在网上填写订单,由各地分公司汇总并进行初步审核,审核成功的订单传给总部;红牛总部接到订单后,由财务部先核实该经销商或客户的信用等级,符合标准后由财务部、市场部、储运部依次对该订货单进行审核并确认,生成发货单;储运部将发货单传给第三方物流公司,由后者在规定的时间内将货物直接发到经销商和客户手中。

分公司也备有一定的库存,在下属经销商和客户的订货数量较少时,分公司可以登陆系统处理此类订单,然后将货物直接发到经销商和客户手中。

办事处并不直接参与订单的处理和发货,其职能主要是拜访代理商和客户,巩固渠道关系,协助他们开展促销活动,同时搜集市场情报,包括竞争对手情况、市场占有率等。

【中国物通网】

第九章　第三方物流与企业核心竞争力

知识目标

- 了解并熟悉第三方物流的基本概念；
- 了解第三方物流与第四方物流的关系；
- 熟悉什么是企业核心竞争力。

能力目标

- 通过学习培养学生辨证思维考虑分析问题的能力，能够提高对企业核心竞争力的认知能力，并能进行增强企业核心竞争力的创造性思维；
- 通过设计第三方物流方案从中找到解决问题的方法和技巧；
- 能够从专业的角度分析我们身边的第三方物流企业。

引导案例

宅急送这个名字随着肯德基被越来越多的人知晓，可很少有人知道肯德基宅急送的实质是什么，那就是物流业务外包。肯德基为了提高自己企业的核心竞争力，把并不是自己强项的物流业务外包给了专业做配送的第三方物流企业宅急送，双方共同合作达到了双赢。

案例点评：面对日益激烈的竞争和多变的市场需求，企业越来越需要集中有限的资源用于核心业务，他们需要专业的物流公司提供专业化的比他们自己做得更好的物流服务，这时候第三方物流便应运而生。第三方物流是指生产经营企业为集中精力搞好主业，把原来属于自己处理的物流活动，以合同方式委托给专业物流服务企业，同时通过信息系统与物流企业保持密切联系，以达到对物流全程管理控制的一种物流运作与管理方式。第三方物流有它的优势但同时也存在着弊端，这就是为什么不是所有的企业都选择第三方物流的原因。

➢ 基本知识点

第一节　第三方物流

一、第三方物流的含义与特点

（一）第三方物流的含义

国家标准《物流术语》对第三方物流所下的定义是：由供方与需方以外的物流企业提供物

流服务的业务模式。第三方物流,英文表达为 Third - Party Logistics,简称 3PL,也简称 TPL,是相对于“第一方”发货人和“第二方”收货人而言的。我国最早的理论研究之一是第三方物流,即模式与运作。3PL 既不属于第一方,也不属于第二方,而是通过与第一方或第二方的合作来提供其专业化的物流服务,它不拥有商品,不参与商品的买卖,而是为客户提供以合同为约束、以结盟为基础的系列化、个性化、信息化的物流代理服务。最常见的 3PL 服务包括设计物流系统、EDI 能力、报表管理、货物集运、选择承运人、货代人、海关代理、信息管理、仓储、咨询、运费支付、运费谈判等。由于服务业的方式一般是与企业签订一定期限的物流服务合同,所以有人称第三方物流为“合同契约物流”(Contract Logistics)。

第三方物流内部的构成一般可分为两类:资产基础供应商和非资产基础供应商。对于资产基础供应商而言,有自己的运输工具和仓库,他们通常实实在在地进行物流操作。而非资产基础供应商则是管理公司,不拥有或租赁资产,他们提供人力资源和先进的物流管理系统,专业管理顾客的物流。广义的第三方物流可定义为两者的结合。

第三方物流的发展对于企业运作有许多好处,既有利于企业集中主业,又能提高自己的核心竞争力。

(二)第三方物流的特点

1. 合同导向行为

3PL 有别于传统的外协,外协只限于一项或一系列分散的物流功能,如运输公司提供运输服务、仓储公司提供仓储服务,3PL 则根据合同条款规定的要求,而不是临时需求,提供多功能,甚至全方位的物流服务。依照国际惯例,服务提供者在合同期内按提供的物流成本加上需求方毛利额的 20% 收费。

2. 个性化物流服务

3PL 服务的对象一般都较少,只有一家或数家,服务时间却较长,往往长达几年,异于公共物流服务——“来往都是客”。这是因为需求方的业务流程各不一样,而物流、信息流是随价值流流动的,因而要求 3PL 服务应按照客户的业务流程来定制,这也表明物流服务理论从“产品推销”发展到了“市场营销”阶段。

3. 以电子信息技术为基础

信息技术的发展是 3PL 出现的必要条件,信息技术实现了数据的快速、准确传递,提高了仓库管理、装卸运输、采购、订货、配送发运、订单处理的自动化水平,使订货、包装、保管、运输、流通加工实现一体化;企业可以更方便地使用信息技术与物流企业进行交流和协作,企业间的协调和合作有可能在短时间内迅速完成;同时,电脑软件的飞速发展,使混杂在其他业务中的物流活动的成本能被精确计算出来,还能有效管理物流渠道中的商流,这就使企业有可能把原来在内部完成的作业交由物流公司运作。常用于支撑 3PL 的信息技术有:实现信息快速交换的 EDI 技术、实现资金快速支付的 EFT 技术、实现信息快速输入的条形码技术和实现网上交易的电子商务技术等。

4. 功能专业化

第三方物流所提供的是专业的物流服务。从物流设计、物流操作过程、物流技术工具、物流设施到物流管理必须体现专门化和专业水平,这既是物流消费者的需要,也是第三方物流自身发展的基本要求。

5. 企业之间是联盟关系

依靠现代电子信息技术的支撑,3PL 的企业之间充分共享信息,这就要求双方能相互信任,才能达到比单独从事物流活动所能取得更好的效果,而且,从物流服务提供者的收费原则来看,它们之间是共担风险、共享收益;再者,企业之间所发生的关联既不可能仅一两次的市场交易,又在交易中维持了一定的时期之后,可以相互更换交易对象,在行为上,各自不完全采取导致自身利益最大化的行为,也不完全采取导致共同利益最大化的行为,只是在物流方面通过契约结成优势相当、风险共担、要素双向或多向流动的中间组织,因此,企业之间是物流联盟关系。

二、第三方物流与第四方物流的关系

(一) 第四方物流的概念

1998 年,安盛咨询公司(现埃森哲咨询公司)首先提出第四方物流的概念,并定义第四方物流为:一个供应链的集成商,它对公司内部和具有互补性的服务供应商所拥有的不同资源、能力和技术进行整合管理,提供一整套供应链解决方案。简单地讲,就是集成商利用分包商来控制和管理公司的点到点式的供应链运作,不仅控制和管理特定的物流服务,而且对整个物流过程提出策划方案,并通过电子商务将这个过程集成起来。

安盛咨询公司认为第四方物流的主要作用是:对制造企业或分销企业的供应链进行监控,在客户和它的物流和信息供应商之间充当唯一的“联系人”的角色。从这个角度来讲,它可以称为第四方。第四方物流的核心在于资源整合和最优化思想,强调依靠业内最优秀的第三方物流供应商、技术供应商、管理咨询顾问和其他增值服务商,为客户提供独特的和广泛的供应链解决方案。第四方物流的主要功能就是供应链管理功能和供应链再造功能。

(二) 第三方物流与第四方物流的关系

第四方物流是比第三方物流更进一步的物流服务业态,它是从整个供应链的角度出发,为整个供应链物流提供解决方案。在物流服务上,第四方物流与第三方物流应该互补合作,达到物流成本的最小化 。首先,第四方物流与第三方物流相比,其服务的内容更多,覆盖的地区更广,对从事货运物流服务的公司要求更高,要求它们必须开拓新的服务领域,提供更多的增值服务。第四方物流最大的优越性在于具有独特的角色。主要表现:第一是协助提高者,第四方物流为第三方物流工作,并提供第三方物流缺少的技术和战略技能;第二是方案集成商,第四方物流为货主服务,是所有第三方物流提供商及其他提供商联系的中心;它能保证产品得以“更快、更好、更廉”地送到需求者手中。当今经济形式下,货主/托运人越来越追求供应链的全球一体化以适应跨国经营的需要,跨国公司由于要集中精力在其核心业务上,因而必须更多地依赖于物流外包。基于这个道理,它们不只是在操作层面上借助外力,而且在战略层面上也需要借助外界的力量,昼夜都能得到“更快、更好、更廉”的物流服务。第四方物流要比第三方物流拥有更专业化的咨询服务。

三、第三方物流的发展模式

大体概括为五种模式,分别为:企业内部物流模式;配送模式;运输企业模式;货运代理和报关行模式;冷冻仓储模式。

(一) 企业内部物流模式

大企业通常都设有材料部、运输部、配送部或物流部,负责企业原材料采购和成品交付的运输,以及原材料、半成品、成品的库存管理。有些企业可能拥有自己的车队,有些企业则使用独立的运输公司。当现代物流管理理论刚刚出现在舞台时,这些企业就给予充分关注。随着信息技术的发展,它们建立了发达的配送网络和信息系统,以远远高于行业水平的配送速度,成为行业的物流先锋。这些企业看到自己的物流优势,于是将其物流部与母公司分割,成为一个独立的第三方物流公司。

位于多伦多的 Progistix - Solution Inc. 就是一个典型的例子。它是加拿大的几个最大的第三方物流公司之一,其前身是贝尔加拿大公司的物流部,负责贝尔零配件的配送,通过与加东、加中、加西三个快递公司的伙伴关系,将它们纳入自己的信息网络,贝尔保证它的现场技术服务人员在电话下订单后的30 分钟内收到所需要的零配件。贝尔意识到将自己的物流专长服务于其他公司的潜能,于是在 1995 年将其物流部分割出来,成立了 Progistix - Solution Inc,提供客户最快速反应的零件配送。施乐加拿大公司就是其客户之一。

(二)配送模式

配送模式的企业其实最早起源于运输公司,但由于引入了物流管理的理论,所以较早蜕出其初期的运输外壳,进化成为一个提供配送服务的物流管理公司。它的专长在于拥有成熟的技术、先进的信息系统、专业的物流管理队伍。当它进入新的市场,或获得新的物流外包合同时,它往往只是注入自己的专业队伍和信息系统,在客户企业的固有设施和硬件设备的平台上进行配送运作。它会为每一个客户企业成立一个子公司来专门为其服务。

天美百达公司(Tibbett Britten)就是这一模式的佼佼者。它于 1958 年在英国创建,主要从事一些运输服务。1984 年是它的转折点,从这一年开始转型成为以管理见长的配送公司,为客户提供运输、仓储,配送以及存货管理。当 1989 年天美百达进入加拿大市场时,它已经是一个相当成熟的物流管理公司。沃尔玛加拿大公司的三个配送中心就是由天美百达的子公司供应链管理公司(SCM Inc.)运作的。SCM 负责部分由供应商到配送中心的进向运输,配送中心到所有沃尔玛店的出向运输和配送中心内部流程操作。

(三)运输企业模式

这一模式大都是一些历史悠久的大型传统运输公司,经过多年发展,有着非常成熟的运输技术,广阔的运输网络,又对客户的物流需求有深入的了解。它们自然而然地随着客户的物流需求的提高而相应地增加了相关物流服务的设施和技术。虽然运输仍旧占其主导地位,但提供物流服务却逐渐成为其保持老客户,吸引新客户的策略之一,同时为公司增加一个新的利润源泉。在过去,运输企业只是提供将货物由一地运送到另一地的单一模式的运输服务。客户要想完成一项完整的交付,必须通过使用几家不同模式的运输公司和仓储公司才能完成。现在有少数运输企业领先一步,通过收购或投资仓储配送企业和其他模式的运输企业而成为一个完全的第三方物流公司。

快递公司 UPS 于 2000 年收购了总部位于加拿大安大略省的 Livingston 公司,这是 UPS 在该年内的第 5 宗收购。Livingston 在加拿大拥有 22 个配送中心,在美国拥有 6 个专门服务医药企业客户的配送中心。这宗收购使 UPS 立即获得了横跨加拿大的配送网络,先进的配送技术,具有物流管理技术专长的团队和强大的客户群。

1997 年马士基(Maersk)收购了在美国与加拿大都有设施的 Hudd 配送公司,从而成为沃尔玛加拿大公司的另一个第三方物流供应商。它负责将进口货物从亚洲港口海运到加拿大温哥华港,储存在 Hudd 的仓库,分拣后再发送到沃尔玛加拿大的三个配送中心。如果马士基只是一个单纯的海运公司,不能提供“港口到门”的全程服务,沃尔玛的这笔合同也许就落入了其他公司。

（四）货运代理和报关

货运代理和报关行通常没有运输设备，只是作为一个中介为客户提供更优惠的费率以及报关服务，但是当一家货运代理公司发展成为一个跨国大公司时，它雄厚的资本足以支持它从货运代理公司转型到第三方物流公司的大笔收购费用。

Kuehne Nagel 就是这样的一家具有 110 年历史的瑞士货运代理公司，它在全球 96 个国家设立了 600 个分支机构。随着客户对全程物流需求逐步扩大，为了顺应这一趋势，KN 在 2000 年与新加坡的 Semb Corp. 物流公司建立了联盟关系，2001 年收购了美国的 USCO 物流公司。Semb Corp. 在中国、印度、印尼、台湾、日本，USCO 在美国、加拿大、墨西哥都设有仓储和配送设施。这一系列动作使 KN 获得了在亚洲和北美为客户提供包括运输、仓储、配送的全程物流服务的能力。KN 的转型努力很快就获得了回报。2002 年，通信巨头加拿大北电网络（Notel）将其全球的物流运作外包给 KN，并将其在全球 18 个国家的原有物流职员都转入 KN 新成立的子公司。它为北电网络在全球市场上提供进出口流程、运输、仓储配送和存货管理。当美国的制造企业打算将其产品打入加拿大市场时，由于其在美国的配送中心很难覆盖加拿大的客户群并保证及时的交付，许多企业选择了位于多伦多的 NLogistics 为其提供物流服务，来完成加拿大市场的产品配送。

（五）冷冻仓储模式

大部分仓储企业在物流市场的发展中被运输企业收购，成为运输企业在提供全程物流服务中的一个环节。然而冷冻仓储企业却可以逆市而上，成为冷冻供应链中的主导者，同上下游运输公司联手为客户提供全程冷链物流服务。

随着现代生活节奏的加快，人们花在厨房里的时间越来越少，各种半成品冷冻食品应运而生。这为人们的生活提供了方便，节省了时间，只需将食品放进微波炉热两三分钟就可即食。目前在北美超市里一半的冷冻食品品种在 10 年前根本就不存在。采购冷冻车并不困难，然而要建立一个冷冻配送中心和一个具有冷链物流专长的管理队伍却不是一件容易的事。在这样的背景下，冷冻仓储企业迅速主导市场，转型成为第三方冷链物流公司。

总部位于加拿大安大略省的 Trenton Cold Storage Inc. 成立于 1902 年，过去只是一个传统冷冻仓储企业，近年来迅速崛起成为第三方冷链物流的新星。TCS 承担了沃尔玛加拿大冷冻食品的物流服务，负责将货物从供应商运入其冷冻配送中心，进行拣选后装车发送到每一家沃尔玛店。

第三方物流公司虽各自经历了不同的发展历程，但都是紧跟市场的脉搏，随着市场的变化而不断调整自己的策略。它们以自己的管理专长，或独有的设施，或雄厚的资本为基础，通过收购和建立联盟发展成全面的物流功能。

第二节　企业核心竞争力

一、企业核心竞争力的含义与特点

（一）企业核心竞争力含义

企业核心竞争力就是企业长期形成的，蕴涵于企业内质中的，企业独具的，支撑企业过去、现在和未来竞争优势，并使企业在竞争环境中能够长时间取得主动的核心能力。企业核心竞争力表现为具有一定的核心能力、核心技术、核心产品等。通常说企业核心竞争力 = 决策力 ×

支持力×执行力。

1．企业决策力

企业决策力是企业组织辨别市场机遇和陷阱的能力。它也是企业组织有机体的脑力。只有当企业具有强大的决策力时，才能保证企业与时俱进，把握住外部环境的种种变化，哪怕是细小的变化，并且能对这种变化作出快速的反应。

2．支持力

支持力是企业的资源支持能力。它也是企业组织有机体的财力。它表现为企业所积累的资源规模和质量状况，是能为企业抓住市场机遇提供支持的能力。只有当企业具有强大的支持力时，决策选择的余地才广阔，面对市场机遇才不会仅仅擦肩而过。

3．执行力

执行力则是保证决策贯彻实施的能力。它也是企业组织有机体的体力。只有当企业具有强大的执行力时，机遇才能最终变为现实。如果用几何图形来图示企业核心竞争力，它就是由决策力、支持力和执行力三者，在社会时代这个广阔的舞台上组合而形成的一个四面空间。决策力、支持力和执行力三者之中，任何一个面缩小，也都会使企业核心竞争力变小，甚至趋于零。任何一个面收缩成零，企业核心竞争力也就变成了零。只要其他三面都不为零，任何一个面的增加，都会起到提升企业核心竞争力的作用。

（二）企业核心竞争力的特点

企业核心竞争力与其他类型竞争力之所以不同，是因为它具备有如下三个主要特点：

1．价值性

核心竞争力富有战略价值，它能为顾客带来长期性的关键性利益，为企业创造长期性的竞争主动权，为企业创造超过同业平均利润水平的超值利润。

2．独特性

企业核心竞争力为企业独自拥有。它是在企业发展过程中长期培育和积淀而成的，蕴育于企业文化，深深融合于企业内质之中，为该企业员工所共同拥有，难以被其他企业所模仿和替代。

3．延展性

企业核心竞争力可有力支持企业向更有生命力的新事业领域延伸。企业核心竞争力是一种基础性的能力，是一个坚实的“平台”，是企业其他各种能力的统领。企业核心竞争力的延展性保证了企业多元化发展战略的成功。

二、物流业务外包

（一）物流业务外包概念

所谓物流业务外包（Logistics Business Outsourcing），即制造企业为集中资源、节省管理费用，增强核心竞争能力，将其物流业务以合同的方式委托给专业的物流公司（第三方物流）运作。外包是一种长期的、战略的、相互渗透的、互利互惠的业务委托和合约执行方式。

（二）物流业务外包动因

随着市场竞争的不断增强和信息技术的快速发展，企业为了取得竞争上的优势，正在利用第三方物流服务供应商所能提供的所有服务。因此，第三方物流业悄然兴起，并在物流业中占据越来越重要的作用，它已成西方国家物流业发展的有效运作模式。是什么力量促使物流业务外包的兴起？物流业务外包的动因是什么？这主要包括外部环境动因和内部推动力量。

1. 服务外包的外部环境动因

1）技术动因

信息技术和互联网对服务外包的支持和促进作用表现在：一是互联网的延展性和灵活性使地理位置、自然资源对企业的约束化于无形，市场可以无限制地延伸到任何时间、任何地方，从而为服务外包跨越时空障碍提供技术支持。二是计算机技术、通信技术、光电子技术、自动控制技术和人工智能技术等的发展大幅度降低信息处理的成本，增加信息储存的容量，提高信息的传播速度，消除人们搜集和应用信息的时空限制，保证信息传输的安全可靠，为服务外包各方参与者之间方便、快捷、安全地交流和传递信息提供技术支持。三是基于计算机技术、仿真技术和信息技术建立的决策支持系统（Decision Support System，DSS）帮助企业决策者以最快的方式尽可能多的获得有关企业内外部及企业之间的信息，及时对这些信息进行综合处理，为服务外包管理者准确快速的决策形成提供技术支持。

2）经济动因

经济全球化带动资本、信息、技术、劳动力、资源在全球范围内流动、配置和重组，使生产、投资、金融、贸易在世界各国、各地区之间相互融合、相互依赖、相互竞争和制约，整个世界连接成一个巨大的市场。任何企业想在此浪潮中"闭关自守"是注定要失败的，只有通过服务外包与别的企业建立战略联盟，协调合作，互惠互利，才能获得长久的竞争优势，享受全球化带来的胜利成果。因此，经济全球化程度越高，服务外包程度也越高。

3）市场动因

市场环境迅速变迁迫使企业采用服务外包战略。通过服务外包，企业以网络技术为依托，把具有不同优势资源的合作方整合成反应快速、灵活多变的动态联盟，各方资源共享、优势互补、有效合作，共同应对激烈而严峻的市场挑战。市场变迁越剧烈，服务外包程度越高。

2. 服务外包的内部推动力量

1）服务外包通过有效节省成本来提高企业绩效

降低成本，减少投入是企业提高绩效最原始的手段。根据美国外包研究所的估计，服务外包能够为企业带来9%的成本节省。服务外包实现成本节省的途径有：一是通过供应方的规模经济获得成本节省。在服务外包中，多个客户共享生产设备，不仅节约安装和建设费用，而且提高各种设备、原材料、能源的利用率和活劳动生产率。规模越大，成本越低。二是通过供应方的范围经济获得成本节省。在服务外包中，供应方为不同客户提供多个不同的外包服务项目，实现范围经济，收获成本降低。三是通过供应方的学习效应获得成本节省。在服务外包过程中，供应方的学习效应通过服务生产不同侧面发生作用。例如，员工在重复性的工作中对任务熟悉程度的提高，完成相同工序的速度加快，浪费越来越少。管理者在从原材料配送到组织协调方面逐步学会如何将生产管理安排得更有绩效，生产系统的运行更加合理等。四是虽然交易成本会随着企业的服务外包程度提高而增加，但在具体实施过程中，服务外包企业可以依靠信息技术、与供应方通过建立长期稳定的合作关系等手段来降低交易成本。可见，成本与服务外包存在相关关系。实际上，成本越高，企业越希望通过服务外包来降低成本，服务外包程度也越高。

2）服务外包通过关注核心竞争力来提高企业绩效

大多数企业在服务外包过程中，为了充分利用资源，提高企业绩效，都会经过下列步骤：

（1）培育或找出一些精心挑选的核心竞争力，并确定自己从事这些核心活动是世界上最好的；

（2）把人、财、物等资源和管理注意力集中到这些核心竞争力上；

（3）外包其他非核心活动。

这样，企业一方面集中资源和能力从事自己最擅长的活动来实现内部资源回报最大化；另一方面充分利用外部供应方的投资、革新和专门的职业技能，这些技能对企业内部来说是过于昂贵和根本不可能复制或从事的。通过发展良好的核心竞争力产生强有力的障碍，阻止现有或潜在的竞争者进入企业的利益领域，从而保护市场份额，增强战略优势。

服务外包提高了企业对核心竞争力的关注，优化了企业资源配置，使得企业能够利用核心竞争力增加竞争优势，创造更多价值，进而提升绩效。可见，绩效与服务外包相关。事实上，越是绩效差的企业，越希望通过服务外包提升绩效。

三、物流业务外包模式

企业有无必要实施企业物流外包？如何实施企业物流外包？选择什么样的外包模式？这是在实施企业物流外包业务前企业就应着重考虑的重大问题。一般来说，企业实施物流外包可供选择的模式主要有以下几种：

（一）部分业务外包模式，或称专项业务外包模式

将一项完整的物流管理职能工作的一部分外包给企业外部的物流服务机构，其他部分继续由企业自身物流部门负责。例如，将物流规划和设计工作外包给物流专家，而企业的物流信息、运输、仓储等业务的实施和管理仍由自己负责。这种外包模式有利于企业根据自己在物流业务中的优劣势采取适宜的外包模式，且容易把握和达到外包目的。

（二）整体业务外包模式，或称一条龙外包模式

将一项完整的物流管理职能工作的全部外包给企业外部的物流服务机构，企业自身物流部门不再履行此项职能，只是作为联络者、协调者和企业代表出现。例如，将企业物流规划、物流设计、物流信息管理、物流运作等相关工作整体外包。这种外包模式有利于打破企业内部原有的管理格局，尽可能减少非企业核心业务的影响，以提高企业核心竞争力。但这种模式的选择需要良好的外部环境，需要对外部的物流服务机构进行深入的调研和抉择。

（三）复合业务外包模式，或称综合业务外包模式

将多项物流管理职能工作外包给企业外部的物流服务机构。既可将多项外包业务交给同一物流服务机构，也可将某些职能管理的部分业务外包。这种模式需要社会上有健全的物流服务提供机构，完善的管理制度和服务体系，且能够大大减轻企业物流管理的各种压力和矛盾，使企业有更充足的时间关注战略性、核心竞争力、前瞻性和宏观管理等方面的一些重大问题的研究和决策。

➢ 基本技能训练

◉ 自我测试

1. 什么是第三方物流？
2. 第三方物流有什么优点和弊端？
3. 第三方物流与第四方物流的关系。
4. 企业核心竞争力都包括哪些方面？

◉ 模拟职业岗位能力训练

请进行一次市场调研，了解我们身边都有哪些物流外包企业？比如说肯德基宅急送，网上购物用到的快递公司。以案例说明并进行交流。

◉ 应用案例分析

（一）中远为上海通用实现零库存

上海通用汽车是中国目前最大的一个合资企业，是上海汽车集团公司与美国通用汽车公司合资的企业，他们的生产线上基本上做到了零库存。他们是如何外包的？

外包要做到生产零部件 JIT(Just In Time)直送工位，准点供应。因为汽车制造行业比较特殊，它的零部件比较多，品种规格都比较复杂。如果自己去做采购物流，要费很多的时间。这种外包就是把原材料直接送到生产线上去的一种外包制度。中远按照通用汽车要求的时间准点供应。

门到门运输配送使零部件库存放于途中。运输的门到门有很大的优势：第一，包装的成本可以大幅度的下降，因为从供应商的仓库门到用户的仓库门，装一次卸一次就可以了，这比铁路运输要先进的多。第二，除了包装成本以外，库存可以放在运输途中，就是算好时间，货物就准时送到，货物在流通的过程中进行一些调控。

生产线的旁边设立"再配送中心"。货物到位后两个小时以内就用掉了，那么它在这两个小时里就起了一个缓冲的作用，就是传统所说的安全库存。如果没有再配送中心，货物在生产线上流动的时候就没有根据地，就会比较混乱，它能起到集中管理的作用。

每隔两小时"自动"补货到位/蓄水池活水。"自动"补货到位在时间上控制地非常严格，因为这是跟库存量有关系的，库存在流动的过程中加以掌控，动态的管理能够达到降低成本，提高效益的目的。所以，再配送中心其实起到一个蓄水池的作用，而且这个蓄水池里面的水一定是活水，就是这一头流进来那一头就流出去，一直在流。

中远是很专业的第三方物流公司，通过这样一种强强联合，建立一个战略合作伙伴的关系。这种模式在国内的制造型企业，尤其是做零库存的生产企业中，是比较实用的。

（二）联合利华物流包给上海友谊

联合利华生产出来的产品，下了生产线以后全部外包给上海友谊物流集团公司来做，包括储运、盘点、货物的流通加工（如消毒、清洁、礼品和促销包装、贴标签、热塑封口等）。联合利华就可以集中精力来做新产品开发，扩大市场网络等工作。

友谊物流公司提供 24 小时发货信息的联网服务，24 小时随时可以上网查询货物现在所在的地点，友谊物流公司还与联合利华休息时间一致，保持全天候储运，顾客的需求就是工作的出发点，顾客的满意就是工作的终结点。

友谊为了降低运输的成本，还采用了一种公交车的方式，就是用户可以随时装货和卸货，这样可以降低整个物流成本。这种公交车方式能够提高满载率，按照客户的分布对物流的路线进行策划。

问题

1. 中远采取了哪些措施帮助上海通用实现零库存？

2. 联合利华把物流外包给上海友谊，对它自身来说有什么好处？

➢ 信息传递

◉ 相关链接

(一) 3PL 企业核心竞争力构建思路

企业核心竞争力(也称核心能力、核心竞争能力)理论是现阶段管理学、经济学交叉融合的最新理论成果之一,日益受到管理理论界与实践界的关注。虽然理论界与实践界均认为企业是否具备核心竞争力是影响企业能否长期保持竞争优势的关键因素,但其内容构建及如何培育至今尚无现存的经验和模式。为此,很有必要对第三方物流 3PL(Third Party Logistics)企业核心竞争力的构建思路进行探索。这里将构建 3PL 企业核心竞争力的思路归结为三个方面:

1. 依托核心竞争力理论

核心竞争力是指企业内部经过整合了的知识和技能,尤其是协调各方面资源的知识和技能。相对于传统的"结构—行为—绩效"分析框架,企业核心竞争力理论跨越了传统的"资源论"、"环境适应论"理论,更多地着眼于企业的"内功"修炼,"内因"才是企业在竞争中制胜之本。判断企业核心能力的标准是:极大地增加客户的使用价值;与竞争对手有极大差异、不易被竞争对手模仿,竞争力能延伸至相关市场。上述三点是我们构建企业竞争力的基本理论与方法。

2. 总结成功的经验

核心竞争力理论是从成功的企业管理实践中总结与提炼出来的。因此,从较长的时间维度下来总结不同类型、不同规模的企业战略管理的成功经验尤其重要。从研究方法上应注重实例调查、成功经验总结与实证分析。

3. 结合服务特点

3PL 企业可分为资产型与非资产型两类企业,也可分为运输、仓储、综合物流等企业类型,但都属于服务企业。服务具有无形性、生产与消费同时性、差异性、无专利性、功能集成性等基本特征。服务类企业与制造类企业有较大区别,这在构建 3PL 企业核心竞争力过程中需要充分注意。

(二) 3PL 企业核心竞争力构成分析

我国"物流术语"标准中将第三方物流定义为:供方与需方以外物流企业提供物流服务的业务模式。3PL 是物流业发展到一定阶段的必然产物,是物流服务专业化、社会化的一种经营业态。3PL 企业的核心竞争力是指,3PL 企业在提供物流服务过程中,有效地获取、协调和配置企业的有形和无形资源,为顾客提供高效服务和高附加价值,使顾客满意并使企业获得持续竞争优势的能力。

企业核心竞争能力不仅由技术因素决定,还与企业经营理念、员工精神状态、道德标准等非技术因素有密切关系,是其技术水平、R&D 能力、生产运行能力、管理能力和经济实力的综合体现。这里将 3PL 企业核心竞争力构建内容归纳为:物流资源的整合能力、物流业务的运作能力、物流服务的创新能力、物流信息技术的应用能力、物流品牌的塑造能力、物流市场的营销能力。这六个方面能力既相互区别又相互联系、相互促进的。

1. 物流资源的整合能力

物流企业的资源整合是指根据企业的发展战略和市场需求对有关的资源进行优化配置,

把企业内部彼此相关但却彼此分离的职能,企业外部参与共同的使命又拥有独立经济利益的合作伙伴整合成一个为客户服务的系统,以形成企业的核心竞争力,并寻求资源配置与客户需求的最佳结合点。

另一方面,任何物流活动的开展对社会交通运输、仓储、物流公共设施、信息及社会物流环境等都有很强的依赖性。因此,如何整合物流资源是3PL企业核心竞争力的关键内容。基于企业战略定位的物流资源整合,可以有效地获得战略性经营资产,完善物流服务功能,充分利用社会资源,创造良好的外部环境,提高物流效率。

3PL企业的资源整合范围可分为内部资源和外部资源。内部资源主要有人力、设备设施、信息、资金、无形资产等;外部资源主要包括用户、供应商、投资商、政府、标准组织、咨询机构等。从资源整合的对象来看,可分为客户资源整合、能力资源整合、信息资源整合;从整合的方式来看,可分为兼并重组、合资合作、协议联盟、租赁托管、建立信息共享或交易平台等。

2. 物流业务的运作能力

由于物流服务是不可储存的,服务过程就是客户的消费过程,任何差错都会对客户产生不良影响,物流企业只有具备较高的业务运作能力,才能实现低成本高水平服务的目的。因此,物流运作能力是物流企业最基本、不可或缺的能力,是物流企业竞争优势的基本体现。

物流业务运作的内容可分为三个层次:一是整套物流实施方案的运作能力,这要求各功能业务相互配合,紧密衔接,高效运转,保证整个流程低成本高效进行。二是具体物流功能业务的运作,这要求具体物流功能内部的各作业环节,运作高效、准确、安全。三是具体作业(操作)的运作,具体包括制定科学的工作与作业方法,确定先进的作业时间定额和操作规范等。

3. 物流服务的创新能力

企业的核心竞争力为企业独自拥有,并不易被竞争对手所模仿、抄袭或经过努力可以很快建立。3PL企业要保持其核心竞争能力,必须不断满足市场及客户新的需要,开展增值服务,其实质即为持续创新。

3PL企业创新能力主要体现为:一是体制创新,对我国大多数传统物流企业来讲,可以通过资产重组、股份制改造、合资合作等方式来完善公司治理结构,实现企业体制创新。二是组织创新,建立基于信息平台的、具有快速反应能力的扁平化物流组织结构,以适应过程化管理和决策权限前移及分散的需要。三是服务内容创新,从单一功能性的服务,扩展到基于核心业务能提供整个物流方案的实施服务。四是管理方式的创新,如提供电子商务物流服务、定制服务、“门到门”服务、“套餐”服务等。

4. 物流信息技术的应用能力

核心竞争力是在企业演进过程中经过长时间知识、技术和人才积累逐渐形成的,先进技术尤其是信息技术的应用则是3PI企业核心竞争力的主要标志。

现代信息技术的广泛应用,大大降低了物流过程的交易费用、资源的整合成本,提高了服务的响应速度、运作的便捷与效率,沃尔玛的“卫星卖鸡蛋”就是很好的例证。物流信息技术的应用主要包括两个方面:条形码与自动识别技术,物流信息管理系统。条形码与自动识别技术具有数据高速自动输入、高读取率、低误读率、容易操作、设备投资低等优点,有效解决物流数据采集、录入、处理、传输“瓶颈”的工具。物流信息管理系统是以物流信息传递的标准实时化、存储的数字化、物流信息处理的计算机化为基础的物流业务与企业管理平台。建立健全物流信息系统，是物流企业获得竞争优势的必要条件。

5. 物流品牌的塑造能力

由于服务产品具有无形性、无专利性，用户对服务质量的判断，会更多地依赖于品牌。品牌是一种名称、名字、标记或设计，或是它们的组合运用，其功能是借以辨认服务提供者或服务产品，且使之与竞争对手区分。因此，品牌是物流企业最大的无形资产。

物流企业塑造服务品牌主要从三个方面进行，一是强化品牌意识，将其纳入到战略管理层次来进行。二是建立健全物流服务标准，运用“大规模定制”的理论与方法来实现服务的低成本和个性化，物流服务标准包括：物流服务技术标准、物流服务工作标准、物流服务作业标准。三是提高服务质量（包含物流工作质量和物流工程质量），质量是产品的生命，也是创建良好品牌的保证。

6. 物流市场的营销能力

核心竞争力支持企业进入各种更有生命力的市场，为企业现有的各项业务提供一个坚实的平台，又是发展新业务的引擎，是差别化竞争优势的源泉。营销能力反映3PL企业在发展过程中的市场影响力，它通过将潜在的竞争优势转为现实利润优势而直接或间接地影响物流企业的核心竞争力。基于战略联盟的物流服务合同多为中长期（如发达国家3PL的服务合同一般都在5年~7年），在有限的客户市场中，谁的营销能力强，谁就可能先扩大市场份额，在竞争中占据有利地位，而竞争对手想挖走你的客户往往需要付出更大的代价。因此，市场营销能力是企业核心竞争能力不可缺少的内容。提升3PL企业市场营销能力的主要途径：一是树立先进的营销理念，如品牌营销理念、知识营销理念、文化营销理念、关系营销理念、特色营销理念、绿色营销理念、创新营销理念等；二是制订合理的营销策略，包括服务产品策略、价格策略、合作策略、促销策略等。

◉ 前沿理念

第三方物流的未来前景

尽管近年来，3PL的发展速度有所放慢，但其未来发展空间仍极其广阔，其业务扩张将主要来自以下几方面的需求：

（一）老主顾外包其他业务

当前3PL承担的业务还主要集中在一些最基本的物流服务上，如运输和仓储。当这些业务取得成功后，货主往往回考虑进一步扩大合作范围，如产品包装、标签印制甚至产品组装等。

（二）整合供应链作业

一体化供应链管理要求企业对整个供应链流程进行整合，而3PL是这个领域的专家，相对于制造业企业来说，他们可以做得更好。因而越来越多的企业考虑与3PL合作进行供应链整合。

如UPS Worldwide logistics（WWL）和Fender国际公司——吉它制造业巨擘的合作。位于英国圣阿尔班斯的UPS帮助Fender完成其配送过程的流线化和集中化，以使Fender公司在近几年内实现欧洲境内销售量翻番的计划。由UPS管理来自世界各地制造厂的海陆进货，由第三方物流公司管理其EDCs的库存。由EDCs的雇员检查产品质量，检视库存，满足配送商和零售商的订货，管理多方承运人的交付。通使用UPS的集中化配送中心，Fender公司能够缩短交付时间，更好地监控质量和交付订货，更为重要的是，UPS在将吉它运往零销商之前,都会完成每把吉它的调音,以保证零售商从箱子中取出吉它时即可弹奏。

(三) 开发物流信息管理系统

在供应链一体化后,货主需要支持物流作业的信息技术。而企业信息部门忙于内部信息系统。这就为3PL提供了扩展业务的机会。3PL在物流优化方面优势明显,可帮助其顾客采用供应链策略管理物流。

(四) 处理供应链末端任务

如退货和产品包装。尽可能地在靠近消费者或者买主的地方完成产品,已成为供应链管理体制中的基本原则。

➤ 归纳提高

◉ 本章简明小结

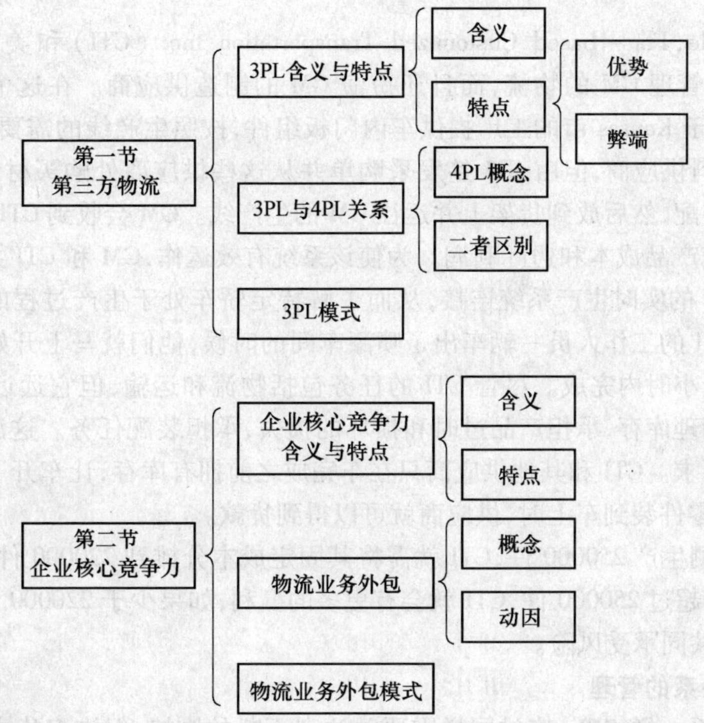

◉ 课后任务

资料阅读:如何与3PLs建立牢固的关系

由于内部解决方案往往难以取得令人满意的效果,企业经常雇用3PLs以达到战略解决方案的效果,但成功率较低。美国摩西管理咨询公司(Mercer Management Consulting)通过调查发现,受调查的25%的货主在某些方面取消了与3PLs的合作。

(一) 与3PLs合作失败的原因

导致合作失败的原因是两方面的。有货主的原因,也有3PLs的原因。以双方合作中缺乏供应链创新来说,在外包协议中缺乏创新的责任一般应由货主承担,因为他们还是认为物流是一个成本中心,因而大多数的努力放在成本缩减上,而不是改善服务和提高竞争力上。另一方面,3PLs对外包协议缺乏创新也需承担一定的责任。3PLs经常为一些业务并不复杂的公司提供基本的负荷规划和网络技术服务，通过一次性优化以取得立竿见影的效果。尽管这些公司可以有所收益，但3PLs并没有做好他们的工作，他们没有实现持续的价值，除非其顾客每周甚至每天都需要这样的优化。3PLs很少意识到他们应在创新中起重要作用，一般只有当顾客提出要求才参与，而此时，顾客已提出了战略。因而，3PLs只能在作业层次改善服务，如关闭一家仓库、压缩车队规模等，为顾客节省10%的费用。顾客则希望3PLs能够每年为其节省更多的费用，这样总有一天，3PLs无法满足顾客的期望，因为他们不能参与供应链战略的制定。

（二）企业与3PLs的合作关系

能够提供连续价值改进的3PLs是货主应建立长期合作关系的伙伴，但许多货主并不愿意建立这种亲密的关系来共享目标、风险和回报。企业与3PLs应建立双赢（Win - Win）的合作关系，共享战略要素，包括公司任务、业务目标、物流任务和物流目标，而且双方要平等。一些先锋企业与3PLs建立了风险共担的伙伴关系，使他们取得了依靠自身不可能取得的巨大收益。

如Jacksonville，Fla - based Customized Transportation lnc.（CTI）和美国通用汽车公司（GM）。CTI不仅管理GM的物流，而且还扮演GM的制造供应商。在这个不同寻常的安排中，CTI向GM位于Kansas市的工厂提供车内门板组件，按照生产线的需要在准确时间供货。尽管GM选择材料供应商，但由CTI签发采购单并从这些供应商处购买材料。CTI接收到这些材料后，进行装配，然后放到货架上并运往GM的生产线。GM会收到CTI的发票，发票包括所有的作业成本、产品成本和边际利润。为使该系统有效运作，GM和CTI共享了大量的生产数据。CTI与GM的实时生产系统连接，从而了解特定轿车处于生产过程的哪个环节。当以电子手段通知CTI的工作人员一辆车出了喷漆车间的时候，他们就马上开始为这辆车生产门板，这一切将在4小时内完成。尽管CTI的任务包括物流和运输，但它远远超出了传统3PLs的责任范围，它管理库存，承担产品过时和损坏的损失，承担装配任务。这满足了GM减少库存，管理资产的要求。CTI和其他供应商只在车完成之前拥有库存，让车开下装配线随后就被出售给顾客。当零件装到车上时，供应商就可以得到货款。

如果GM预测生产250000件，CTI就需将其固定成本分摊到220000件至250000件产品上，如果GM生产超过250000件，CTI就会有更多的赢利，如果少于220000件，CTI就会亏本，即CTI要与GM共同承受风险。

（三）合作关系的管理

如同其他关系一样，3PLs安排同样需要关注和不断的维持，但许多货主没有意识到这一点，他们不再安排人员参与，不再投入努力使这种关系正常运转，而只是希望坐收其利。事实上，货主仍需管理这项活动，仍需像管理其他业务职能一样，保持通信交流和合同管理。

1. 增强交流，互相了解

缺乏交流往往是失败的根源，货主应使3PLs明白自己期望什么和不期望什么，3PLs也应使货主明了他们能做什么和不能做什么。

有的情况下，一方不了解对方希望从这种关系中得到的利益和目标，3PLs可能不明白其客户为什么会选择配送作为外包的首选对象。一旦交流出现问题，将会破坏整个第三方安排。如一家3PLs虽然通过满载发运降低了运费，却是以牺牲准时交付为代价。这样尽管3PLs降低了运输费用，但货主并不满意，因为顾客并没有得到产品快速交付。其原因就在于缺乏交流，相互之间缺乏了解。

2. 设定标准，提供激励

事先告知3PLs准确的业绩期望，明确在发运、订货处理，电子联系等方面的服务标准，这样公司在与3PLs合作过程中就不会出现有关业绩标准方面的纠纷。公司在对待与3PLs的关系上也应取得一致意见。有时，公司内部对外包存在抵触，从而削弱与3PLs的关系。所以，公司在开始与3PLs合作之前就应对此达到一致意见。要取得一致意见关键在于是否愿意接纳3PLs作为公司大家族中的一员，将3PLs视为局外人而又希望3PLs能像一个内部机构那样有效工作是不现实的。要使3PLs提供一流的服务，必须使3PLs认识到其与客户的关系是有利可图的。一味压低价格是不足取的。

例如，埃克森化学公司，当将其在意大利的工厂的生产周期时间由天减为小时并取消制成品库存时，卡车的准时到达成为必不可少的。在这个行业中，半数可控制的费用是配送。埃克森选择了单一的供应商－Nedlloyd，由其协调一个供应商小组，这个小组成员由Nedlloyd和其他4家运输服务公司组成。在调度卡车到达方面Nedlloyd要比埃克森强得多，由此节省了12%的配送费用。

3. 雇佣4PL管理合作关系

第四方物流（4PL），对自身组织和辅加服务提供者（3PLs）的资源、能力和技术进行组合和管理以取得供应链显著效果的供应链整合者。也称为物流服务主导供应商（LLP）或总合同方（General Contractor）。4PL可以通过自身能力来影响整个供应链，提出有效的供应链解决方案并创造价值，4PL可以发现某行业中最佳供应商并使整合这些不同的物流服务以产生最佳方法。而3PLs则很难做到这一点。

安德森咨询公司和菲亚特的一家子公司——新荷兰公司，已成功运营了一家合资企业7年，这家公司主营业务是在欧洲管理服务配件物流，名为新荷兰物流公司。安德森与新荷兰的持股比例为20%和80%。新荷兰负责提供在6个国家的仓库、775名雇员、资本投资和作业管理，安德森提供管理人员、信息技术和在作业管理和重组方面的专长。备件管理作业包括计划、采购、仓储、分箱、运输和顾客服务。7年来的回报是6700万美元，其中2/3的节省来自作业成本的下降，20%来自库存管理，15%来自运输费用。新荷兰物流公司的订货满足准确率高于90%。

第十章　逆向物流与绿色物流

知识目标

- 知晓并熟悉逆向物流与绿色物流的基本概念；
- 了解逆向物流与绿色物流发展的意义。
- 能够了解逆向物流与绿色物流的发展途径与趋势。

能力目标

- 能够从企业发展战略的高度认知逆向物流与绿色物流的价值，并加深这一管理理念的运用；
- 能够进行企业逆向物流基本业务运作与管理的能力。

引导案例

案例 1：一说起家电回收，人们通常想起的就是穿梭于各城市间大街小巷，骑着一辆三轮车的废品收购者，伴随他的还有那句大家都耳熟能详的"收购——旧彩电——冰箱——洗衣机……"的口号。令人好奇的是，这些收购的废旧家电何去何从？谁是最终利用者？又如何从中获利呢？

案例 2：船舶运输是贝克啤酒出口业务的最重要运输方式。贝克啤酒厂毗邻不莱梅港，是其采取海运的最大优势。凭借全自动化设备，标准集装箱可在 8 分钟内罐满啤酒，15 分钟内完成一切发运手续。每年，贝克啤酒通过海运方式发往美国一地的啤酒就达 9000TEU（TEN 为货柜容量的计算基础）。之所以选择铁路运输和海运方式，贝克啤酒解释为两个字：环保。欧洲乃至世界范围陆运运输的堵塞和污染日益严重，贝克啤酒选择环保的方式不仅节约了运输成本，还为自己贴上了环保的金色印记。

案例点评：在传统理念中，人们所说的物流通常是指产品或服务从供应商到生产商、销售商直至最终顾客的单向流动，即正向物流。但在当今竞争日益激烈、管理模式不断创新的商业环境中，越来越多的企业开始关注一些具有再利用价值的产品从客户端到生产商乃至供应商的回流过程，这一活动就是逆向物流。

现阶段，由于环境问题的日益突出以及与环境的密切关系，在处理社会物流与企业物流时必须考虑环境问题。尤其是在原材料的取得和产品分销中,运输作为主要的物流活动,对环境可能会产生一系列的影响,而且废弃物品如何合理回收,减少对环境的污染或最大可能地再利用也是物流管理所需考虑的内容。绿色物流是一种观念上的物流,它应该是贯穿于物流活动的各个环节,如图 10-1 所示。

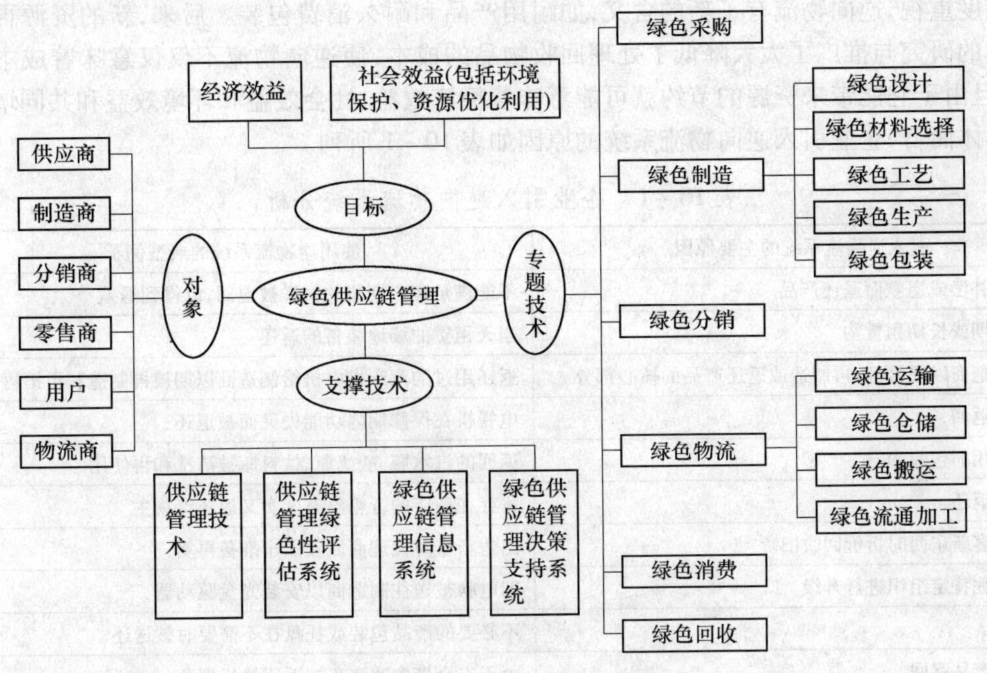

图 10-1 绿色物流贯穿图

➢ 基本知识点

第一节 逆向物流

一、逆向物流概述

(一) 逆向物流含义

逆向物流是“对高效且高成本效率的从消费点到起源点的物料、再制品库存、成品和相关信息的流动进行设计、实施和控制的过程,以达到重新获取利润或恰当处理的目的”。从这个定义出发,我们可以看到从使用过的包装到处理过的电脑设备,从未售商品的退货到机械零件的回收等,都可以归入逆向物流的范畴。也就是说,逆向物流包含来自于客户手中的产品及其包装品、零部件、物料等物资的流动。简而言之,逆向物流就是从客户手中回收用过的、过时的或者损坏的产品和包装开始,直至最终处理环节的过程。但是现在越来越被普遍接受的观点是,逆向物流是在整个产品生命周期中对产品和物资的完整的、有效的和高效的利用过程的协调。然而对产品再使用和循环的逆向物流控制研究却是过去的 10 年里才开始被认知和展开的。

(二) 逆向物流的起因

近年来,随着电子商务的快速发展,物流业已从传统的流通业中独立出来并日益受到人们的关注。而随着人们环保意识的增强,环保法规约束力度的加大,逆向物流的经济价值也逐步显现。在我国经济发展水平较为落后的时期和地区，厉行节约是首要选择，传统经济生活中的废品收购，有空桶、空瓶、空盘，废旧钢铁、纸张、衣物等的重复利用也是一种司空见惯的社会生活现象，因而，服务于废品回收再用的逆向物流并不是什么新东西。另外，对产品零部件的回收再用或将上述包装回收后清洗再用都比买新的要便宜。只不过，由于过去10年中对环境保护的高度重视，逆向物流有了新的含义，如耐用产品和耐久消费包装。后来，新的资源再生利用技术的研究与推广了大大降低了处理回收物品的成本，使逆向物流不仅仅意味着成本的降低，而且由于它能带来资源的节约就可能意味着经济效益、社会效益和环境效益和共同增加。

具体而言，企业引入逆向物流系统的原因如表10－1所列。

表10－1　企业引入逆向物流系统分析

引入逆物流系统的主要原因	使用逆物流系统的典型例子
为获得补偿或退款而退还产品	不能满足客户期望的vcR被退回，以得到退款
归还短期或长期租赁物	当天租赁的场地装备的返还
返回制造商以便修理、再制造或返还产品的核心部分	返还用过的汽车发电机给制造商以期被再制造和再销售
保修期返回	电视机在保修期内功能失灵而被退还
可再利用的包装容器	返回的汽水瓶、酸奶瓶、饮料瓶被清洗和再使用
寄卖物返还	寄存在商店的音箱没有变卖又返还给物主
卖给顾客新东西时折价回收旧货	出售新车时代理商回收旧车准备再卖
产品发往特定组织进行升级	旧电脑被送往制造商以安装光盘驱动器
送还	不必要的产品包装或托盘在不需要时被送还
普遍的产品召回	由于安全带失效汽车被返还给代理商
产品返还给制造商进行检查或校准	医学设备被返还以检查和调校仪表
产品没有实现制造商对客户的承诺	如果电视性能与承诺的不一致则可以退还它

（三）逆向物流的意义

1．提高潜在事故的透明度

逆向物流在促使企业不断改善品质管理体系上，具有重要的地位。ISO9001 2000版将企业的品质管理活动概括为一个闭环式活动——计划、实施、检查、改进，逆向物流恰好处于检查和改进两个环节上，承上启下，作用于两端。企业在退货中暴露出的品质问题，将透过逆向物流资讯系统不断传递到管理阶层，提高潜在事故的透明度，管理者可以在事前不断地改进品质管理，以根除产品的不良隐患。

2．提高顾客价值，增加竞争优势

在当今顾客驱动的经济环境下，顾客价值是决定企业生存和发展的关键因素。众多企业通过逆向物流提高顾客对产品或服务的满意度，赢得顾客的信任，从而增加其竞争优势。对于最终顾客来说，逆向物流能够确保不符合订单要求的产品及时退货，有利于消除顾客的后顾之忧，增加其对企业的信任感及回头率，扩大企业的市场份额。如果一个公司要赢得顾客，它必须保证顾客在整个交易过程中心情舒畅，而逆向物流战略是达到这一目标的有效手段。另一方面，对于供应链上的企业客户来说，上游企业采取宽松的退货策略，能够减少下游客户的经营风险，改善供需关系，促进企业间战略合作，强化整个供应链的竞争优势。特别对于过时性风险比较大的产品，退货策略所带来的竞争优势更加明显。

3. 降低物料成本

减少物料耗费，提高物料利用率是企业成本管理的重点，也是企业增效的重要手段。然而，传统管理模式的物料管理仅仅局限于企业内部物料，不重视企业外部废旧产品及其物料的有效利用，造成大量可再用性资源的闲置和浪费。由于废旧产品的回购价格低、来源充足，对这些产品回购加工可以大幅度降低企业的物料成本。

4. 改善环境行为，塑造企业形象

随着人们生活水平和文化素质的提高，环境意识日益增强，消费观念发生了巨大变化，顾客对环境的期望越来越高。另外，由于不可再生资源的稀缺以及对环境污染日益加重，各国都制定了许多环境保护法规，为企业的环境行为规定了一个约束性标准。企业的环境业绩已成为评价企业运营绩效的重要指标。为了改善企业的环境行为，提高企业在公众中的形象，许多企业纷纷采取逆向物流战略，以减少产品对环境的污染及资源的消耗。

（四）逆向物流的显著特征

1. 高度不确定性

逆向物流产生的地点、时间及回收品的质量和数量难以预测，这导致了逆向物流供给的高度不确定性，再加上已恢复或再使用产品市场的高度不确定性，使得对回收产品的需求更是难以预测，因而供需平衡难以掌握。相反，正向物流的供给根据系统的需要是可以控制的。原材料在适当的时间和地点按一定的数量和质量投入生产是其基本要求，所以正向物流对产品的需求几乎完全由需求方决定，供给和需求容易达到平衡。

2. 运作的复杂性

逆向物流的恢复过程和方式按产品的生命周期、产品特点、所需资源、设备等条件不同而复杂多样，因此比正向物流中的新产品生产过程存在更多的不确定性和复杂性。根据乐爵士（Rogers）等在 2001 年对美国公司的一项调查，逆向物流的主要活动和功能包括再制造、修整、再循环、填埋、再包装和再处理等内容。卡特（Carter）等指出，一个公司的逆向物流实施直接被至少四种环境因素影响，即消费者、供应商、竞争对手及政府机构，所以公司很难作出有关恢复方式的战略决策来高效且经济地运作逆向物流系统。

3. 实施的困难性

逆向物流普遍存在于企业的各项经营活动中，从采购、配送、仓储、生产、营销到财务，需要大量的协调和管理。尽管在一些行业，逆向物流已经成为在激烈竞争中找到竞争优势从而独树一帜的关键因素，但是许多管理者仍然认为逆向物流在成本、资产价值和潜在收益方面没有正向物流那么重要。因此，分配给逆向物流的各种资源往往不足。另外，相关领域专业技术和管理人员的匮乏，缺少相应逆向物流网络和强大的信息系统及运营管理系统的支持，都成为有效逆向物流实施的障碍。

二、回收物流与废弃物物流

（一）回收物流

1. 回收物流的概念及对象

回收物流（Returned Logistics）是指不合格物品的返修、退货以及周转使用的包装容器从需方返回到供方所形成的物品实体流动。即企业在生产、供应、销售的活动中总会产生各种边角余料和废料，这些东西的回收是需要伴随物流活动的。如果回收物品处理不当，往往会影响整个生产环境，甚至影响产品的质量，占用很大空间，造成浪费。

随着社会经济的发展,社会上各类消费品逐年增加,随之产生的废旧品也日益增多,虽然各种产品的性能不断改善,使用期也在延长。然而,不论何种产品,最终都将被废弃而面临如何处理问题。由此形成回收物流,也使回收物流的合理化成为亟待研究的问题。

回收物流系逆向物流的一部分,包含了从不再被消费者需求的废旧品变成重新投放到市场上的可用商品的整个过程的所有物流活动。回收物流是与传统的正向物流方向正好相反的系统。它的作用是将消费者不再需求的“废弃物”,运回到生产和制造领域重新变成新商品或者新商品的某些部分。

目前的回收物流体系将大量废旧品仅回收到掩埋或焚烧处理的终端,不但达不到重新利用的效果,也达不到无害化处理的要求,反而对环境形成了很大的破坏。没有处理的大量废旧品占用大面积的山谷、沟壑和土地,造成了土地资源的严重浪费。虽然也有一些城市也按法规的要求,对废旧品进行了分类处理,但很难达到环保的要求。

废旧品的回收处理过程是能源开发和再利用的过程,其虽然来源于生活,危害于人类,但是它完全可以成为人类可利用的不竭资源,是宝贵的物质财富。融智力、科技等要素于废旧品回收处理与再利用,可节约大量的土地资源,减少对环境的污染、破坏。

总之,回收物流的对象一定是具有相对使用价值的物品,经重新加工维修等使其发挥更大价值。

2. 回收物流的途径

2004 年以来,我国迎来了家电报废的高峰期,每年都有计 1 500 万台左右的家电报废。目前,全国电冰箱保有量达 1.2 亿台、洗衣机 1.7 亿台、电视机 4 亿台、电脑 1 600 万台。其中大部分已进入或即将进入报废期。预计在近几年内,城市中 70% ~80% 家庭的彩电、冰箱、洗衣机需要更新换代。面对这一组庞大的数字,更需要考虑回收物流合理性的问题。

1) 从制造企业方面考虑

(1) 绿色设计。如家电制造企业是旧家电产生的根源,在制造时尽量进行绿色设计,使用不会对环境造成污染的原材料,就会减少流程中下游环节的压力。这方面不仅需要企业具有环保意识,更需要国家法律进行约束。企业通过进行绿色设计,还可以提高企业的信誉。

(2) 生产者责任制。制造企业在对旧物品的处理中,应该负有一定的责任。如果让制造企业支付一部分废弃物的处理费用,就可以使企业倾向于使用绿色原料。

2) 从销售企业方面考虑

(1) 尽量利用销售企业是连接制造企业和用户之间桥梁的作用。一方面在销售时可以向用户宣传如旧家电对环境的危害,提高民众的环保意识;另一方面,销售企业可以向制造企业传达人们的购买意向,使制造企业进行绿色设计。

(2) 重视二手家电市场。目前,我国每年都有大量的二手家电交易,这些二手家电大多是流入教育相对落后的地区,这些地方人们的环保意识还比较差,二手家电的使用寿命又不长,所以每年都有很多的家电废弃后被随意抛弃,给环境造成了很大破坏。销售企业必须重视这个市场,做好废旧家电回收物流。

(3) 兼做家电回收。销售企业在销售家电的同时,可以回收旧家电进行物流资源整合。

3) 从独立的物流企业方面考虑

(1) 发挥物流中心的合理化作用。可以把回收废旧物品纳入到物流中心系统中,这有利于资源的合理分配。物流中心有商品周转、商品拣选、商品保管、流通加工、信息处理等功能。回收企业或销售企业可以利用物流中心的这些功能为本企业服务,从而降低成本,使企业的物流过程合理化。

（2）利用已有的回收物流网络，物流企业独立进行回收。一些物流企业既有回收的网络，又有存放的地点，还有和回收企业的合作关系。一些有条件的物流企业应该增加回收业务，可以用更低的成本回收。

4）从用户方面讲考虑

应增强用户的环保意识，使其认识到随便丢弃废旧物品的危害性。既造成环境污染，又造成资源的浪费。

5）从回收企业和回收处理中心方面考虑

（1）绿色处理。按照合理化要求，回收企业必须要从废旧物品中提取还可以再利用的资源，把不能再利用的进行无害化处理。而且对于生命周期还没有到期的如家电维修处理后进行二手交易。这是对回收企业的基本要求。

（2）制定法规，打击非法处理。国内回收企业面临的问题是正规企业收不到旧家电，不能进行大批量处理从而降低成本，而一些非正规的企业却能大量回收。问题的原因在于这些非正规的企业处理成本很低，可以高价收购。所以应制定法规，杜绝非法回收处理。

（二）废弃物物流

1．废弃物物流的概念

废弃物物流（Waste Material Logistics）将经济活动中失去原有使用价值的物品，根据实际需要进行收集、分类、加工、包装、搬运、储存等，并分送到专门处理场所时所形成的物品实体流动。

随着科学技术的发展和人民生活水平的提高，人们对物资的消费要求越来越高：既要质量好又要款式新。于是被人们淘汰、丢弃的物资日益增多。这些产生于生产和消费的过程中的物质，由于变质、损坏，或使用寿命终结而失去了使用价值。它们有生产过程的边角余料、废渣废水以及未能形成合格产品而不具有使用价值的物质；有流通过程产生的废弃包装材料；也有在消费后产生的排泄物：如家庭垃圾、办公室垃圾等。这些排泄物一部分可回收并再生利用，称为再生资源，形成回收物流。另一部分在循环利用过程中，基本或完全丧失了使用价值，形成无法再利用的最终排泄物利用，即废物。废弃物经过处理后，返回自然界，形成废弃物流。回收物流与废弃物流不能直接给企业带来效益，但非常有发展潜力。

2．废弃物物流的对象

1）按照废弃的物理形态分类

（1）固体废弃物。固体废弃物也称为垃圾，其形态是各种各样的固体物混合杂体。这种废弃物流一般采用垃圾处理设备处理。

（2）液体废弃物。液体废弃物也称为废液，其形态是各种成分的液体混合物。这种废弃物物流常采用管道方式排放或者净化处理。

（3）气体废弃物。气体废弃物也称为废气，主要是工业企业，尤其是化工类工业企业的排放物。多种情况下是通过管道系统直接向空气中排放。

2）按照形成废弃物的来源分类

（1）产业废弃物。产业废弃物也称为产业垃圾。

（2）生活废弃物。生活废弃也称生活垃圾。

（3）环境废弃物。企业环境废弃物一般有固定的产出来源，主要来自企业综合环境中。

（三）回收物流与废弃物物流的区别

1．物流角度不同

回收物流一般都是从回收再利用的角度出发，含有价值的再开发利用。而废弃物流从环境保护的角度出发，不管对象物有没有价值或利用价值，而将其妥善处理，以免造成环境污染。

2. 物流对象不同

回收物流主要是不合格物品的返修、退货以及周转使用的包装容器从需方返回到供方所形成的物品实体流动。例如，企业在生产、供应、销售的活动中产生的各种边角余料和废料等。

废弃物物流主要是将经济活动中失去原有使用价值的物品，根据实际需要进行收集、分类、加工、包装、搬运、储存等，并分别送到专门处理场所时所形成的物品实体流动。例如，企业生产、人们生活中所产生的垃圾等。

第二节 绿色物流

一、绿色物流概述

（一）绿色物流含义

随着现代科学技术的进步，物流产业作为现代经济的重要组成部分，正在全球范围内得以迅猛发展。然而，在物流业带动经济快速发展过程中，物流活动对生态环境的破坏越来越严重，如噪音污染、资源浪费、交通堵塞、废气污染、废弃物增加等，这些后果严重违背了全球可持续发展战略的原则。因此，为了维护人类赖以生存的自然环境和实现全球长期、持续、稳定的发展，一种节约资源、保护环境的新型物流发展模式——“绿色物流”开始出现并逐渐成为新世纪物流业发展的新方向。所谓绿色物流就是以降低对环境的污染、减少资源消耗为目标，通过先进的物流技术和以保护环境的理念，对物流系统进行规划、控制、管理和实施，使物流资源得到最充分的利用。

（二）绿色物流产生背景

1. 人类环境保护意识的觉醒

随着世界经济的不断发展，人类的生存环境也在不断恶化。具体表现是：能源危机，资源枯竭，臭氧层空洞扩大，环境遭受污染，生态系统失衡。以环境污染为例，全球20多个特大城市的空气污染超过世界卫生组织规定的标准。人类的认识往往滞后于客观自然界的发展，当前生态环境保护的意义逐渐被人类所认识。20世纪60年代以来，人类环境保护意识开始觉醒，十分关心和重视环境问题，认识到地球只有一个，不能破坏人类的家园。于是，绿色消费运动在世界各国兴起。消费者不仅关心自身的安全和健康，还关心地球环境的改善，拒绝接受不利于环境保护的产品、服务及相应的消费方式，进而促进绿色物流的发展。与此同时，绿色和平运动在世界范围内展开，环保勇士以不屈不挠的奋斗精神，给各种各样危害环境的行为以沉重打击，对于激励人们的环保热情、推动绿色物流的发展，也起到了极其重要的作用。

2. 各国政府和国际组织的倡导

绿色物流的发展与政府行为密切相关。凡是绿色物流发展较快的国家，都得益于政府的积极倡导。各国政府在推动绿色物流发展方面所起的作用主要表现在：一是追加投入以促进环保事业的发展；二是组织力量监督环保工作的开展；三是制定专门政策和法令来引导企业的环保行为。

环保事业是关系到人类生存与发展的伟大事业，国际组织为此作出了极大的努力并取得了显著成效。1992年，第27届联大决议通过把每年的6月5日作为世界环境日，每年的世界环境日都规定有专门的活动主题，以推动世界环境保护工作的发展。联合国环境署、世贸组织环境委员会等国际组织展开了许多环保方面的国际会议，签订了许多环保方面的国际公约与协定，也在一定程度上为绿色物流发展铺平了道路。

3. 经济全球化潮流的推动

随着经济全球化的发展，一些传统的关税和非关税壁垒逐渐淡化，环境壁垒逐渐兴起。为此，ISO14000 成为众多企业进入国际市场的通行证。ISO14000 的两个基本思想是预防污染和持续改进，它要求建立环境管理体系，使其经营活动、产品和服务的每一个环节对环境的影响最小化。ISO14000 不仅适用于第一、第二产业，也适用于第三产业，更适用于物流业。物流企业要想在国际市场上占一席之地，发展绿色物流是其理性选择。尤其是中国加入 WTO，逐渐取消大部分外国股权限制，外国物流业将进入中国市场，势必给国内物流业带来巨大冲击，也意味着未来的物流业会有一场激烈的竞争。

4. 现代物流业可持续发展的需要

绿色物流是现代物流可持续发展的必然。物流业作为现代新兴产业，有赖于社会化大生产的专业分工和经济的高速发展。而物流要发展，一定要与绿色生产、绿色营销、绿色消费等绿色经济活动紧密衔接。人类的经济活动不能因物流而过分地消耗资源、破坏环境，以至于造成重复污染。此外，绿色物流还是企业最大限度降低经营成本的必由之路。一般认为，产品从投产到销出，制造加工时间仅占 10%，而 90% 的时间为仓储、运输、装卸、分装、流通加工、信息处理等物流过程。因此，物流专业化无疑为降低成本奠定了基础。

二、发展绿色物流的意义

（1）绿色物流适应了世界社会发展的潮流，是全球经济一体化的需要。随着全球经济一体化的发展，一些传统的关税和非关税壁垒逐渐淡化，环境壁垒逐渐兴起。为此，ISO14000 成为众多企业进入国际市场的通行证。ISO14000 的两个基本思想就是预防污染和持续改进，它要求企业建立环境管理体系，使其经营活动、产品和服务的每一个环节对环境的不良影响最小。国外物流起步早，经营完善，进入中国市场势必会给国内物流业造成一定的冲击，所以发展绿色物流是我们的正确选择。

（2）绿色物流能够最大限度的降低成本。专家分析认为，产品从投产到销出，制造加工时间仅占 10%，而几乎 90% 的时间为储运、装卸、分装、二次加工、信息处理等物流过程。因此，物流专业化无疑为降低成本奠定了基础。绿色物流强调的是低投入→大物流的方式。显而易见，绿色物流不仅是一般物流的节约和降低成本，更重视的是绿色化和由此带来的节能高效少污染，它对生产经营成本的节省是无可估量的。

（3）绿色物流也是物流不断发展壮大的根本保障。物流作为现代新兴行业，有赖于社会化大生产的专业分工和经济的高速发展。而物流要发展，一定要与绿色生产、绿色营销、绿色消费紧密衔接，人类的经济活动绝不能因物流而过分消耗资源，破坏环境，以至造成再次重复污染。选择绿色物流是物流发展的必然。

（4）绿色物流还有利于企业取得新的竞争优势。实施绿色物流管理战略，将给企业带来明显的社会价值，包括良好的企业形象、企业信誉、企业责任等，赢得公众信任。同时，实施绿色物流管理的企业更容易获得环境标准认证，如 ISO14000 环境管理体系，从而在激烈的市场竞争中占得优势。

中国物流业的起步较晚，绿色物流还刚刚兴起，人们对它的认识还非常有限，在绿色物流的服务水平和研究方面还处于起步阶段，与国际上先进技术国家在绿色物流的观念上、政策上以及技术上均存在较大的差距，主要表现在：

1. 观念上的差距

经营者和消费者对域外绿色物流经营消费理念仍非常淡薄，绿色物流的思想几乎为零。经营者展现给我们的是绿色产品、绿色标志、绿色营销和绿色服务，消费者追求的是绿色消费、绿色享用和绿色保障，而其中的绿色通道——物流环节，没有足够的重视和关心。因此，在发展物流的同时，要尽快提高认识，更新思想，把绿色物流作为世界全方位绿色革命的重要组成部分，确认和面向绿色物流的未来。

2. 政策性的差距

绿色物流是当今经济可持续发展的一个重要组成部分，它对社会经济的不断发展和人类生活质量的不断提高具有重要的意义。正因为如此，绿色物流的实施不仅是企业的事情，而且还必须从政府约束的角度，对现有的物流体制强化管理，构筑绿色物流建立与发展的框架，作好绿色物流的政策性建设。一些发达国家的政府在绿色物流的政策性引导上，制定了诸如控制污染发生源、限制交通量和控制交通流的相关政策和法规，而且还从物流业发展的合理布局上为物流的绿色化铺平道路。日本在1966年就制定了《流通业务城市街道整备法》，以提高大城市的流通机能，增强城市物流的绿色化功能。尽管我国自20世纪90年代以来，也一直在致力于环境污染方面的政策和法规的制定和颁布，但针对物流行业的还不是很多。另外，由于物流涉及的有关行业、部门、系统过多，而这些部门又都自成体系，独立运作，各做各的规划，各搞各的设计，各建各的物流基地或中心，导致物流行业的无序发展，造成资源配置的巨大浪费，也为以后物流运作上的环保问题增加了过多的负担。因此，打破地区、部门和行业的局限，按照大流通、绿色化的思路来进行全国的物流规划整体设计，是我国发展物流在政策性问题上必须正视的大事情。

3. 技术上的差距

绿色物流的关键所在，不仅依赖物流绿色思想的建立，物流政策的制定和遵循，更离不开绿色技术的掌握和应用。而我们的物流技术和绿色要求有较大的差距。中国的物流业还没有什么规模，基本上是各自为政，没有很好的规划，存在物流行业内部的无序发展和无序竞争状态，对环保造成很大的压力；在机械化方面，物流机械化的程度和先进性与绿色物流要求还有距离；物流材料的使用上，与绿色物流倡导的可重用性、可降解性也存在巨大的差距。另外，在物流的自动化、信息化和网络化环节上，绿色物流更是无从谈起。由此可见，中国的绿色物流与发达国家尚有较大差距，物流绿色化对我们来说，还有相当漫长的一段路途。如今世界上的一些大的物流公司进入中国，跨国物流企业纷纷抢滩中国市场。由于中国经济已经成为全球经济的一部分，故必须要加快物流的绿色化建设，物流企业必须加快调整和整合，如若不然，就会失去竞争力，一旦国外在物流业的绿色化上设置准入壁垒，我国稚嫩的物流业就将遭受巨大打击。可以说，发展绿色物流是参与全球物流业竞争的重要基础。因此，大力加强对物流绿色化的政策和理论体系的建立和完善，对物流系统目标、物流设施设备和物流活动组织等进行改进与调整，实现物流系统的整体最优化和对环境的最低损害，将有利于中国物流管理水平的提高，保护环境和可持续发展政策，对于我国经济的发展意义重大。

三、发展绿色物流的途径

（一）加强国家对物流行业的宏观调控

从全国高度制定物流发展规划，以现有物流企业为基础，逐步发展大型物流中心，与区域性配送中心相结合，建立多功能、信息化、服务优质的配送体系。

纵观美国、日本和欧洲等发达国家物流发展的过程，都没有离开国家对物流行业的宏观调控。科学技术的发展以及先进运输工具的广泛应用，使得产品流通的地域范围越来越大，产品的流动已经是全国性的了。因此，我们要在充分考虑我国地理、交通网布局、资源分布以及产品生产企业情况的前提下，合理规划物流园区的布局，避免货物迂回运输，减少车辆燃油消耗，减少废气污染和噪音污染，减少过多的在途车辆产生的较多的一次运输，从而减少其燃料消耗和对道路面积的需求等。

（二）加强基础设施建设

虽然 2003 年我国铁路营业里程 7.3 万千米，公路里程达 179.6 万千米（其中高速公路 3 万千米），内河航道里程 12.2 万千米，还建成了一批铁路、公路站场和货运枢纽、海运和内河港口，但我国同发达国家之间的差距是不能忽视的。我国现在的仓储中心多为平房，铁路、公路负载比较重，这都表明我国还需要加大基础设施投入。当然，资金的来源可以多方筹集，可以选择外资或民间资金等。

（三）物流企业也要从保护环境的角度制定其经营管理战略

选择绿色运输。运输过程中的燃油消耗和尾气排放，是物流活动造成环境污染的主要原因之一。因此，要想打造绿色物流，首先要对运输线路进行合理布局与规划，通过缩短运输路线，提高车辆装载率等措施，实现节能减排的目标。另外，还要注重对运输车辆的养护，使用清洁燃料，减少能耗及尾气排放。通过交通工具的搭配有效利用车辆，提高配送效率，在合理规划网点及配送中心的基础上，努力优化配送路线，提倡共同配送，提高往返载货率等；减少公路运输，尽量采用铁路运输或海运；使用“绿色”运输工具，采用小型货车等低排放运输工具，保证运输车辆尾气排放量达到标准。实施绿色仓储一方面要求仓库选址要合理，有利于节约运输成本；另一方面，仓储布局要科学，使仓库得以充分利用，实现仓储面积利用的最大化，减少仓储成本。

采用绿色包装，使用可降解的包装材料，设计简易包装，减少一次性包装，提高包装废弃物的回收再生利用率，有效控制资源消耗，避免环境污染。开展绿色流通加工，由分散加工转向专业集中加工，以规模作业方式提高资源利用率，减少环境污染；集中处理流通加工过程中产生的边角废料，减少废弃物污染。

（四）积极立法、建立绿色物流的法律保证体系

当今社会是法治社会，法律体系的形成是绿色物流得以长期稳定执行的保证，对物流企业和消费者都有一定的制约作用。

（五）加大人才培养力度

这有赖于媒体的宣传和教育部门的引导。我国受过高等教育的人数总量很大，但由于人们的观念没有得到及时更新，选择物流专业的学生相对较少，当然这也与物流是新兴产业有关。面对如此广阔的就业发展前景，人才问题的解决是有可能的。

（六）加强物流行业自身的分工，实现近似产品流通的专业化经营

由于产品的特点不同，其储存、包装及运输过程中的注意事项等各不相同。合理的分工可以减少企业的经营费用，专业化的过程也有利于熟悉相关业务，减少企业的无用功，有利于环境保护。

（七）加强物流产业的标准化和信息化建设

随着通信技术和网络技术的发展，应将全球定位系统引入物流活动当中，结合公路、铁路、海运和空运信息，合理安排物流的路线和车辆，实现物流快速准确运行。我国物流作业环节所使用的设备以及包装、运输、装卸等流通环节都缺少必要的行业标准和行业规范，导致物流效率普遍不高，因此要实现绿色物流，这方面的建设也是必不可少的。

➢ 基本技能训练

◉ 自我测试

（一）名词解释：

1. 逆向物流
2. 回收物流
3. 废弃物物流
4. 绿色物流

◉ 模拟职业岗位能力训练

请学生思考自己、同学朋友及家庭是如何来处理废弃物的，并通过网络查询企业成功的绿色物流及废弃物物流的案例并进行交流。

◉ 应用案例分析

高校毕业生离校在即，一年一度的毕业生跳蚤市场又出现在各大校园里。记者6月24日在山东师范大学走访时发现，很多七八成新的专业课本因没有买主，而被当成废纸以几毛钱一斤的低价处理掉。针对这一现象，山东省政协委员张自南在接受记者采访时提出，高校教材循环利用亟待推广。24日中午，正在跳蚤市场处理书籍的山东师范大学文学院毕业生王耀辉告诉记者，自己学过的《中国现当代文学史》、《古代汉语》及《美学概论》等是由学校统一订购的专业课本，下一级的学生完全可以再用一年。但由于学校每学期都会统一购买新教材，所以用过的课本很难卖掉。

记者问到如果没有人买怎么办时，他很无奈地说，“那就只能当废纸处理掉了！”据了解，每年像王耀辉这样把课本当做废纸处理掉的毕业生有很多。记者就此专门采访了山东省政协教育界委员张自南。张委员认为，高校学生每学期花费百余元购买新教材，到学期末这些课本就面临沦为废纸的命运，造成大量资源浪费。另外，很多经济困难的大学生时常为价格不菲的教材费而发愁。张自南建议各大高校放开课本购买权，鼓励大学生根据专业需要自愿购买教材，加快推广高校教材的循环利用。例如，每个学期初，可由授课老师将本学期所需课本的名称、版本列出来，供学生参考，学生既可以到高年级同学那里借，也可以花很少的钱购买，实在难以买到的再报由学校统一订购。

问题

作为一名在校大学生，你对解决这一问题有何高招？

➢ 信息传递

◉ 相关链接

案例1

近年来，大连的物流业在带动经济方面有了很大的发展，但在绿色物流方面还没有引起足够的重视,仍然存在很多问题:物流企业的技术和管理水平还亟待提高。大连市场经济化程度不高,市场机制的作用不强;企业专业化、社会化分工不明显;绿色物流的管理法规不健全,物流企业功能传统,第三方物流尚未形成竞争优势,物流的能耗和货损现象还很严重,客户的满意度不够;在机械化和自动化、信息化及网络化方面、物流材料的包装使用上都与绿色物流要求有很大差距。

大连港口物流系统化程度不高,港口资源缺乏整合。港口内部物流资源整合和外部物流资源连接性差,各个部门的企业拥有各自一套的信息管理系统,企业活动不能在一个公共信息平台上运作,资源配置效率低。物流系统缺乏全局性的统一规划,各有关行业、部门和企业对实现一体化发展的积极性不高,通常各自为政,独立发展。这种物流行业内部的无序发展和竞争状态,促使物流活动更加频繁,物流成本增加,对环保造成很大的压力。

企业缺乏复合型人才。据有关人员预测,大连未来10年需要各类现代物流人才近8万人。特别是高层次的管理人才和企业层面的管理人才缺乏,并且没有完全形成用发展绿色物流的理念去承担社会责任。目前,许多企业还没有既具有环境知识又具有物流知识的复合型人才。

案例2

中国台湾大荣货运股份有限公司与IBM签署了一项协议,宣布两家公司将联合建立一个全球性物流系统。通过服务器整合,一台IBMeServeri系列890型高端服务器将集成大荣在台湾地区的50多台原有的AS/400机器。

另外,IBM和Asgard系统公司将联合提供测试、支持、培训及集成服务。全球IT总部位于台湾地区的大荣公司在台湾地区澎湖和金门掌握着大约250个货运中心,在中国内地也有7个。新的系统将调控该公司的2800多个冷冻运输车,计6000万件产品,这相当于每年200万吨的运输量。

大荣公司最初以卡车运输起家,随后,在20世纪90年代开始采纳电子商务,并与IBM建立了密切的业务关系。最近,它又开始向一家综合的物流服务公司转变。新的全球物流系统将帮助大荣将业务范围扩展到内地,并随之覆盖大中华地区乃至全球市场。

IBM在中国台湾公司总经理JasonHsu说:“该服务器整合项目的实施是中国台湾企业实行全球化建设的一个良好范例,另外,在使用集成的IT平台来帮助台湾地区物流企业发展全球业务方面,对IBM台湾公司有很强的指导意义。”

大荣于1970年开始与IBM合作,当时,IBM向该公司提供了很多信息集成技术——从IBMS/34和S/36服务器到IBM4361和AS/400服务器,双方的合作使大荣公司站在了台湾货运市场的前沿。而现在,大荣又一次成为在中国台湾地区首次使用IBMeServeri890的公司,它正在向提供综合服务的全球化物流中心迈进。

案例3

地下物流技术在相对人口集中、国土狭小的日本得到了广泛的关注。2000年,日本将地下物流技术列为未来10年政府重点研发的高新技术领域之一,主要致力于研究开通物流专用隧道并实现网络化,建立集散中心,形成地下物流系统。

日本建设厅的公共设施研究院对东京的地下物流系统进行了二十多年的研究,研究内容涉及了东京地区地下物流系统的交通模拟、经济环境因素的作用分析以及地下物流系统的构建方式等诸多方面。拟建系统地下通道总长度达到201千米,设有106个仓储设施,通过这些设施可以将地下物流系统与地上物流系统连接起来。系统建成之后能承担整个东京地区将近

36%的货运，地面车辆运行速度提高30%左右；运输网络分析结果显示每天将会有超过32万辆的车辆使用该系统，成本效益分析预计系统每年的总收益能达到12亿日元，其中包括降低车辆运行成本、行驶时间和事故发生率以及减少二氧化碳和氮化物的排放量带来的综合效益5。该系统规模大、涵盖范围广，它的优点在于综合运用各学科知识，并与地理信息系统（GIS）紧密结合，前期研究深入、透彻，保证了地下物流系统的高效率、高质量、高经济效益以及高社会效益。

◉ 前沿理念

逆向物流市场前景广阔

在产业界，随着资源环境观和经济管的演变，一些知名企业已经注意到逆向物流所蕴含的商机并将其作为强化竞争优势，增加顾客价值，提高供应链整体绩效的重要手段。他们清楚地知道，有效的逆向物流系统和流程能节约成本、增加利润，并提高客户服务质量。惠普（HP）、通用汽车（GE）、IBM、3M等纷纷启动逆向物流发展战略，近年来，逆向物流业务呈现出快速增长的态势。

（一）逆向物流市场机会巨大

根据美国逆向物流专家（Rogers 和 TibbennLembke，1999）的一项调查研究显示，全部物流成本占美国经济总量的10.7%，逆向物流成本约占总物流成本的4%；美国1/3以上的企业关心自己产品的最后处置问题，特别在汽车零部件制造业、电子产品制造业、出版业和目录销售等行业。目前，许多国际知名的IT企业已将逆向物流战略作为强化其竞争优势的主要手段。例如，SunMicrosystems 拥有国际零部件翻修中心，来自亚洲或拉丁美洲的零件经过翻新，可以达到最新设计的要求；Hewlett - Packard 也经常采用翻新或改制的零件，以不同的方式再销售其产品；Thomson 家用电器公司委托第三方物流企业，将可回收的零部件运往墨西哥进行翻新。据汽车零部件再制造协会的估计，全世界每年通过再制造而节约的原材料可以装满155000节车皮，可以排列成1100英里（1英里=1.609千米）长的火车。美国宇航局重新利用改制与翻新的零部件，使飞机制造费节省了40%～60%。在美国的地毯行业，很多大公司积极开展地毯回收计划，就是为了用低成本的回收尼龙代替昂贵的原材料，因为地毯中的1/3～1/2是纤维，而纤维中有60%是尼龙。美国零售商退货业务呈12%的年增长率。

而我国可回收利用而没有利用的再生资源价值就高达300多亿元，每年大约有500万吨废钢铁，20多万吨废有色金属，1400万吨废纸及大量的废塑料、废玻璃、废电池没有有效、无害地回收利用。逆向物流业具有相当的规模，而且伴随着循环型社会的建立，逆向物流服务需求将会大大增加，逆向物流业会拥有更大的发展空间。

（二）建立逆向物流配送中心

在国外的一家配送处理中心（Salvesen 公司），抵达的卡车的卸货时间不到15分钟。内部软件对货物进行分类，决定是将货物送回给供应商，还是将其分解，获取材料和零部件。废品加工流程也得到优化。该公司的打包设备是非常先进的，它将纸板打包，送往造纸厂，这一过程非常迅速，从理论上讲，一个麦片包装盒抵达其处理中心后，不到两周的时间就可以装上更多麦片重新回到超市的货架上。

通过第三方物流公司建立专门的逆向物流配送中心，将回收流程外包给专门企业，通过产业规模使之得以实现，这个配送中心主要包含以下两个方面：

1. 集中退货中心管理

逆向物流的需求批量都远小于正向物流,分散、小批量且价值相对低廉的废弃物使逆向物流活动难以获得规模效益。虽然大型企业可利用其足够大的规模来支撑区域性的回收中心,但由于单个企业经营的回收中心回收品种单一、覆盖区域过大,综合利用效率一般都不高。对大多数中小型企业来说,过于分散的逆向物流起源地一直是它们不得不面对的死结。因此,集中式回收处理中心是保证逆向物流系统高效运行的最好选择。由于集中式回收处理中心所服务的客户多、服务的对象也千差万别,投资回收期长,难以通过合股的方式达成利益趋同,最好通过第三方或政府牵头来组织区域公共逆向物流平台。

2. 逆向物流资讯系统

资讯系统要基于电子资料交换系统设计,还能让制造商与销售商间共用退货资讯,为服务商提供包括品质评价、产品生命周期在内的各类营销资讯,使退货在最短的时间内被处理完毕,为企业节省大量的库存成本和运输成本。对退货资讯的归类和分别处理,是逆向物流资讯系统的核心内容,它们可以直接追踪退货成本和退货过程。有效的逆向物流资讯系统一般都会对每次退货原因及最后处置情况编订代码,以便管理者即时追踪和评估。

➤ 归纳提高

◉ 本章简明小结

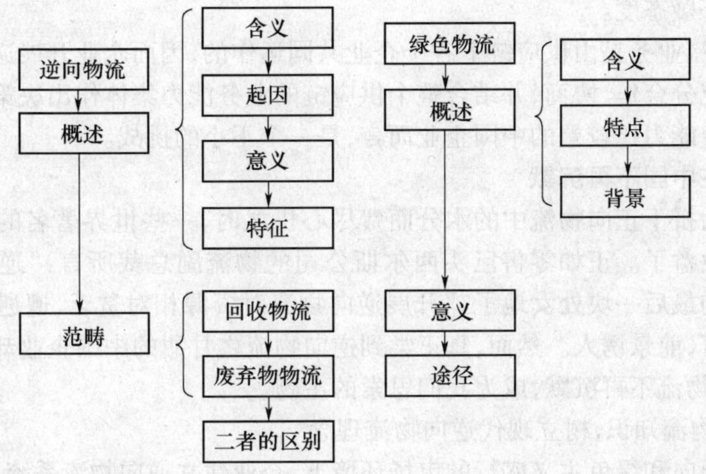

◉ 课后任务

资料阅读:

(一) 中国企业缘何冷落逆向物流

随着人们环保意识的增强、政府环境立法的加快和法规约束力度的加大,逆向物流正在被社会各界越来越多的人士所认识和重视。而基于人口、资源、环境和谐发展的要求和提升企业竞争优势的目标,一些国际知名企业,如通用汽车、IBM、惠普、西门子、飞利浦、西尔斯等已先行一步进入逆向物流领域,产生了良好的经济效益和社会影响。然而 在中国,逆向物流仍然未能引起企业界的普遍重视,绝大多数企业也都对逆向物流退避三舍。

那么,是什么原因导致中国企业对逆向物流“横眉冷对”呢?

1. 对逆向物流的认识存在误区

从形成因素来看，逆向物流一般是由对不满意产品的退货、不合格材料和残次品的退（召）回、包装品的循环复用、废弃物的处理、有害物品的回收等引起的。因此，大多数企业认为逆向物流是负面的。

2. 企业高层重视不够

通常企业都乐于在正向物流上投入资金、下大工夫，相比之下，高层领导对逆向物流普遍不够重视，并将其排除在企业经营战略之外。

3. 对逆向物流的操作存在困难

正向物流通常是在人们的计划和掌控之下，基本按照规定的时间和数量从某一点流出，终止于另一点，而何时出发、数量多少、从哪里出发、流往何处基本上是已知的和可控的。对逆向物流，其产生的地点、时间和数量几乎无法预料，人们难以掌控。

4. 缺乏相应的技术和管理手段作为支撑

正向物流的处理方法一般比较规范，而逆向物流的处理系统与方式则复杂多样，不同的处理手段对恢复资源价值的贡献差异显著。一般的物流管理信息系统都具有对正向物流的管理功能，但是却没有对逆向物流的处理与管理功能。

5. 企业综合素质差

运作逆向物流对企业的生产能力、物流技术、人员素质、管理水平、组织结构等方面的要求非常高，并且需要投入大量的人力、物力、财力，使得企业对逆向物流的成本控制、经济效益以及成功概率等持怀疑态度。

另外，逆向物流业务是由供应链上各个企业共同运作的，因而企业开展逆向物流需要与供应链上其他企业充分合作、协商，并结合整个供应链的业务能力集体作出决策。这对缺乏合作精神和供应链整合能力比较差的中国企业而言，是一个不小的挑战。

让逆向物流在中国不再沉默

当我们还在为挤干正向物流中的水分而费尽心机之时，一些世界著名的大制造商已经开始向逆向物流要效益了。正如零售巨头西尔斯公司的物流副总裁所言："逆向物流也许是企业在降低成本中的最后一块处女地了。"开展逆向物流对资源相对贫乏、遭遇巨大的资源和环境制约的中国而言，前景诱人。然而，真正尝到逆向物流之甘甜的中国企业却不多见。在此情况下，如何让逆向物流不再沉默，成为我们思索的主题。

1. 学习逆向物流知识，树立现代逆向物流理念

在以顾客为导向和绿色主义盛行的市场环境下，企业建立逆向物流系统，是提高顾客忠诚度、促进技术创新的来源之一，对企业节约资源、降低成本、塑造环保形象、增强显性和隐性竞争优势等具有积极意义。

2. 加大政府环境立法进程和环保执法力度

目前，在美国，日本、西欧等发达国家，大都出台了关于残次品的退回、包装材料的循环利用、废弃物的回收处理等法案，这在很大程度上推动了企业逆向物流的开展。

3. 重视逆向物流通道建设，提高供应链整合能力

一个完整的逆向物流流程是由消费者或其他逆向物流源，通过零售商、批发商、配送中心、生产商和供应商几个节点逐级回溯的过程。

4. 促进企业物流的管理创新和技术进步

鉴于逆向物流的复杂性和不确定性，实现逆向物流运作的规范化，企业必须有先进的信息

技术和运营管理系统作支持，采取一系列计划控制手段和措施，以提高资源利用效率和投资回报率。

5. 引入第三方逆向物流管理

一般来说，第三方物流公司在专业技术、综合管理和信息等方面具有显著优势，通过把逆向物流业务外包给第三方企业，实现专业分工、提高运作效率。据悉，国际物流巨头。例如，UPS、联邦快递等已经进入逆向物流服务领域，第三方逆向物流将成为逆向物流发展的趋势。

（二）企业绿色物流管理措施

1. 绿色运输管理

1）开展共同配送

共同配送指由多个企业联合组织实施的配送活动。几个中小型配送中心联合起来，分工合作对某一地区客户进行配送，它主要是指对某一地区的客户所需要物品数量较少而使用车辆不满载、配送车辆利用率不高等情况。共同配送可以分为以货主为主体的共同配送和以物流企业为主体的共同配送两种类型。从货主的角度来说，通过共同配送可以提高物流效率。如中小批发者，如果各自配送难以满足零售商多批次、小批量的配送要求。而采取共同配送，送货者可以实现少量配送，收货方可以进行统一验货，从而达到提高物流服务水平的目的；从物流企业角度来说，特别是一些中小物流企业，由于受资金、人才、管理等方面制约，运量少、效率低、使用车辆多、独自承揽业务，在物流合理化及效率上受限制。如果彼此合作，采用共同配送，则筹集资金、大宗货物，通过信息网络提高车辆使用率等问题均可得到较好的解决。因此，共同配送可以最大限度地提高人员、物资、资金、时间等资源的利用效率，取得最大化的经济效益。同时，可以去除多余的交错运输，并取得缓解交通，保护环境等社会效益。

2）采取复合一贯制运输方式

复合一贯制运输是指吸取铁路、汽车、船舶、飞机等基本运输方式的长处，把它们有机地结合起来，实行多环节、多区段、多运输工具相互衔接进行商品运输的一种方式。这种运输方式以集装箱作为连接各种工具的通用媒介，起到促进复合直达运输的作用。为此，要求装载工具及包装尺寸都要做到标准化。由于全程采用集装箱等包装形式，可以减少包装支出，降低运输过程中的货损、货差。复合一贯制运输方式的优势还表现在：它克服了单个运输方式固有的缺陷，从而在整体上保证了运输过程的最优化和效率化；另一方面，从物流渠道看，它有效地解决了由于地理、气候、基础设施建设等各种市场环境差异造成的商品在产销空间、时间上的分离，促进了产销之间紧密结合以及企业生产经营的有效运转。

3）大力发展第三方物流

第三方物流是由供方与需方以外的物流企业提供物流服务的业务方式。发展第三方物流，由这些专门从事物流业务的企业为供方或需方提供物流服务，可以从更高的角度、更广泛地考虑物流合理化问题，简化配送环节，进行合理运输，有利于在更广泛的范围内对物流资源进行合理利用和配置，可以避免自有物流带来的资金占用、运输效率低、配送环节繁琐、企业负担加重、城市污染加剧等问题。当一些大城市的车辆配送大为饱和时，专业物流企业的出现使得在大城市的运输车量减少，从而缓解了物流对城市环境污染的压力。除此之外，企业对各种运输工具还应采用节约资源，减少污染和环境的原料作动力，如使用液化气、太阳能作为城市运输工具的动力；或响应政府的号召，加快运输工具的更新换代。

2. 绿色包装管理

绿色包装是指采用节约资源、保护环境的包装。绿色包装的途径主要有：促进生产部门采用尽量简化的及由可降解材料制成的包装；在流通过程中，应采取措施实现包装的合理化与现代化：

1）包装模数化

确定包装基础尺寸的标准，即包装模数化。包装模数标准确定以后，各种进入流通领域的产品便需要按模数规定的尺寸包装。模数化包装利于小包装的集合，利用集装箱及托盘装箱、装盘。包装模数如能和仓库设施、运输设施尺寸模数统一化，也利于运输和保管，从而实现物流系统的合理化。

2）包装的大型化和集装化

有利于物流系统在装卸、搬迁、保管、运输等过程的机械化，加快这些环节的作业速度，有利于减少单位包装，节约包装材料和包装费用，有利于保护货体（如采用集装箱、集装袋、托盘等集装方式）。

3）包装多次、反复使用和废弃包装的处理

采用通用包装，不用专门安排回返使用；采用周转包装，可多次反复使用，如饮料、啤酒瓶等；梯级利用，一次使用后的包装物，用毕转化作他用或简单处理后转作他用；对废弃包装物经再生处理，转化为其他用途或制作新材料。

4）开发新的包装材料和包装器具

发展趋势是，包装物的高功能化，用较少的材料实现多种包装功能。

3. 绿色流通加工

流通加工指物品在从生产地到使用地过程中，根据需要施加包装、分割、计量、分拣、组装、价格贴付、标签贴付、商品检验等简单作业的总称。流通加工具有较强的生产性，也是流通部门对环境保护可以大有作为的领域。绿色流通加工主要包括两个方面措施：一是变消费者加工为专业集中加工，以规模作业方式提高资源利用效率，减少环境污染。如饮食服务业对食品进行集中加工，以减少家庭分散烹调所带来的能源和空气污染；二是集中处理消费品加工中产生的边角废料，以减少消费者分散加工所造成的废弃物的污染，如流通部门对蔬菜集中加工，可减少居民分散加工垃圾丢放及相应的环境治理问题。

4. 废弃物物流的管理

从环境的角度看，今后大量生产、大量消费的结果必然导致大量废弃物的产生，尽管已经采取了许多措施加速废弃物的处理并控制废弃物物流，但从总体上看，大量废弃物的出现仍然对社会产生了严重的消极影响，导致废弃物处理的困难，而且会引发社会资源的枯竭以及自然资源的恶化。因此，21 世纪的物流活动必须有利于有效利用资源和维护地球环境。

5. 绿色卸载管理

装卸是跨越运输和物流设施而进行的，发生在输送、储存、包装前后的商品取放活动。实施绿色装卸要求企业在装卸过程中进行正当装卸，避免商品体的损坏，从而避免资源浪费以及废弃物对环境造成污染。另外，绿色装卸还要求企业消除无效搬运，提高搬运的活性，合理利用现代化机械，保持物流的均衡顺畅。

6. 积极参与 ISO14000 环境管理体系标准认证

积极申请 ISO14000 环境管理体系标准认证。ISO14000 侧重于组织的活动、产品和服务对环境的影响，要求产品在设计、加工、包装、储存、运输、销售、消费乃至废弃后的回收、再生等方面都符合环境标准。面对全世界的绿色革命浪潮和基于环境标准竞争而形成的绿色壁垒，我国的物流经营者应创造条件积极申请 ISO14000 环境管理体系标准认证，用国际标准来规范自身的物流行为，塑造绿色物流形象，进而增强在国际市场的竞争能力。在我国国内最先开始实施 ISO14000 环境管理体系标准认证第三方物流企业是广州新邦物流有限公司，作为我国 4A 级物流企业之一，倡导绿色物流的过程中取的了一定效果。

第十一章　物流标准化管理

知识目标

- 了解并熟悉物流标准化的概念；
- 能够熟练掌握物流标准化的意义；
- 能够认知物流标准化的内容；
- 能够了解国际物流标准化的发展趋势。

能力目标

- 通过本章学习和基础素质训练，具备本专业高等应用性人才所必需的认知和评价能力，对物流标准化有一个全方位的充分认识和综合性的了解；
- 通过模拟职业岗位能力训练，提高对物流管理相关角色的认知水平；
- 通过有关案例分析，进入学习情景，增强实践体验并培养团队精神和提高语言表达能力。

引导案例

物流标准化困局

“虽然很多人都关注并且有很多人都在参与物流标准化工作，但物流标准化的现状仍然混乱。”从物流标准化提出来便积极参与、主持制定了《物流术语》国家标准的中国物流技术协会理事长牟惟仲先生对记者说。他认为，如果国家法律法规缺失、多头管理与多数物流企业发展水平不足这三个瓶颈不突破，那么，目前看似热热闹闹的物流标准化工作产生的实际作用将十分有限，更多的作用在于为几年以后物流标准化的真正推行作准备。

1. 法律法规缺失

“没有法律法规为依据，推进标准化工作很难。”牟惟仲表示。可以说，缺少强制性的法律法规可算物流标准化过程中最大的软肋。目前，只有卫生标准、安全标准与环保标准被纳入国家强制性标准范畴。现有的物流标准只是在推荐性标准中设定强制性条款。例如，物流业的基础标准《物流术语》，虽然很多企业都认同并执行，但并不是强制性标准。

2. 多头参与协调难

与物流是个新兴行业一样，物流标准化也是一个新话题，也同样存在多头组织、多头制定、多头管理的麻烦。20 世纪 90 年代，国内物流行业有明显的发展。到 20 世纪 90 年代后期，整个国家都开始关注物流,其实早在那时,物流标准化的话题就已经被相关部门提上日程。物流是个新行业,因此还没有一个统一的国家管理部门,而是由相关行业的管理部门负责相应方面的管理,同时各部门抽掉人员组成联席会议进行部门之间的统一协调。比如管理部门,国家发改委、交通部、铁道部、民航总局、商务部等都参与物流行业管理。物流设备领域的管理也大体如此,交通工具属于交通部管理,生产和运输的一些轻型设备属于机械工业委员会(原机械工业部)管理,物流信息系统属于信息产业部管理等,每个管理部门都在制定标准。比如,条形码标准的归口管理单位是中国物品编码中心,集装箱标准的技术归口单位是交通部科学研究院,托盘标准的归口管理单位是铁道部科学研究院。"参与的组织多了,难以协调各方负责范围,标准的制定反而变得更加复杂。"牟惟仲如此认为。

3. 行业发展桎梏

物流行业本身处于发展初期,大多数物流企业尚处于发展初期,对标准不够重视,也是致使物流标准化工作难以快速推进的重要原因。

技术标准通常是从行业自发需求中产生的,标准化的真正动力应该来自于市场而非政府的行政手段。但在国内,物流概念的兴起也不过是最近20年的事情,行业内的大型企业除了中国对外贸易运输(集团)总公司、中储发展股份有限公司等为数不多的国有企业和外资企业外,绝大多数都是民营或国有的中小企业,在物流设备制造领域,更是如此。据称,在一些地方,更有甚者,找一亩地拿铁丝网一围便是储运公司,搞辆车便叫运输公司,不明白什么是物流,管理手段落后,运作水平较低。在这种堪比物流作坊式的企业里,谈何标准化?

(摘自无忧考网:http://www.51test.net)

案例点评:什么是物流标准化?它有什么作用?我国物流标准化现状和未来发展趋势如何?这些问题也就是对物流标准化建设的认知问题,下面我们将在如下任务安排中解答以上问题。

➢ 基本知识点

第一节　物流标准化概述

一、物流标准化的概念与特点

(一) 物流标准化的概念

《中华人民共和国标准化法》第3条规定:"标准化工作的任务是制定标准、组织实施标准和对标准实施进行监督。"这是标准化这一概念内涵全面而清晰的概括。国家标准 GB 3935.1—83 给出了标准化的具体定义是:"在经济、技术、科学及管理等社会实践中,对重复性事物或概念,通过制定、发布和实施标准,达到统一,以获得最佳秩序和社会效益。"

物流标准化指的是以物流为一个大系统,制定系统内部设施、机械装备、专用工具等各个分系统的技术标准;制定系统内各分领域如包装、装卸、运输等方面的工作标准;以系统为出发点,研究各分系统与分领域中技术标准与工作标准的配合性,按照配合性的要求,统一整个物流系统的标准;研究物流系统与相关其他系统的配合性,进一步谋求物流大系统的标准统一。

(二) 物流标准化的特点

物流标准化的主要特点有以下几方面:

(1) 和一般标准化系统不同,物流系统的标准化涉及面更为广泛,其对象也不像一般标准化系统那样单一，而是包括了机电、建筑、工具、工作方法等许多种类。虽然处于一个大系统中，但缺乏共性，从而造成标准种类繁多，标准内容复杂，也给标准的统一性及配合性带来很大困难。

（2）物流标准化系统是属于二次系统或称后标准化系统。这是由于物流及物流管理思想诞生较晚，组成物流大系统的各个分系统，过去在没有归入物流系统之前，早已分别实现了基本系统的标准化，并且经多年的应用，不断发展和巩固已很难改变。在推行物流标准化时，必须以此为依据，个别情况固然可将有关旧标准化体系推翻，按物流系统所提出的要求重建新的标准化体系，但通常还是在各个分系统标准化基础上建立物流标准化系统，这就必然从适应及协调角度建立新的物流标准化系统，而不可能全部创新。

（3）物流标准化更要求体现科学性、民主性和经济性。科学性、民主性和经济性是标准的“三性”，由于物流标准化的特殊性，必须非常突出地体现这三性才能搞好这一标准化。科学性的要求是要体现现代科技成果，以科学试验为基础，在物流中，则还要求与物流的现代化（包括现代技术及管理）相适应，要求能将现代科技成果联结成物流大系统。否则，尽管各种具体的硬技术标准化水平颇高，十分先进，但如果不能与系统协调，单项技术再高也是空的，甚至还起相反作用。所以，这种科学性不但要反映本身的科学技术水平，还表现在协调与适应的能力方面，使综合的科技水平最优。民主性是指标准的制定，采用协商一致的办法，广泛考虑各种现实条件，广泛听取意见，使标准更具权威，减少阻力，易于贯彻执行。物流标准化由于涉及面广，要想达到协调和适应，不过分偏向某个方面使各分系统都能采纳接受，就更重要。经济性是标准化主要目的之一，也是标准生命力如何的决定因素，物流过程不像生产加工那样引起产品的大幅度增值，即使通过流通加工等方式，增值也是有限的。所以，物流费用多开支一分，就要影响到一分效益，但是，物流过程又必须大量投入消耗，如不注重标准的经济性，片面强调反映现代科技水平，片面顺从物流习惯及现状，引起物流成本的增加，自然会使标准失去生命力。

（4）物流标准化有非常强的国际性。由于我国执行的搞活及开放政策，对外贸易和交流近几年有了大幅度上升，国际交往、对外贸易对我国的经济发展的作用越来越重要，而所有的国际贸易又最终靠国际物流来完成。各个国家都很重视本国物流与国际物流的衔接，在本国物流管理发展初期就力求使本国物流标准与国际物流标准化体系一致，如不如此不但会加大国际交往的技术难度，更重要的是在本来就很高的关税及运费基础上又增加了因标准化系统不统一所造成的效益损失，使外贸成本增加。因此，物流标准化的国际性也是其不同于一般产品标准的重要特点。

二、物流标准化的意义

随着生产的发展，科学技术的进步，标准化不断得到丰富和发展，由技术标准发展到管理标准、工作标准，由个别少数标准发展到标准化系统。当今的标准已成为现代化管理科学中的一个重要组成部分，它对物流技术的发展同样也起着重要的作用。

（一）物流标准化是实现物流管理现代化的重要手段和必要条件

目前，物流系统从生产厂原料供应、生产，然后由出厂产品到消费者手中，直到回收以及废弃物的处理，是一个综合的大系统，分工越来越细，但要求这个系统高度社会化、一体化程度越来越高。因此，要使整个物流系统形成一个统一的有机整体，从技术和管理的角度上来看，物流标准化起着纽带作用，只要制定了各种物流标准并严格执行，就能实现整个物流大系统的高度协调统一，各项工作有条不紊地进行。例如，经国务院批准的 GB 7635—87《全国工农业产品（商品、物资）分类与代码》，使全国物品名称及其标识代码的统一有了依据，结束了我国产品、商品、物资分类与代码一直没有统一标准的局面。过去同一物品在生产领域和流通领域的名称、口径范围、计算方法互不统一，现在制定了用于全国产品、商品、物资名称和标识代码国家标准，有利于建立健全国民经济核算体系，促进物流系统经济信息使用和现代化管理。

（二）物流标准化能保证整个物流系统功能的发挥

生产企业为实现自身的管理目标，必须对生产每一环节通过制定标准建立生产技术上的统一性，以保证企业整个管理系统功能的发挥。尤其是开展管理业务标准化，把物流和其他业务活动内容相互间衔接关系，各自承担的责任，工作的程序等用标准形式确定下来，这样使物流操作、管理实现规范化、程序化、科学化，使企业形成一个有机的整体，提高企业管理效能，降低生产成本，提高产品质量。

（三）物流标准化是物资在流通中的质量保证

物流工作中重要任务是把工厂生产的合格产品保质保量的送到用户中。物流标准化对运输、包装、装卸搬运、仓储、配送等各个子系统都制定了各种标准，这些标准是物流的质量保证体系，只要严格执行这些标准，就能保证合格的物资安全地送到用户手中。

（四）物流标准化可消除贸易壁垒，促进国际贸易的发展

在国际贸易中，一种很重要的障碍，就是技术壁垒。因为技术上的障碍，会影响产品出口，或影响国外商品进口，物流的关键问题，就是在运输工具、包装装卸搬运、仓储等方面采用国际标准，实现国际统一化。如集装箱的尺寸规格与国际上标准不一致，就会产生与国外各环节的物流设施、设备、机具不配合，使运输、装卸搬运、仓储都发生困难，就会影响物资出口。

（五）物流标准化可以降低物流成本，提高经济效益

整个物流系统标准化后，可以实现一贯到户的物流，可以加快运输、装卸搬运的速度，降低暂存费用，减少中间损失，提高工作效率，因而可获得直接的或间接的经济效益。如果某一个环节，标准化工作没有做好，就会造成经济损失。

（六）物流标准化也给物流系统与物流外系统的联结创造了条件

物流系统不是孤立存在的，从流通领域看，它上接生产系统，下接消费系统；从生产物流看，它下面又连接着不同的工序。在物流的全过程中，又和机械制造、土木工程、商流系统相交叉，彼此有许多衔接点。为了使外系统与物流系统更好地衔接，通过标准化，简化和统一衔接点是非常重要的。

三、物流标准的分类

（一）大系统配合性、统一性标准

1. 专业计量单位标准

除国家公布的统一计量标准外，物流系统还有许多专业的计量问题，必须在国家及国际标准基础上，确定本身专门的标准。同时，由于物流的国际性很突出，专业计量标准还需考虑国际计量方式的不一致性，还要考虑国际习惯用法，不能完全以国家统一计量标准为唯一依据。

2. 物流基础模数尺寸标准

基础模数尺寸指标标准化的共同单位尺寸，或系统各标准尺寸的最小公约尺寸。在基础模数尺寸确定之后，各个具体的尺寸标准，都要以基础模数尺寸为依据，选取其整数倍数为规定的尺寸标准。由于基础模数尺寸的确定，只需在倍数系列进行标准尺寸选择其他的尺寸标准，这就大大减少了尺寸的复杂性。物流基础模数尺寸的确定不但要考虑国内物流系统而且要考虑到与国际物流系统的衔接，具有一定难度和复杂性。

3. 物流建筑基础模数尺寸

物流建筑基础模数尺寸主要是物流系统中各种建筑物所使用的基础模数，它是以物流基础模数尺寸为依据确定的，也可选择共同的模数尺寸。该尺寸是设计建筑物长、宽、高尺寸，门窗尺寸，建筑物柱间距，跨度及进深等尺寸的依据。

4. 集装模数尺寸

集装模数尺寸是在物流基础模数尺寸基础上，推导出的各种集装设备的基础尺寸，以此尺寸作为设计集装设备三向尺寸的依据。在物流系统中，由于集装是起贯穿作用的，集装尺寸必须与各环节物流设施、设备、机具相配合，因此，整个物流系统设计时往往以集装尺寸为核心，然后，在满足其他要求前提下决定各设计尺寸。因此集装模数尺寸影响和决定着与其有关各环节标准化。

5. 物流专业名词标准

为了使大系统有效配合和统一，尤其在建立系统的情报信息网络之后，要求信息传递异常准确，这首先要求专用语言及所代表的含义实现标准化，如果同一个指令，不同环节有不同的理解，这不仅会造成工作的混乱，而且容易出现大的损失。物流专业名词标准包括物流用语的统一化及定义的统一解释，还包括专业名词的统一编码。

6. 物流核算、统计的标准化

物流核算、统计的规范化是建立系统情报网，对系统进行统一管理的重要前提条件，也是对系统进行宏观控制与微观监测的必备前提。这一标准化包含下述内容：

（1）确定共同的，能反映系统及各环节状况的最少核算项目；

（2）确定能用以对系统进行分析并可为情报系统收集储存的最少的统计项目；

（3）制定核算、统计的具体方法，确定共同的核算统计计量单位；

（4）确定核算、统计的管理、发布及储存规范等。

7. 能源、环保、安全和卫生标准

它是指为保护环境、有利于生态平衡、保证人的健康和货物的安全，对物流系统以及物流活动涉及的能源、环保、安全和卫生要求所制定的标准。

（二）分系统技术标准

1. 运输车船标准

对象是物流系统中从事物品空间位置转移的各种运输设备，例如，火车、货船、拖挂车、卡车、配送车等。从各种设备有效衔接、货物及集装的装运与固定设施的衔接等角度制定的车厢、船舱尺寸标准、载重能力标准，运输环境条件标准等。此外，从物流系统与社会之关系角度出发，制定的噪音等级标准、废气排放标准等。

2. 作业车辆标准

对象是物流设施内部使用的各种作业车辆，如叉车、台车、手车等，包括尺寸、运行方式、作业范围、作业重量、作业速度等方面的技术标准。

3. 传输机具标准

传输机具标准包括水平、垂直输送的各种机械式、气动式起重机、传送机、提升机的尺寸、传输能力等技术标准。

4. 仓库技术标准

仓库技术标准包括仓库尺寸、建筑面积、有效面积、通道比例、单位储存能力、总吞吐能力、温湿度等技术标准。

5. 站台技术标准

站台技术标准包括站台高度、作业能力等技术标准。

6. 包装、托盘、集装箱标准

该标准包括包装、托盘、集装系列尺寸标准、包装物强度标准、包装、托盘、集装箱重量标准以及各种集装、包装材料、材质标准等。

7. 货架、储罐标准

该标准包括货架净空间、尺寸标准等。

8. 物流信息技术标准

它主要是指商品自动识别技术标准和电子数据交换技术标准。商品自动识别技术主要有条形码技术标准与射频识别技术标准。电子数据交换技术标准主要包括电子数据交换语法标准和电子数据交换报文标准。

（三）工作标准及作业规范

工作标准及作业规范是对各项工作制定的统一要求及规范化规定。工作标准及作业规范可明确划定各种岗位的职责范围、权力与义务、工作方法、检查监督方法、奖罚办法等,可使全系统统一工作方式,大幅度提高办事效率,方便用户的工作联系,防止在工作及作业中出现遗漏、差错,并有利于监督评比。主要工作标准及作业规范有：

（1）岗位责任及权限范围。

（2）岗位交接程序及工作执行程序。例如,配送车辆每次出车规定应由司机进行的车检程序,车辆定期车检时间及程序等。

（3）物流设施、建筑的检查验收规范。

（4）货车、配送车辆运行时刻表、运行速度限制等。

（5）司机顶岗时间、配送车辆日配送次数或日配送数量。

（6）吊钩、索具使用、放置规定。

（7）情报资料收集、处理、使用、更新规定。

（8）异常情况的处置方法等。

四、物流标准化的基本原则

我国物流标准化尚未广泛开展,经验不多,但从国外的研究来看,物流的标准化工作一般应遵循下述原则。

（一）需要确定标准化的基点,即核心问题是什么

物流是一个非常复杂的系统,涉及的面又很广泛。过去,构成物流这个大系统的许多组成部分也并非完全没有搞标准化,但是,这往往只形成局部标准化或与物流系统某一局部有关的横向系统的标准化。从物流系统来看,这些互相缺乏联系的局部的标准化之间却缺乏配合性,不能形成纵向的标准化体系。所以,要形成整个物流系统的标准化,必须在这个局部中寻找一个共同的基点,这个基点能贯穿物流的全过程,形成物流标准化工作的核心,这个基点的标准化成了衡量整个物流系统的基准,为各个局部的标准化的准绳。

为了确定这个基点,人们将进入物流领域的产品（货物）分成了三类,即零星货物、散装货

物与集装货物。零星货物及散装货物在物流的“结节”点上，例如在换载、装卸时，都必然发生组合数量及包装形式的变化。因此，要想在这些“结节点”上实现操作及处理的标准化，是相当困难的。集装货物在物流过程中，始终都是以一个集装体为基本单位，其包装形态在装卸、输送及保管的各个阶段都基本上不会发生变化，也就是说，集装货物在“结节”点上容易实现标准化的处理。

为了确定这个基点，人们还调查了物流的现状并对物流发展趋势作了预测，预测肯定了集装形式是未来物流通行的主导形式，而散装只是在某些专用领域可能有所发展，而在这些专用领域中很容易建立独立的标准化系统（当然，在某些交叉点上也要考虑其与集装标准化系统的配合性）。至于零星货物的未来，一部分可向集装靠拢，另一部分还会保持其多样化的形态而难以实现标准化。

所以，不论是国际物流还是国内物流都可以肯定地讲：集装系统能使物流全过程贯通而形成体系，是保持物流各环节上使用的设备、装置及机械之间整体性及配合性的核心。所以，集装系统是使物流过程连贯而建立标准化体系的基点。

（二）需要着重研究配合性的问题

配合性是建立物流标准化体系必须体现的要求，衡量物流系统标准化体系的成败，配合性是重要的标志。配合性不好，物流效率、经济效果便无从谈起。具体来讲，以集装系统为物流标准化的基点，这个基点的作用之一，就是以此为准来解决各个环节之间的配合性，就物流系统而言，下述范围的配合性是很重要的。

（1）集装与生产企业最后工序（也是物流活动的初始环节）——包装环节的配合性。为此，要研究集装的“分割系列”，以此来确定对包装环节的要求，如包装材料、包装强度、包装方式、小包装尺寸等。

（2）盛装与装卸机具、装卸场所、装卸小工具（如吊索、跳板等）的配合性。

（3）集装与仓库站台、货架、搬运机械、保管设施乃至仓库建筑（净高度、门高、门宽、通路宽度等）的配合性。

（4）集装与保管条件、工具、操作方式的配合性。

（5）盛装与运输设备、设施，如运输设备的载重、有效空间尺寸等的配合性。在以集装为基本物流单位的物流系统中，经常有许多基本集装单位进一步组合成大集装单位或输送保管单位的情况。例如，将集装托盘货载放入大型集装箱或国际集装箱，就组成了以大型集装箱或国际集装箱为整体的更大的集装单位，将集装托盘货载或小型集装箱放入卡车车厢、货车车厢，就组成了一个大的运输单位等。要研究这一配合性就要研究基本集装单位的“倍数系列”。

（6）集装与末端物流的配合性。根据当前的状况及对将来发展趋势的预测，随着整个经济活动越来越以消费者（再生产者）的需要为转移，消费者的地位越来越强固，质量管理、生产管理、成本管理等经济管理活动都确立了“用户第一”的基本观念，这种观念在物流活动中的反映，就是末端物流越来越受到重视。末端物流是送达给消费者的物流，因此是以消费者的兴趣为转移的，一般说来，占消费者中大多数的零星消费者的要求，是逆规格化方向而行的，消费者追求多样化，这就使多样化的末端物流与简单化的主体物流（集装系统）的配合性出现困难。集装物流转变为末端物流，一是要对简单性的集装容易地进行多样化的分割，就必须研究集装的“分割系列”；二是进行“流通加工”活动，以解决集装的简单化与末端物流多样化要求的矛盾。衔接稍费者的“分割系列”与衔接生产者的“分割系列”有时是有矛盾的，所以集装与末端物流的配合性便不能孤立地去研究，而要与生产包装的配合性结合起来，确定对首尾两端都适用的“分割系列”，当然就增加了问题的复杂性。

(7) 集装与国际物流的配合性。从国际经济交往来讲，由于我国是“后发性”国家，以国际标准为主体和国际标准接轨是我们集装标准化应该做的事情。其中最重要的是和国际海运集装箱接轨。这个接轨可以使国际海运集装箱通过我国的铁路和公路运输直达内地，从而充分发挥集装箱联运“门到门”的优势。

(三) 需要研究传统、习惯及经济效果问题

物流活动是和产品生产系统，车辆、设备制造系统，消费使用系统等密切联接到，早在物流的系统的思想建立之前，这些与物流密切联结的系统就已经建立起各自的标准化体系，或者形成了一定的习惯。在此情况下，物流标准化体系的建立，单单考虑本系统的要求是不行的，还须适应这些既成事实，或者改变这些既成事实。这就势必与早已实现标准化的各个系统，与长期形成的习惯及社会的认识产生矛盾，这些矛盾涉及人的看法、习惯也涉及宏观及微观的经济效果。所以，单从技术角度来研究个性方面标准化的配合性虽然是必须进行的，但最后不见得以技术研究的结论作为定论。解决上述问题涉及物流系统标准化经济效果计算方法的建立。如上所述，由于物流标准化往往牵动其他系统，所以标准化经济效果的计算是十分复杂而困难的事情。目前，物流系统标准化工作进展较快的日本等国也正在研究经济效果的计算方法，但还没有一个成熟的东西。

(四) 需要研究物流与环境及社会的关系问题

物流对环境的影响在近十几年表现出尖锐化和异常突出的倾向，主要原因是由于物流量的加大，物流速度的增加，物流设施及工具大型化之后，使环境受到影响。物流对环境影响主要表现在噪音对人精神、情绪、健康的影响，废气对空气、水的污染影响，运输车辆事故对人伤害性的影响等。这些影响的造成与物流标准化有关，尤其是在推行标准化过程中，只重视物流设施、设备、工具、车辆技术标准等内在标准的研究，而忽视物流对环境及社会的影响，强化了上述矛盾。

所以，在推行物流标准化时，必须将物流对环境的影响放在标准化的重要位置上，除了各种反映设备能力、效率、性质的技术标准外，还要对安全标准、噪声标准、排气标准、车速标准等作出具体的规定。否则，再高的标准化水平因不被社会接受，甚至受到员工、居民及社会的抵制而难以发挥作用。

第二节　物流标准化技术内容

一、物流标准体系

物流系统是一个综合性的系统，这是现代化大生产发展的结果。为了要与现代工业标准化相适应，必须建立物流标准体系，以便适应现代化物流发展的需要。

物流标准体系是指在物流标准化活动范围内，各类标准按其内在联系形成科学的有机整体。这个定义包括了以下几方面的含义：

(1) 物流标准体系的覆盖面是物流标准化活动的全部范围，也就是说，物流标准体系包括了物流过程所需要的全部标准。确定物流标准的对象是建立物流标准体系的要点。总的说来，只要属于物流活动范围，与技术、管理有关的重复性事物和概念，都可以作为物流标准的对象,纳入物流标准体系。

(2) 物流标准体系的组成是各类标准:“各类”的一个意思是指物流标准体系,包括不同级别的标准,即国家标准、行业标准、地方标准和企业标准;“各类”的另一个意思是指物流标准体系,包括技术标准、管理标准和工作标准。

(3) 从全国物流系统来看,物流标准体系内的标准,既包括现有标准,也包括应有和预计发展的标准,并随着物流技术的发展不断更新和充实。可以说,物流标准体系是物流标准化工作的蓝图。

(4) 物流标准体系内的各类、各项标准,都有一定的服务对象,起不同的作用。它们之间相互依存、相互关联,联成一体发挥整体的功能,建立标准体系是一项系统工程,应运用系统工程的思想、方法、工具来研究和处理这些标准之间的关系,按一定科学规律使之形成一个有机的整体。

二、物流模数系列

(一) 物流模数含义

物流模数(Logistics Modulus)是物流设施与设备的尺寸基准。

物流模数作为物流系统各环节的标准化的核心,是形成系列化的基础。依据物流模数进一步确定有关系列的大小及尺寸,再从中选择全部或部分,确定为定型的生产制造尺寸,这就完成了某以环节的标准系列。由物流模数体系,可以确定各环节系列尺寸。

(二) 物流基础模数尺寸

物流基础模数尺寸的作用和建筑模数尺寸的作用大体是相同的,其考虑的基点主要是简单化。基础模数尺寸一旦确定,设备的制造,设施的建设、物流系统中各环节的配合协调、物流系统与其他系统的配合就有了依据。目前,ISO 中央秘书处及欧洲各国已基本认定 600 毫米 ×400 毫米为基础模数尺寸。

如何确定基础模数尺寸呢? 为什么确定 600 毫米 ×400 毫米为基础模数尺寸呢? 这大体可说明如下:由于物流标准化系统较之其他标准化系统建立较晚,所以,确定基础模数尺寸主要考虑了目前对物流系统影响最大而又最难改变的事物,即输送设备。采取“逆推法”,由输送设备的尺寸来推算最佳的基础模数尺寸。当然,在确定基础模数尺寸时也考虑到了现在已通行的包装模数和已使用的集装设备,并从行为科学的角度研究了人及社会的影响。从其与人的关系来看,基础模数尺寸是适合人体操作的高限尺寸。

目前,ISO 对物流标准化的研究工作还在进行中,对于物流标准化的重要模数尺寸已大体取得了一致意见或拟定出了初步方案。

(三) 物流集装模数尺寸

物流模数即集装基础模数尺寸。前面已提到,物流标准化的基点应建立在集装的基础之上,所以,在基础模数尺寸之上,还要确定集装的基础模数尺寸(即最小的集装尺寸)。

集装基础模数尺寸可以从 600 毫米 ×400 毫米按倍数系列推导出来,也可以在满足 600 毫米 ×400 毫米的基础模数的前提下,从卡车或大型集装箱的分割系列推导出来。

日本在确定物流模数尺寸时,就是采用后一种方法的,以卡车(早已大量生产并已经实现了标准化)的车厢宽度为物流模数确定的起点,推导出集装基础模数尺寸。物流模数作为物流系统各环节标准化的核心,是形成系列化的基础。依据物流模数进一步确定有关系列的大小及尺寸,再从中选择全部或部分,确定为定型的生产制造尺寸,这就完成了某一环节的标准系列。

物流模数体系，如构成图(11－1)所示关系，可以确定各环节系列尺寸。

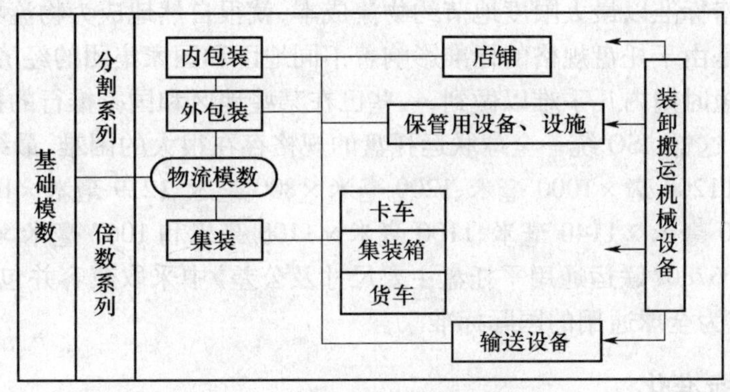

图 11－1 物流模数体系图

物流基础模数尺寸与集装基础模数尺寸的配合关系，如图 11－2 所示。

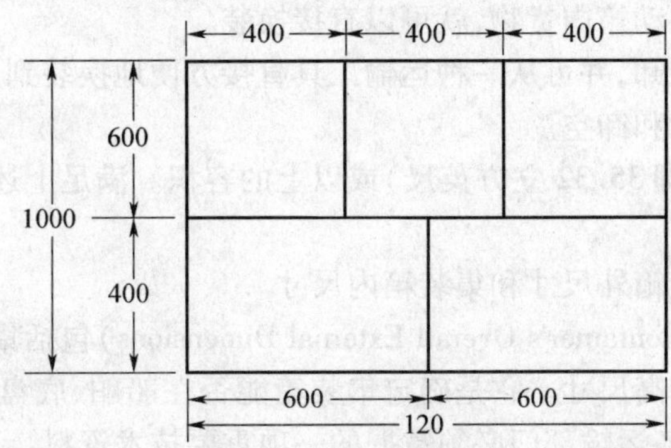

图 11－2 物流模数尺寸与集装基础模数尺寸的配合关系

目前，许多国家都以此为基准修改本国物流的有关标准，以和国际的发展趋势吻合。例如英、美、加拿大、瑞典等国都已打算放弃国内原来使用的模数尺寸，而改用国际的模数尺寸，日本等一些国家在采用 1200 毫米 ×1000 毫米的模数尺寸系列同时，还发展了 1100 毫米 ×1100 毫正方形的集装模数，以形成本国的物流模数系列。

三、托盘标准化

由于托盘的种类繁多，具有广泛的应用性和举足轻重的连带性，在装卸搬运、保管、运输和包装等各个物流环节的效率化中，都处于中心位置，具有很重要的衔接功能，所以，托盘虽然只是一个小小的器具，但其规格尺寸，是包装尺寸、车厢尺寸、集装单元尺寸的核心。只有以托盘尺寸为标准，决定包装、卡车车厢、火车车厢、集装箱箱体等配套规格尺寸和系列化规格标准，才最能体现装卸搬运、保管、运输和包装作业的合理性和效率性。除此之外，托盘的规格尺寸还涉及到集装单元货物尺寸。集装单元货物尺寸又涉及到包装单元尺寸，卡车车厢、铁路货车车厢、仓库通道及货架尺寸，甚至关系到物流的基础设施，如火车站、港口、码头等货物装卸搬运场所的构造结构、装卸搬运机具的标准尺寸。因此，从某种意义上讲，托盘的标准化，不单单是托盘租赁、托盘流通和循环使用的前提，也是实现装卸搬运、包装、运输和保管作业机械化、自动化的决定因素。没有托盘规格尺寸的统一,没有以托盘为基础的相关设施、设备、装置、工具等的系列化标准,就只能做到局部物流的合理化,难以达到整体物流的合理化。正因为如此,统一托盘的规格标准以最大限度地节约物流成本,就很自然地成为物流界的共同愿望。

尽管如此,但是由于托盘规格的标准影响着不同地区和国家集团的经济利益,在托盘问题上的利益平衡,在短时期内几乎难以做到,一些已在某些地区和国家推行的托盘规格已不可能相互妥协与退让。这样,ISO 统一全球联运托盘的规格存在很大的困难,最终只能对已在相关地区和国家推行的1200 毫×1000 毫米、1200 毫米×800 毫米、1219 毫米×1016 毫米(即48 英寸×40 英寸)、1140 毫米×1140 毫米、1100 毫米×1100 毫米和 1067 毫米×1067 毫米等六种托盘的规格在 ISO 6780《联运通用平托盘主要尺寸及公差》中采取兼容并包的态度,将这六种托盘的规格并列成为全球通用的国际标准。

四、集装箱标准化

按 ISO 第 104 技术委员会的规定,集装箱应具备下列条件:

(1) 能长期的反复使用,具有足够的强度。

(2) 途中转运不用移动箱内货物,就可以直接换装。

(3) 可以进行快速装卸,并可从一种运输工具直接方便地换装到另一种运输工具。

(4) 便于货物的装满和卸空。

(5) 具有 1 立方米(即35.32 立方英尺)或以上的容积。满足上述五个条件的大型装货容器才能称为集装箱。

集装箱尺寸包括集装箱外尺寸和集装箱内尺寸。

(1) 集装箱外尺寸(Container's Overall External Dimensions)包括集装箱永久性附件在内的集装箱外部最大的长、宽、高尺寸。它是确定集装箱能否在船舶、底盘车、货车、铁路车辆之间进行换装的主要参数,是各运输部门必须掌握的一项重要技术资料。

(2) 集装箱内尺寸(Container's Internal Dimensions)有集装箱内部的最大长、宽、高尺寸。高度为箱底板面至箱顶板最下面的距离,宽度为两内侧衬板之间的距离,长度为箱门内侧板量至端壁内衬板之间的距离。它决定集装箱内容积和箱内货物的最大尺寸。

按集装箱内尺寸可以计算出装货容积。同一规格的集装箱,由于结构和制造材料的不同,其内容积略有差异。集装箱内容积是物资部门或其他装箱人必须掌握的重要技术资料。

20 尺柜:内容积为 5.69 米×2.13 米×2.18 米,配货毛重一般为 17.5 吨,体积为 24 立方米~26 立方米。

40 尺柜:内容积为 11.8 米×2.13 米×2.18 米,配货毛重一般为 22 吨,体积为 54 立方米。

40 尺高柜:内容积为 11.8 米×2.13 米×2.72 米. 配货毛重一般为 22 吨,体积为 68 立方米。

45 尺高柜:内容积为:13.58 米×2.34 米×2.71 米,配货毛重一般为 29 吨,体积为 86 立方米。

20 尺开顶柜:内容积为 5.89 米×2.32 米×2.31 米,配货毛重 20 吨,体积 31.5 立方米。

40 尺开顶柜:内容积为 12.01 米×2.33 米×2.15 米,配货毛重 30.4 吨,体积 65 立方米。

20 尺平底货柜:内容积 5.85 米×2.23 米×2.15 米,配货毛重 23 吨,体积 28 立方米。

40 尺平底货柜:内容积 12.05 米×2.12 米×1.96 米,配货毛重 36 吨,体积 50 立方米

集装箱计算单位,简称 TEU,是英文 Twenty Equivalent Unit 的缩写, 又称 20 英尺换算单

位，是计算集装箱箱数的换算单位，也称国际标准箱单位。通常用来表示船舶装载集装箱的能力，也是集装箱和港口吞吐量的重要统计、换算单位。

目前，各国大部分集装箱运输，都采用20英尺和40英尺长的两种集装箱。为使集装箱箱数计算统一化，把20英尺集装箱作为一个计算单位，40尺集装箱作为两个计算单位，以利统一计算集装箱的营运量。

在统计集装箱数量时有一个术语：自然箱，也称"实物箱"。自然箱是不进行换算的实物箱，即不论是40英尺集装箱，30英尺集装箱，20英尺集装箱或10英尺集装箱均作为一个集装箱统计。

➢ 基本技能训练

◉ 自我测试

(一) 填空题

1. 物流标准化要遵循的原则有：(　　　)、(　　　)、(　　　)、(　　　)和(　　　)。

2. 物流单据、票证的标准化，可以实现信息系统的录入和采集，将管理工作(　　　)，也是应用计算机和通信网络进行数据交换和传递的基础标准。

3. 在基础模数尺寸之上，还要确定集装基础模数尺寸。ISO对物流标准化的重要模数尺寸方案有：(　　　)、(　　　)。

(二) 单向选择题

1. 物流标准化要求体现科学性、民主性和(　　　)。

A　统一性　　B　可靠性　　C　实用性　　D　经济性

2. (　　　)是使物流过程连贯而建立标准化体系的基点。

A　集装系统　　B　设备系统　　C　装置系统　　D　机械系统

3. 物流基础模数考虑的主要基点是(　　　)。

A　复杂化　　B　简单化　　C　条理化　　D　系统化

4. 分系统技术标准主要有：运输车船标准、作业车辆标准、传输机具标准、仓库技术标准、包装标准及(　　　)标准等。

A　叉车　　B　托盘　　C　集装箱　　D　识别技术

◉ 模拟职业岗位能力训练

请进行一次企业调研，了解管理标准和作业标准的制定和贯彻情况。以案例说明并进行交流。

◉ 应用案例分析

上海物流业实现标准"零换乘"

2008年11月21日，《上海构建国际物流中心的标准化支撑体系及相关标准研究制定》科研项目通过专家验收。至此，上海市为构建国际物流中心而出台的《物流中心作业通用规范》、《物流服务合同准则》、《物流园区分类与基本要求》、《物流中心分类与基本要求》等多项标准，为我国物流配送体系打造了一个环环相扣的链条。如同乘客凭借"一票换乘"在各条轨道交通间轻松转换一样，上海物流业也在不同的运输方式间实现了"零换乘"。

（一）“1234”夯实基础工程

现代物流业是上海重点发展的产业之一。根据《上海市“十五”现代物流产业发展重点专项规划》的要求，该市几年前就已经启动了相关标准的研究制定和应用示范工作。标准化是现代物流产业发展的重要技术支撑，物流信息标准化是现代物流产业标准化的核心。《上海市“十五”现代物流产业发展重点专项规划》中明确提出，以现代物流国家标准体系表为指导，经过调研和对比分析，建立以“1234”为主要内容的上海现代物流产业标准化实施框架建议。即围绕1个核心，服务2个领域，采用3大物流信息国际标准体系并推进其应用技术的研发与实施，夯实4批物流标准化基础设施。

2008年11月13日上午，由上海市标准化研究院主持承担的《物流中心分类与基本要求》国家标准审查会在全国物流标准化技术委员会秘书处召开。审查委员会对标准送审稿进行了逐条逐句的认真讨论，一致认为该标准结构合理、内容科学、重点突出、描述规范，具有普遍的适用性和较强的可操作性，已达到国内先进水平，对规范物流中心的建设、更好地推动和促进物流产业的发展具有重要的指导意义。11月13日下午，全国物流标准化技术委员会在北京主持召开了由上海市标准化研究院负责起草的《物流服务合同准则》行业标准（全国现代物流工作部际联席会议重点推进工程）研讨会。与会专家认为，该标准将对规范物流合同起到重要的作用，尤其是对目前还不成熟的物流增值服务、现代物流服务等高附加值的物流服务，将产生积极的引导。

由上海市标准化研究院主持编制的《冷冻食品物流包装、标志、运输和储存》国家标准，在北京顺利通过了由全国物流标准化技术委员会组织召开的国家标准审查会的审查。该标准结合我国实际情况，在参考大量国内外标准的基础上，规定了冷冻食品物流包装、标志、运输和储存等物流环节的物流技术要求和操作规范，在冷链温度管理技术指标上采用了国际食品法典委员会相关技术标准要求，有效保证了冷冻食品安全和品质，促进了冷链物流产业的有序发展。

一项项标准的出台，是上海市着力推进的结果。上海市政府常务会议专题研究推进上海物流标准化工作。当时的上海市市长韩正强调，标准化是上海优先发展现代服务业和先进制造业的一项基础工程，必须切实抓紧抓好。与此同时，上海市政府要求在加强硬件建设的同时，应着力加强包括标准、规范等在内的软件建设，尤其对过去基础相对薄弱的现代物流服务业，更应十分注重标准、规范等的研究制定，使其能在一个较高的起点上发展。

据悉，上海在推进物流标准化工作过程中，以“先行先试、服务全国”为目标，按照“政府引导、市场运作、保证重点、试点示范、逐步推广”的发展思路，集中精力加强对全市物流产业发展有重大影响的标准的研究制定、实施、推广和示范，提升上海物流业的标准化水平，实现以标准化引领现代物流业发展。会议要求各有关方面突出物流信息标准化和物流服务标准化两大重点，积极参与国家标准的研究制定与贯彻实施，带动相关产业的发展；加强同先进地区以及长三角物流标准化的交流与合作；推动一批物流标准化示范项目的建设；建设物流标准化的综合服务体系和工作保障体系等。

（二）268项数据打造“无障碍”

记者从上海市标准化研究院获悉，上海市标准专家为该市物流业货物实现运输方式的“零换乘”提供了技术保障。

据上海市标准化研究院有关人员介绍，在食品、危险品、口岸通关等现代物流体系中，他们通过研发和应用标准来提升物流服务水平，形成了一条安全而高效的“标准物流链”。目前，标准化物流已在上海全市超市中应用。通过现场触摸屏的条形码识别，购买带包装肉制品的顾客可以获知价格之外的大量产品流通信息——这包肉来自哪个农场的哪头肉猪，它打过什么疫苗、吃了什么饲料，最后进了哪个屠宰场、去了哪个加工点。即使肉制品出口他国，这些条形码信息仍始终保留着。据了解，在食品生产、加工、仓储、运输、配送、销售的整条供应链上记录风险节点的受控信息，这一标准化手段已在该市乳品、肉类等食品物流中得以更广泛的应用。

此外，物流标准化在上海航运口岸通关中也形成“无障碍”通道。该市标准化部门通过实施有关地方标准，整合了涉及“大通关”的268项数据，为上海口岸单位实现通关信息共享奠定了基础。目前，涉及口岸物流的20多个监管和职能部门的系统数据，已基本与该标准取得一致，数据交换便利，兼容性极大。同时，包括马士基物流、德迅、大航、南京国货、北京阳光等在内的国内外大型航运企业已按此标准提供报关信息，货物通关效率大增。据悉，有关方面正研究和吸取香港、鹿特丹港物流标准化的先进经验，在洋山港口岸通关和物流园区建设中应用。

以“先行先试、服务全国”为目标，上海标准工作者目前研发的现代物流标准达20项左右。复旦大学AUTO－ID实验室成为物流国际组织EPC Global的唯一国内会员，参与物流信息国际标准ISO18000的制定；上海交通大学与西北综合物流园区已合作建成物流电子标签演示中心——“未来商店”模型，演绎无收银台的“全数字结账”。

据悉，除了制定各类物流标准，上海市标准化研究院还收集了其他国家的现有物流标准，并成为帮助企业提高通关效率的重要举措。在近期整理成册的《现代物流产业常用标准目录汇编》中，他们罗列了200多项与现代物流业密切相关的国际标准，涉及基础、信息、设备、技术等各个方面。根据以上标准的提示，企业在走出国门做物流时，就不会因为“语言不同”而被拒之门外。此外，收集国际上的最新标准也为我国制定相应标准提供了参考，缩小了国内标准与国际标准的差距。

在《上海构建国际物流中心的标准化支撑体系及相关标准研究制定》项目验收会上，来自主管部门、协会和企业等单位的代表组成的验收专家组，在听取了课题组对研究成果的汇报后，一致认为课题研究路线清晰、结构合理、技术内容具有较强的可操作性、标准制定程序规范，同意该项目通过验收。

据悉，该课题研究成果《第三方物流服务质量要求》、《冷冻食品物流包装、标志、运输和储存》两项国家标准研究成果，不仅填补了我国第三方物流和冷链物流服务标准领域的空白，也为构建上海国际物流中心提供了标准化技术支撑。其中，《第三方物流服务质量要求》国家标准适用于提供第三方物流服务的企业，也可作为客户对第三方物流企业进行选择和评价的依据，该标准的研制将促进我国第三方物流企业服务质量的规范和提高；《冷冻食品物流包装、标志、运输和储存》国家标准将对保障冷冻食品品质安全、促进冷链物流规范运作具有积极推动作用。

问题

1. 请说明上海物流标准化实施的好处？
2. 结合上海物流标准化实施情况谈谈对我们的启示？

➤ 信息传递

◉ 相关链接

发达国家物流标准化发展现状

随着信息技术和电子商务、电子数据、供应链的快速发展，国际物流业已经进入快速发展阶段。物流系统的标准化和规范化，已经成为发达国家提高物流运作效率和效益、提高竞争力的重要手段。在国际集装箱和EDI技术发展的基础上，各国开始进一步在物流的交易条件、技术装备规格，特别是在单证、法律环境、管理手段等方面推行国际统一标准，使国内物流与国际物流融为一体。

（一）美国

作为北大西洋公约组织成员之一，美国参与制定的北大西洋公约组织物流标准包括物流结构、基本词汇、定义、物流技术规范、海上多国部队物流、物流信息识别系统等。美国国防部建立了军用和民用物流的数据记录、信息管理等方面的标准规范；美国国家标准协会积极推进物流的运输、供应链、配送、仓储、EDI和进出口等方面的标准化工作。在美国，与物流相关的标准约有1200余条，其中运输91条、包装314条、装卸8条、流通33条、仓储487条、配送121条、信息化123条。在参加国际标准化活动方面，美国积极加入ISO/TC104技术委员会，在国内设立了相应的分委会。同时，美国还加入了ISO/TC122、ISO/TC154管理、商业及工业中的文件和数据元素等委员会，并参加了ISO/TC204技术委员会，由美国智能运输系统协会为其提供技术咨询，负责召集所有制定智能运输系统相关标准的机构成员共同制定美国国内的ITC标准。美国统一代码委员会为给供应商和零售商提供一种标准化的库存单元数据，早在1996年就发布了UPC数据通信指导性文件。美国标准协会也于同年制定了装运单元和运输包装的标签标准，用于物流单元的发货、收货、跟踪及分拣，规定了如何在标签上应用条形码技术，通过标签来传递各种信息，实现EDI报文的传递，即所谓的“纸面EDI”，实现了物流和信息流的统一。

（二）日本

日本是对物流标准化比较重视的国家之一，实施标准化的速度也很快。日本在标准体系研究中注重与美国和欧洲进行合作，将重点放在标准的国际通用性上。日本政府工业技术院委托日本物流管理协会用4年时间对物流设备的标准化进行调查研究。目前，已经提出日本工业标准关于物流方面的若干草案，包括物流模数体系、集装的基本尺寸、物流用语、物流设施的设备基准、输送用包装的系列尺寸（包装模数）、包装用语、大型集装箱、塑料制通用箱、平托盘、卡车车厢内壁尺寸等。在日本现有的标准体系中，与物流相关的标准约有400余条，其中运输24条、包装29条、流通4条、仓储38条、配送20条、信息化302条。

（三）欧洲

欧洲标准化委员会是1961年由欧盟16国成立的标准化组织。该组织目前设立了第320技术委员会，负责运输、物流和服务的标准化工作，第278技术委员会负责道路交通和运输的信息化。该组织分成14个工作组进行与ISO/TC204技术委员会内容大致相同的标准制定工作。这些技术委员会共同推动了物流标准化进程，并在标准制定过程中起到了联系与沟通的作用。

在英国现有的标准体系中，与物流相关的标准约有2500条，其中运输733条、包装432条、装卸51条、流通51条、仓储400条、配送400条、信息400条。德国也形成了较为完善的物流标准体系，该体系包括与物流相关的标准2480条，其中运输788条、包装40条、流通124条、仓储500条、配送499条、信息化499条。

（摘自：http://china.toocle.com）

◉ 前沿理念

物流标准化的基点

一、集装是物流标准化基点

物流是一个非常复杂的系统，涉及的面很广泛。过去，构成物流这个大系统的许多组成部分也并非完全没有搞标准化，但是，这往往只形成局部标准化或与物流某一局部有关的横向系统的标准化。从物流系统来看，这些互相缺乏联系的局部的标准化之间却缺乏配合性，不能形成纵向的标准化体系。所以，要形成整个物流体系的标准化，必须在这个局部中寻找一个共同的基点，这个基点能贯穿物流全过程，形成物流标准化工作的核心，这个基点的标准化成了衡量物流全系统的基准，为各个局部的标准化的准绳。

为了确定这个基点，人们将进入物流领域的产品（货物）分成了三类，即零杂货物、散装货物与集装货物三类。这三类的标准化难易程度是不同的。

零杂货物及散装货物在物流的"结节"点上。例如，在换载、装卸时，都必然发生组合数量及包装形式的变化。因此，要想在这些"结点"上实现操作及处理的标准化，那是相当困难的。

集装货物在物流过程的始终都是以一个集装体为基本单位，其包装形态在装卸、输送及保管的各个阶段都基本上不会发生变化。也就是说，集装货物在结点上容易实现标准化的处理。至于零杂货物的未来，一部分可向集装靠拢，向标准包装尺寸靠拢；另一部分还会保持其多样化的形态而难以实现标准化。

所以，不论是国际物流还是国内物流，都可以肯定地说，集装系统是使物流全过程贯通而形成体系，是保持物流各环节上使用的设备、装置及机械之间整体性及配合性的核心，集装系统是使物流过程连贯而建立标准化体系的基点。

二、物流全系统标准化取决于和集装的配合性

具体来讲，以集装系统为物流标准化的基点，这个基点的作用之一，就是以此为准来解决全面的标准化。因此，必须实现集装与物流其它各个环节之间的配合性。其中包括以下几个方面。

(1) 集装与生产企业最后工序（也是物流活动的初始环节）——包装的配合性。包装尺寸和集装尺寸的关系应当是集装是包装尺寸的倍数系列，而包装是集装尺寸的分割系列。

(2) 集装与装卸机具、装卸场所、装卸小工具（如吊索、跳板等）的配合性。

(3) 集装与仓库站台、货架、搬运机械、保管设施乃至仓库建筑（净高度、门高、门宽、通路宽度等）的配合性。

(4) 集装与保管条件、工具、操作方式的配合性。

(5) 集装与运输设备、设施，如运输设备的载重、有效空间尺寸等的配合性。

在以集装为基本物流单位的物流系统中，经常有许多基本集装单位进一步组合成大集装单位或输送保管单位的情况。例如，将集装托盘货载放人大型集装箱或国际集装箱，就组成了以大型集装箱或国际集装箱为整体的更大的集装单位；将集装托盘货载或小型集装箱放人卡车车厢、货车车厢，就组成了一个大的运输单位等。如果形成了倍数系列的尺寸关系，就能提高装运的密度和形成坚实的货垛。

(6) 集装与末端物流的配合性。随着整个经济活动越来越以消费者（再生产者）的需要为转移，消费者的地位越来越强固，质量管理、生产管理、成本管理等经济管理活动都确立了"用户第一"的基本观念，这种观念在物流活动中的反映，就是末端物流越来越受到重视。

末端物流是送达给消费者的物流，因此是以消费者的旨趣为转移的。一般说来，占消费者中大多数的零星消费者的要求，是逆规格化方向而行的，消费者追求多样化，这就使多样化的

末端物流与简单化的主体物流(集装系统)的配合性出现困难

集装物流转变为末端物流,要对简单性的集装进行多样化的分割,以解决集装的简单化与末端物流多样化要求的矛盾。衔接消费者的“分割系列”与衔接生产者的“倍数系列”有时是有矛盾的,标准化要解决的就是要选择最优。

(7) 集装与国际物流的配合性。从国际经济交往来讲,由于我国是“后发性”国家,以国际标准为主体和国际标准接轨是我们集装标准化应该做的事情。其中最重要的是和国际海运集装箱接轨。这个接轨可以使国际海运集装箱通过我国的铁路和公路运输直达内地,从而充分发挥集装箱联运“门到门”的优势。

➤ 归纳提高

◉ 本章简明小结

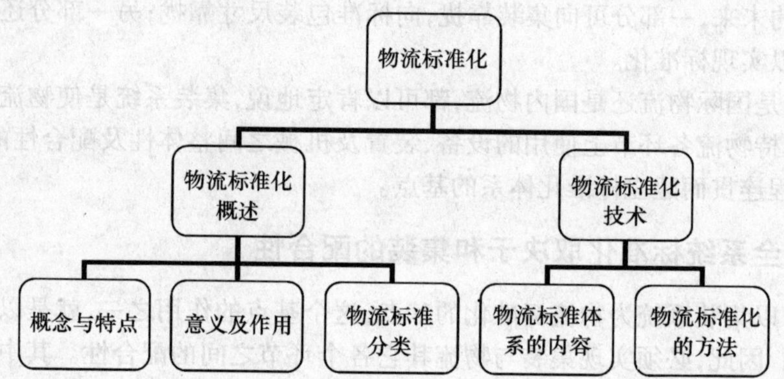

◉ 课后任务

资料阅读:某公司标准操作程序——仓库管理总则及程序

(一) 目的

该程序的目的是每位仓库管理人员必须遵守的仓库管理总则。

(二) 适用范围

适用公司物流部。

(三) 仓库管理总则

1. 入库制度

(1) 商品库卸车时,仓库管理人员要到现场监卸(仓管人员包括仓库管理经办及其主管)。按品种、规格堆放,以便清点验收。

(2) 仓库管理经办人员对入库的商品,要根据海关批注的正式入库单证(保税货物)严格验收,并同时核对提货单、装箱单、发票、备案清单等单据是否一致。核对的内容包括:商品名称、规格、货号、等级、箱号、商检尺码、数量、以及包装验收等。仓库要有专人参加验收工作,并进行复核以确保其准备性。

(3) 检查包装盒/箱是否有运输损坏的标记,如发现有损坏,要将这些损坏列示于运输商提供的签收文件上,作为日后运输商要求赔偿的依据。

(4) 仓库设有专员要对商品进行质量检验,有质量问题的,应作记录,并及时向公司部门主管汇报。

（5）在验收过程中，如发现品种、规格、数量不符，包装破损、潮霉及其他问题，应做出书面记录，并照相，涉及保税货物要同时报告海关、公司领导及供应商，以便及时处理。

2．出库制度

（1）商品出库，仓库要根据其他部门的发货通知，及时认真搞好备货工作，商品出库必须凭海关签发的仓储核销放行单发货。保管人员在收到此放行单时，应复核所列提货单名称、商品名称、规格、合约号等，做到手续完备、交接清楚，不错发、错送。

（2）商品出库前，技术人员应对商品进行贮存损坏的测试，确定是否生锈、污垢等并进行相应的技术处理，以保证商品的质量。

（3）对商品进行复核无误后，放入包装盒/箱内并要求提货人/单位或运输单位在送货单上签章。

（4）商品出库，严禁账外提货、口头提货、电话提货、白条提货，保税商品出保税库必须办理正式手续经海关核准。

3．仓库保管制度

（1）入库商品验收以后，根据商品性质、品名，按照分区分类的要求，合理安排储存场所。保税与非保税商品必须按海关规定隔离堆放并有明显标志区分。货架上堆放的商品，必须明确标志出商品的名称、编号，并留有一定的间隔，以便清楚地区分不同的商品和迅速地找出相应的商品。

（2）商品堆放，应根据安全、方便、节约的原则。轻拿轻放，防止商品和包装破损。如发现有破损，应通知技术人员进行修补。

（3）仓库面积的利用要合理规则，商品移动货位，货卡应作相应的移动并在存货账上作移位记录。

（4）货架要整齐、平稳、牢固，每天应打扫仓库的清洁卫生，清除货架上的灰尘。注意通风、防潮、密闭，采取各种预防措施，切实防止商品的霉烂、锈蚀、虫蛀等情况的出现。

（5）管理人员应经常对仓库环境进行巡查，清除火警隐患，保证消防通道畅通，消防用具完好。

（6）仓库管理人员应经常对库存商品进行核对，对不符的商品应及时查找原因，每天作好进出库记录。

4．仓库盘点制度

（1）公司每月对库存商品进行局部盘点，盘点的内容包括核查货物数量、品名、编号等，品种保持在100种以上。盘点结果的误差率超过10%，应扩大品种范围至200种以上，盘点应由仓库管理人员组成，逐项逐笔地进行，以货对卡，以卡对账，将盘点数量填入盘点情况表，并且由盘点人员签章。

（2）将盘点数量与账面数量进行核对，如发现账物不符，应立即查明原因，并根据不同情况做出相应的处理。

（3）公司应经常且不定时地对库存进行抽查，可由非仓库管理人员进行。根据抽查的商品账面数量，核点实际的库存数量，对账物不符的，作出记录并要求仓库保管人员作出原因说明并进行相应的处理。

5．业务统计制度

（1）仓库应建立账册，及时、正确、完整地记录商品的进、出、存动态并保 存账、卡、物完全相符。

(2) 进出仓库的凭证应符合规定,非正式凭证不得作为记账凭证。

(3) 账务处理必须日结日清,当天的进出库凭证当天入账,进出库凭证必须装订成册并妥善保管。

(4) 每天填写仓库发货一览表,每星期打印一次。

参 考 文 献

[1] 刘敏. 现代物流管理基础. 北京:电子工业出版社,2009.
[2] 李庆. 运输管理实务. 大连:大连理工大学出版社,2009.
[3] 薛威. 物流仓储管理实务. 北京:高等教育出版社,2009.
[4] 沈美莉. 现代物流基础. 北京:清华大学出版社. 2008.
[5] 祁晓霞. 现代物流管理概论. 北京:航空工业出版社. 2008.
[6] 张潜. 物流系统工程. 重庆:重庆大学出版社,2008.
[7] 王长琼. 物流系统工程. 北京:高等教育出版社,2007.
[8] 王晓东,胡瑞娟. 现代物流管理. 北京:对外经济贸易大学,2007.
[9] 宋华,胡左浩. 现代物流与供应链管理. 北京:经济管理出版社,2000.
[10] 牛鱼龙. 世界物流经典案例. 深圳:海天出版社,2003.
[11] 梁金萍. 运输管理. 北京:机械工业出版社,2010.
[12] (美)罗纳德 H 巴罗(Ronald H. Baiiou)企业物流管理:供应链的规划、组织和控制. 北京:机械工业出版社,2002.
[13] 姜宏. 物流运输技术与实务. 北京:人民交通出版社,2001.
[14] 田聿新. 国际集装箱货物多式联运组织与管理. 大连:大连海事大学出版社,1999.
[15] 唐四元. 现代物流技术与装备. 北京:清华大学出版社:2008.
[16] 秦明森,王方智. 使用物流技术. 北京:中国物资出版社,2001.
[17] 孙秋菊. 现代物流概论. 北京:高等教育出版社,2003.
[18] 崔介何. 物流学概论. 北京:中国计划出版社,1997.
[19] 杨爱明,李述容. 配送管理实务. 大连:大连理工出版社,2009.
[20] 陈平. 物流配送管理实务. 武汉:武汉理工大学出版社,2007.
[21] 马俊生,王晓阔. 配送管理. 北京:机械工业出版社,2008.
[22] 范泽剑. 物流中心运作管理. 大连:大连理工出版社,2011.
[23] 王之泰. 现代物流学. 北京:中国物质出版社, 1995.
[24] 曹彩杰. 物流基础. 大连:大连理工大学出版社,2007.
[25] 黄志宁. 物流管理基础. 北京:冶金工业出版社. 2008.
[26] 张念,仓储与配送管理. 大连:东北财经大学出版社,2004.
[27] 李京文,徐寿波. 物流学及其应用. 北京:经济科学出版社,1987.
[28] 梁军,何民爱. 仓储管理实务. 北京:高等教育出版社,2003.
[29] 高本河,唐玉兰. 物流学概论. 北京:中央广播电视大学出版社,2005.
[30] 李万秋. 物流中心运作与管理. 北京:清华大学出版社,2003.
[31] 曹军,陈兴霞. 仓储与配送管理. 北京:中国物资出版社,2010.